프랑스
와인수업

프 랑 스
Leçon - Les Vins de France
와인 수업

스기야마 아스카 지음 | 강수연 옮김 | 박수진 감수

한스미디어

추천의 글

제가 와인의 세계에 처음 발을 디뎠던 때가 벌써 20년 전입니다. 영국에 교환학생으로 가서 기숙사 생활을 하며 처음 유럽 친구들과 와인을 마셨습니다. 부어라 마셔라 하는 강압적인 분위기가 아니라 대화를 위해 와인을 마신다는 문화가 생소하면서도 너무나 즐거웠습니다. 그때의 설렘과 즐거움이 이 책, 《프랑스 와인 수업》에서도 느껴졌습니다. 와인을 알게 돼서 느낀 즐거움을 더 많은 사람들에게 전달하고 싶은 저자의 마음이 그대로 느껴져서 좋았습니다. 또한 다양한 경험이 묻어나오는 저자만의 이야기들도 소소하면서 큰 즐거움을 줍니다.

그러면서도 이런 와인 관련 서적에서 자칫 빠지기 쉬운 단점인 감상적인 내용과 자기 경험으로만 내용이 꽉 차지 않았다는 점 또한 매력적이었습니다. 상세한 프랑스 와인에 대한 정보를 가득 채우면서도 중간중간 저자의 소소한 경험이 녹아 있어서 읽는 재미가 있었습니다. 여기에 프랑스의 대표 산지만이 아닌 랑그독-루시용, 쥐라, 코르스섬까지 모든 프랑스 와인 산지를 상세하게 다룬 점도 좋았습니다.

 이 책은 와인을 처음 접하시는 분들은 물론 와인에 대한 이해와 관심이 어느 정도 있는 분들이 더 상세한 내용을 보면서 즐기기에도 좋은 책이라는 생각이 듭니다. 와인 업계에 계시는 분들도 충분히 배울 수 있는 전문적인 내용이 많이 들어 있으니, 프랑스 와인에 대한 깊이 있는 이해를 원하시는 분들께도 추천 드립니다.

박수진(WSA와인아카데미 원장)

머리말

　이 책을 펼치신 여러분은 아마도 와인을 즐겨 마시는 분이리라 생각합니다. 그러나 한편으로는 레스토랑이나 와인숍에서 '뭘 고르면 좋을지 모르겠다'고 망설일 때가 많지 않나요? 가게 점원에게 묻고 싶어도 내 취향을 어떻게 전달해야 할지, 아니 애초에 내 취향이 무엇인지 잘 모르는 사람이 상당히 많은 듯합니다.

　저는 와인 관련 일을 하면서 입시 학원에서 십여 년간 수학 강사를 하고 있습니다. 수학을 오래 가르치면 알게 되는데, 학생에게는 '막히는 포인트'라는 것이 있어요. 그 부분을 수월하게 넘어가지 못하면 스스로 수학에 약하다는 의식이 생겨 앞으로 나갈 수 없어져요. 그런 학생이 수학을 좋아하게끔 만들어주는 데 가장 중요한 것이 '막히는 포인트'를 함께 넘어주는 거예요. '이해'가 기쁨이 되고 수학의 재미와 아름다움을 알게 되면, 학생의 눈은 빛나기 시작하고 그 후로는 자발적으로 공부합니다.

와인의 세계도 마찬가지예요. 흥미가 있는데도 '입구'에서 막혀버린 사람이나 애초에 '입구'가 어딘지 모르는 사람이 정말 많아요.

제가 운영하고 있는 와인 스쿨에서는 와인이라는 복잡한 체계를 어떻게 하면 학생들이 즐기며 배울 수 있도록 할지 늘 궁리하며 가르칩니다. 덕분에 매년 학생의 90% 정도가 소믈리에나 전문가 시험에 합격해요. 작년에는 70살인 저희 아버지도 붙었을 정도니까요(웃음). 아마도 제가 직업상 오랫동안 수험생과 진지하게 마주해온 덕분에, 저만의 '가르침'의 기술을 갈고닦은 덕분인지도 모르겠네요.

이 책은 그런 제가 와인 스쿨에서 지금까지 가르쳐온 내용을 한 권으로 정리한 것입니다. 입시 학원에서도 와인 스쿨에서도 학생이 시험에 합격하는 소식만으로도 매우 기쁜 일이지만, "수학이 좋아졌다"는 말이나 "평소에 생각 없이 마시던 와인이 공부를 조금 하고 나니 몇 배나 맛있어졌다"는 이야기야말로 최고의 격려가 됩니다. 와인 스쿨 학생들 외의 많은 분들에게도 와인의 즐거움을 전하고 싶다는 바람으로 이 책을 집필했어요.

와인은 공부하면 할수록 더 맛있어지는 술입니다. 왜 알면 더 맛있어질까요? 와인은 가장 자연적인 알코올음료라고도 하는데, 원료인 포도만 있으면 (효모도 물도 더하지 않고) 만들 수 있기 때문이에요. 그런 술은 와인 외에는 없답니다. 그래서 원료인 포도 자체의 질이 그대로 와인의 맛에 반영돼요. 어떤 토양에서 자란 어느 품종(원료인 포도에는 몇 가지 품종이 있어요)으로 양조된 와인인가? 그리고 '몇 년'에 생산되었는가? 같은 장소에서 같은 품종으로 같은 사람이 양조해도 해마다 기온 등의 기상 조건이 달라서, 완전히 똑같은 포도 즉 똑같은 와인을 만드는 것은 불가능해요. 그런 이유로 와인의 맛은 아주 다양해진답니다. 이 다양성 때문에 선택지도 아주 많아져서 어딘가 가까이하기 어렵고, 내 취향도 정하기 어렵죠.

하지만 와인의 다양성은 알고 보면 무질서한 것이 아니라 어느 정도의 '법칙' 위에 이루어져 있답니다.

① 포도 품종
② 토양(밭)
③ 기후
④ 생산자

이 4가지 요소의 조합으로 와인은 완성됩니다. 우선은 어느 나라의 어느 지방에서 재배된 어느 포도 품종으로 만든 와인인가? 대표적인 몇 가지 포도 품종과 대표적인 몇몇 산지의 조합(패턴)을 파악하는 것이 와인의 세계를 알기 위한 기본입니다. 이 기본을 알면 다른 와인을 접했을 때도 어느 정도 맛을 예상할 수 있게 되죠. 그때부터 와인의 다양성은 즐거움으로 바뀌게 된답니다.

그리고 와인 맛의 기본을 형성하는 것이 바로 '세계 와인의 축소판'으로도 불리는 프랑스 와인이에요. 프랑스는 10개의 와인 생산 지방으로 나뉘고, 각 지방마다 맛의 특징이 확실해요. 샴페인으로 유명한 샹파뉴 지방, 세계를 대표하는 양대 고급 와인 산지인 부르고뉴 지방과 보르도 지방(각각 대조적인 특징을 가진 와인이 양조돼요), 그리고 루아르 지방과 론 지방. 여기에 더해 알자스 지방, 쥐라 사부아 지방, 프로방스 지방, 랑그독-루시용 지방, 남서(쉬드 웨스트) 지방 등 10개 지방 각각의 특징을 파악하면 와인의 기본 세계를 대략적으로 알 수 있습니다.

프랑스 와인의 체계가 일단 머릿속에 있으면, 비록 마셔본 적 없는 와인이라도 라벨만 보고 어느 정도 향과 맛을 상상할 수 있어요. '이 산지는 온난한 기후니까 산미가 부드럽고 과일 맛이 진하겠구나'라는 식으로 맛을 예상한 뒤에 실제로 마셔봅니다. 자신이 예상한 맛과 비교하여 실제로 어떤지 알아보는 거예요. 와인을 배우고 나면 다들 자연스레 향과 맛을 '예상'하고 '확인'하기 시작하는데, 그때 혼자가 아니라 함께 마시는 사람과 서로 '예상'하고 '확인'해보면, 식사는 더 즐거워지고 그 와인도 더 맛있게 느껴질 거예요. 바로 이러한 점이 와인을 알면 알수록 와인이 더 맛있어지는 이유입니다. 모르고 마시는 것과 알고 마시는 즐거움에는 정말 큰 차이가 있으니까요.

요즘에는 프랑스나 이탈리아 같은 와인 대국에서도 해마다 와인 소비량이 줄고 있다고 하지만, 해외에서는 반대로 소비량이 증가하고 있다고 합니다. 백화점의 와인 코너나 와인숍처럼 전문 지식을 갖춘 점원이 있는 가게뿐 아니라 이제는 슈퍼마켓이나 편의점에도 다양한 종류의 와인이 진열되어 있어서 와인이 우리 생활에 완전히 녹아들었다는 생각이 들어요.

집에서 저녁 식사에 곁들일 와인을 고를 때도 막연히 레드나 화이트, 혹은 가격만으로 고르지 말고 한발 더 나아가 그 와인의 맛을 예상하면서…… 예를 들어 그날의 메뉴에 따라 '저거보다는 이게 더 맞을 것 같아'라는 식으로 고를 수 있다면 식사도 더 맛있고 더 즐거워질 거예요.

게다가 와인은 서양 요리에만 잘 맞는 것이 아니랍니다. 고기감자조림이나 샤브샤브 등 평범한 가정요리에도 '잘 맞는 와인'이 있어요. 와인과 요리의 조합-프랑스어로 마리아주(결혼)라고 해요-을 의식할 수 있는 것이 와인의 세계를 알아가는 최대의 즐거움이기도 합니다. 그래서 지금부터는 이를 위한 기초가 되는 프랑스 와인의 체계를 차근차근 이야기해 보려고 합니다.

CONTENTS

추천의 글 • 5
머리말 • 9

서장 와인과 프랑스 • 21

레드와인과 화이트와인의 차이는 딱 하나 • 24
포도를 따서 으깬 과즙을 발효시킨다 • 25
와인을 부드럽게 하는 M.L.F란? • 28
엘르바주: 나무통이 와인 맛을 좌우한다 • 29
찌꺼기 제거와 청징, 여과 • 32
껍질과 씨를 담그지 않는다: 화이트와인 제조법 • 33
적포도의 색을 입힌다: 로제와인 제조법 • 37
와인을 양조하는 10개 지방 • 38
포도와 기후는 밀접한 관련이 있다! • 41
프랑스의 청포도: 샤르도네, 소비뇽 블랑, 뮈스카데 • 43
프랑스의 적포도: 메를로, 그르나슈, 시라 • 45
프랑스 와인의 품질과 브랜드를 확립한 A.O.C.법 • 47
라벨을 알면 와인 고르기가 즐거워진다 • 50

제1장 샹파뉴 지방 • 53

샴페인를 만드는 세 가지 포도 • 56
샴페인은 화이트와 로제만 만들어야 한다 • 57
등급에 대하여: 17개 특등급 마을과 42개 1등급 마을 • 59
그랑 크뤼 마을끼리는 '그랑 크뤼'라고 해도 된다 • 62

기계가 아닌 손으로 딴 포도만 사용한다 • 65
포도를 과하게 짜면 안 된다! • 67
맛을 지키는 양조가들 • 68
샴페인의 가장 큰 특징: 병내 2차 발효란? • 71
병 입구를 얼리지 않고 하는 셀로스 씨의 데고르주망 • 74
샴페인이 비싼 세 가지 이유 • 75
레드와인과 화이트와인을 섞어도 된다: 로제 샴페인 제조법 • 77
돔 페리뇽이 비싼 샴페인인 이유 • 78
샴페인이 드라이한지 스위트한지는 라벨을 보면 알 수 있다 • 80
적포도를 섞지 않고 청포도로만 양조되는 블랑 드 블랑 • 82
전형적인 N.M.과 마니아적인 R.M. • 83
치즈, 초밥, 샤브샤브… 샴페인에 어울리는 음식은? • 84
샴페인 아닌 일반적인 스파클링와인 제조법 • 85
합리적인 가격의 스페인판 샴페인 '카바' • 88

제2장 부르고뉴 지방 • 91

부르고뉴에서는 연간 2억 병의 와인이 양조되며 1억 병은 수출된다 • 94
생산량의 1/3은 보졸레 지구 • 95
거친 기후가 포도의 맛을 좌우한다 • 95
'좋은 토양'이란 무엇인가? • 96
부르고뉴 지방의 4개 '데파르망'의 토양 • 98
부르고뉴 와인과 테루아 • 100
A.O.C.를 모르면 와인을 제대로 살 수 없다 • 101
부르고뉴만 포도밭 하나하나에 등급을 매긴다 • 102
누구의 포도밭인가? • 105
특등급밭(Grands Cru)과 1등급밭(Premiers Crus)의 라벨 • 106
부르고뉴 지방의 '코뮈날'(마을)과 '레지오날'(지방) • 108

왜 오래된 포도나무의 포도가 더 맛있을까 · 109

유기농(Bio) 와인의 역사 · 110

뤼트 레조네 → 비올로지크 → 비오디나미 · 111

A.O.C. 샤블리 & 그랑 오세루아 지구 · 114

A.O.C. 코트 드 뉘 지구 · 116

A.O.C. 코트 드 본 지구 · 123

코트 드 본의 추천 비스트로는 '마 퀴진' · 126

A.O.C. 코트 샬로네즈 지구 · 131

A.O.C. 마코네 지구 · 133

A.O.C. 보졸레 지구 · 135

보졸레 누보 제조법 · 136

부르고뉴에서 기억해두면 좋은 프르미에 크뤼 · 138

환경의 영향을 많이 받는 샤르도네 · 140

북부, 중부, 남부 각각 맛이 다르다 · 142

부르고뉴 화이트와인의 진수: 뫼르소, 퓔리니, 샤사뉴 · 144

산미, 미네랄, 꽃, 과일의 뉘앙스 차이 · 145

만드는 사람의 인품과 와인 맛은 일치한다? · 146

부모로부터 자식에게 대를 이어 전수되는 와인 양조 · 147

레드와인 최고의 마을 세 곳: 제브레 샹베르탱, 샹볼 뮈지니, 본 로마네 · 148

돈가스에 어울리는 화이트와인 · 150

제3장 보르도 지방 · 153

최고급 레드와인 산지: 메독 지구 · 156

시롱강이 귀부포도가 자라는 환경을 만든다: 그라브 지구와 앙트르 되 메르 지구 · 158

메독에 버금가는 최고급 레드와인 산지: 생 테밀리옹, 포므롤 지구 · 159

보르도 와인과 부르고뉴 와인의 결정적인 차이 • 160
샤토와 도멘, 생산자와 포도밭의 관계 • 162
밭에 등급을 매기는 부르고뉴, 샤토에 등급을 매기는 보르도 • 164
A.O.C. 메독 지구 • 166
A.O.C. 그라브 지구 • 171
A.O.C. 소테른 & 바르삭 지구 • 173
A.O.C. 블라이 & 부르 지구 • 174
A.O.C. 생테밀리옹, 포므롤 지구 • 176
A.O.C. 앙트르 되 메르 지구 • 177
세미용이 만들어내는 흔치않은 기포: 크레망 드 보르도 • 180
메독 지구의 등급: 61개 샤토를 5등급으로 분류 • 181
메독 지구의 등급 〈1등급〉: 와인이 대단하다고 생각한 계기 • 182
메독 지구의 등급 〈2등급〉: 모두가 너무나 유명한 14개 샤토 • 184
메독 지구의 등급 〈3등급〉: 밸런타인데이에 인기 있는 하트 라벨 • 185
메독 지구의 등급 〈4등급〉: '포도밭'이 아닌 '생산자'에 매료되다 • 186
와인을 마실 때는 너무 차이 나지 않게 수준을 올린다? • 188
메독 지구의 등급 〈5등급〉: 샤토를 재건하다 • 189
메독 지구의 등급 〈크뤼 부르주아급〉: 1~5등급에 들어 있지 않은 숨은 샤토 250여 개 • 191
메독 지구의 등급 〈세컨드 와인〉: 각 샤토의 또 하나의 라인업 • 193
소테른 바르삭 지구의 등급: 샤토 디켐이 늘어선 런던의 와인숍 • 194
그라브 지구의 등급(1953년, 59년): 레드냐 화이트냐, 등급이 매겨졌느냐 아니냐 • 197
생 테밀리옹의 등급(1955, 69, 86, 96, 12년): 10년마다 시끌시끌 • 199
굳이 등급을 매기지 않는다: 포므롤 지구의 우량 와인 • 201
카베르네와 궁합이 좋은 등심 스테이크, 메를로와 어울리는 안심 스테이크 • 204

제4장 루아르 지방, 론 지방 · 207

루아르 지방 · 208

5개 지구에서 재배되는 포도가 다르다 · 210

싱그러운 풋내가 부드러운 소비뇽 블랑 · 213

페이 낭테 지구의 A.O.C.: 루아르강 하류의 뮈스카데 · 214

앙주 소뮈르 지구의 A.O.C.: 레스토랑에서 화이트와인을 딱 1병만 고를 수 있다면 · 216

투렌 지구의 A.O.C.: 루아르를 대표하는 레드와인 시농과 화이트와인 부브레 · 221

상트르 니베르네 지구의 A.O.C.: 맑고 또렷한 소비뇽 블랑을 즐길 수 있다 · 224

장어 양념구이와 타르트 타탕 · 225

론 지방 · 228

론 북부 우안의 A.O.C.: 불타는 언덕과 불타는 대지 · 230

론 북부 좌안의 A.O.C.: 진한 시라를 화이트와인으로 희석한다 · 233

달고 맛있는 주정강화와인 · 235

론 남부의 A.O.C.: 13품종을 블렌딩할 수 있는 '교황의 와인' · 238

제5장 알자스 지방, 쥐라 사부아 지방, 프로방스 지방, 랑그독-루시용 지방, 남서 지방 · 243

알자스 지방 · 244

라벨에 포도 품종이 적혀 있어서 알기 쉽다 · 246

프랑스인에게 가장 친근한 스파클링와인, 크레망 달자스 · 248

프랑스인보다 독일인에 가까운 사고방식 · 250

대량 생산을 멈추고 알자스다운 와인 양조로 복귀 · 252

늦게 딴 포도로 만든 와인과 골라 딴 포도로 만든 귀부와인 · 254
알자스 요리는 가정식에 가깝다 · 255
타르트 플랑베, 슈크루트와 아사쿠사바시의 '장티' · 256

쥐라 사부아 지방 · 258
쥐라 지방 A.O.C.: 사바냥으로 만들어지는 노란 와인은? · 259
말린 포도로 만드는 스위트한 짚와인 · 263
샤슬리, 자케르, 알테스: 사부아 지방의 포도 · 264
치즈 퐁듀에 어울리는 와인, 스키야키에 어울리는 와인 · 265

프로방스 지방 · 268
로제와인을 엄청 사랑하는 사람들 · 269
여름에 바비큐와 함께 차갑게 마시는 와인 · 270
로제와인과 어울리는 프로방스 지방의 요리 · 273
코르스 섬은 거의 이탈리아? · 274

랑그독-루시용 지방 · 276
랑그독에서는 온갖 포도가 재배된다! · 277
스틸와인보다 뱅 두 나튀렐로 유명한 루시용 지방 · 280

남서 지방 · 281
보르도부터 피레네 산맥까지의 4개 지구 · 282
남서 지방의 A.O.C.: 블랙와인 카오르 · 284

맺음말 · 288

서 장

와인과 프랑스

안녕하세요. 스기야마 아스카입니다. 지금부터 여러분과 6회에 걸쳐 와인을 공부해보려고 해요. 우선 와인이라는 술에 대해 간단히 이야기해 볼까요? 술(알코올음료)은 크게 3그룹으로 나뉩니다.

　발효주: 와인, 맥주, 청주 등
　증류주: 브랜디, 위스키, 소주 등
　혼성주: 리큐어류, 베르무트류 등

발효주는 와인, 맥주, 청주 3가지가 대표적인데, 이들 알코올은 기본적으로 원료에 함유된 '당분'을 효모균이 발효시켜, 즉 '효모'가 '당'을 '알코올'과 '이산화탄소'로 분해하여 술이 됩니다. 와인은 원료가 포도이므로, 포도에 함유된 당분이 그대로 발효되어 알코올이 만들어집니다.

$C_6H_{12}O_6$ (포도당·과당) $\xrightarrow{\text{발효}}$ $2C_2H_5OH$ (에틸알코올) + $2CO_2$ (이산화탄소)

반면 청주의 원료는 쌀인데, 쌀은 포도처럼 달지 않죠. 그럼 알코올의 원료인 당분은 어디에서 올까요? 쌀에 있는 전분이 누룩에 함유된 효소의 활동으로 분해되어 당분이 생기는데(당화), 그 당분을 와인처럼 효모의 힘으로 알코올 발효시킵니다. 이 당화라는 과정이 와인과 청주의 양조에서 가장 큰 차이입니다. 맥주는 원료인 보리에 함유된 전분이 맥아 속 효소의 활동으로 당화하고, 그 당분을 효모가 알코올 발효시킵니다.

이에 비해 증류주는 대표적인 것이 브랜디와 위스키, 소주 등인데요. 기본적으로는 발효주를 증류시켜 만들어요. 물과 알코올의 끓는점의 차이를 이용해 먼저 증발하여 나오는 알코올을 모으면 더 진한 술이 되죠.

마지막으로 혼성주는 어떻게 만들까요? 혼성주의 원료는 발효주든 증류주든 상관없지만, 그 술에 다양한 약초나 향신료 등을 담가 향을 첨가합니다. 카시스(Cassis)나 캄파리(Campari) 등의 리큐어류가 혼성주예요.

일반적으로 와인은 이 중에서 '발효주'에 해당합니다. 그리고 여러분이 알다시피 다시 레드와인, 화이트와인, 로제와인의 3가지로 나눕니다. 이제부터는 각각의 와인의 제조법을 살펴보도록 하겠습니다(샴페인 등 스파클링와인에 대해서는 별도의 장에서 설명할게요).

원료

보리	맥주	증류→	위스키
포도	와인	증류→	브랜디
쌀	청주	증류→	소주

* 비등점: 물 100℃ 알코올 73.8℃

레드와인과 화이트와인의 차이는 딱 하나

우선 이미지를 하나 떠올려 볼까요. 여기 포도가 있습니다. 포도 속 당분이 그대로 알코올 발효하여 와인이 됩니다. 즉 포도 과즙 자체가 와인의 액체가 되죠. 와인은 오롯이 포도로만 양조되는 술이에요.

이에 비해 다른 발효주, 청주나 맥주는 흔히 '물이 중요하다'고 하는데요. 원재료(쌀이나 보리)에 물을 첨가하여 만듭니다. 술 중에서 유일하게 와인만이 물을 전혀 더하지 않고 만들어지죠. 따라서 포도 자체가 본래 지닌 힘이 그대로 와인의 맛으로 표현됩니다. 오로지 포도만으로 어떻게 와인이 완성될까? 포도 껍질과 씨는 어떻게 되는 걸까? 이런 점들을 생각하면서 하나씩 살펴봅시다.

레드와인과 화이트와인은 색도 맛도 다른데, 그런 차이는 왜 생기는 걸까요? 사실 레드와인과 화이트와인을 만드는 방법의 본질적인 차이는 단 하나뿐입니다. 껍질과 씨를 함께 담그느냐(→레드와인) 또는 담그지 않느냐(→화이트와인)예요.

기본적으로 레드와인은 적포도로, 화이트와인은 청포도로 만듭니다. 적포도는 껍질 색이 보라색이고, 청포도의 껍질 색은 대체로 연두색이죠. 레드와인은 적포도의 껍질을 담그기 때문에 붉은색이 됩니다. 따라서 껍질을 담그지 않는다면 적포도로 화이트와인도 만들 수 있어요.

포도를 따서 으깬 과즙을 발효시킨다

그러면 우선 레드와인을 만드는 방법부터 살펴보죠.

먼저 포도를 땁니다. 포도를 따는 방법에는 손으로 따거나 기계로 따는 두 가지 방법이 있어요. 수확 후에는 컨베이어 벨트에서 포도를 한 송이씩 체크하여 상태가 좋지 않은 송이나 알을 솎아냅니다(선과). 선과를 하면 와인의 맛이 잡미가 없이 깨끗해져요. 물론 기계로 따면 수고가 덜하겠지만, 포도알이 다치기 쉬워요. 상처가 난 자리는 바로 산화가 시작되기 때문에 완성된 와인의 풍미에 나쁜 영향(아린 맛 등)을 줍니다.

선과를 하고 나면 우선 줄기 부분을 제거해요*1. 레드와인의 경우 줄기를 제거한 뒤 포도를 으깨어 껍질과 씨를 그대로 두고 효모를 첨가하여 발효시킵니다*2. 프랑스어로 페르망타시옹 알콜리크(Fermentation Alcoolique), 글자 그대로 '알코올' 발효'입니다. 이때 껍질에서 레드와인에 필요한 타닌(떫은 성분)과 안토시안(붉은색 성분)이 추출됩니다. 이렇게 씨와 껍질을 담그는 공정을 '침용(마세라시옹, Macération)'이라 부릅니다.

이때 발효가 되는 과정은 술 빚는 모습을 떠올리면 이해하기 쉬울 텐데요, 뽀글뽀글 거품이 올라와요. 당분이 알코올로 바뀔 때 이산화탄소(탄산가스)도 함께 발생하죠. 이때 뽀글뽀글 위로 올라오는 이산화탄소에 이끌려 담가놓은 포도의 껍질과 씨도 표면으로 뜹니다. 생산자는 포도를 푹 담가 성분을 뽑아내고 싶은데 말이죠. 자, 그럼 이제부터 어떻게 하냐

*1 일부러 제거하지 않는 생산자도 있다. 줄기를 함께 발효시키면 와인의 타닌과 산미 등이 증가하는 경향이 있기 때문이다.

*2 알코올 발효시킬 때 일반적으로는 효모를 첨가하지만, 포도 껍질에 붙어있는 천연 효모로만 자연 발효시키는 생산자도 일부 있다.

알코올 발효   뽀글뽀글   르몽타주

면 액체를 우선 아래로 빼낸 뒤 위로 다시 끼얹어 껍질과 씨가 액체에 잠기게 하는 작업을 몇 번이나 반복합니다. 이를 르몽타주(Remontage)라고 하는데, '침용' 과정 중간중간에 르몽타주를 하여 색소와 떫은맛을 깔끔하게 추출합니다.

참고로 부르고뉴 지방에서는 전통적으로 이 르몽타주를 기계로 하지 않고, 노를 젓거나 발로 밟아서 껍질과 씨를 바닥에 가라앉히는 생산자도 있어요. 이렇게 인력으로 하는 방법을 피자주(Pigeage)라고 합니다*3. 어쨌든 이런 과정을 통해 으깬 포도즙에 껍질과 씨를 담가 뽀글뽀글 알코올 발효를 시키는 동시에 성분도 추출합니다.

어느 정도 성분이 추출됐다 싶으면 껍질과 씨를 제거합니다. 이를 '압착', 프랑스어로 프레쉬라주(Pressurage)라고 합니다. '압착'한다고 해서 갑자기 꽉 짜면 껍질과 씨의 쓴맛이 와인의 액체에 엄청 스며들겠죠. 그래

피자주

압착   프리 런 와인

*3 일반적으로 르몽타주보다 피자주가 폴리페놀이나 안토시아닌의 추출량이 많다고 한다. 그래서 파워풀한 보르도의 포도 품종에는 '르몽타주'를 하고, 부르고뉴에서는 전통적으로 '피자주'를 한다.

서 그런 방법으로는 하지 않아요.

　육수를 낼 때 면포로 재료를 거르는 이미지를 떠올려보세요. 건더기만 남기고 면포 아래로 깨끗하고 투명한 국물이 흘러내리는 이미지 말이에요. 와인도 마찬가지로 불필요한 것을 걸러내고 깨끗하고 순수한 와인만 아래로 내립니다. 이를 프리 런 와인(Free run wine, 자연스럽게 흘러내린 와인)이라고 해요. 짜지 않고 중력에 의해 자연스럽게 흘러내려 모인 순수한 액체입니다. 그래도 제거한 껍질과 씨에 액체가 많이 남아 있을 테니 좀 더 짭니다. 가볍게 짠 것은 그대로 프리 런 와인에 더하기도 하고, 다른 용도(블렌딩 와인용)로 사용하기도 해요.

와인을 부드럽게 하는 M.L.F.란?

　자, 알코올 발효도 끝냈고 껍질과 씨의 엑기스도 충분히 뽑아냈어요. 포도의 껍질과 씨도 제거해 순수한 액체가 되었죠. 이것으로 이미 와인이네요. 이 상태의 와인을 한 번 더 발효시킵니다. 사실 발효시킨다기보다는 내버려 두면 자연히 발효합니다. 이 발효 과정을 말로락틱 퍼멘테이션(Malo-Lactic Fermentation), 줄여서 M.L.F.라고 합니다.

　포도에는 사과산이라는 산이 있어요. 이 사과산이 와인에 함유된(포도 껍질 표면에 붙어 있던) 유산균의 작용에 의해서 점점 유산으로 바뀝니다. 사과산은 이름 그대로 사과에 많이 함유된 산이어서 상큼하고 강렬한 신맛이 나는데, 유산은 산미가 부드러워요. 따라서 와인의 산미가 은은해지고 부드러운 맛으로 변해가는 거죠. 이렇게 사과산이 유산으로 바뀌는 작용을 말로락틱 발효, 통칭 M.L.F.라고 합니다. 또는 산이 줄어들어서 감산 발효라고도 해요.

M.L.F.를 거치면서 와인은 부드러워지고 복잡한 풍미와 발향 성분이 증가하는데, 일부 생산자는 일부러 M.L.F.를 하지 않고 사과산의 상큼한 뉘앙스를 남기기도 합니다. 'M.L.F.를 한다'는 것은 요약하면 그대로 방치하는 것이고(웃음), 반대로 'M.L.F.를 하지 않는다'는 것은 사과산이 유산으로 바뀌는 작용을 인위적으로 멈추는 것이죠. 기본적으로는 온도를 낮추면 균의 활동이 약해지므로 온도를 낮추는 방법을 쓰거나, Ph(페하) 등을 조정하여 M.L.F.가 일어나는 여러 조건을 막습니다. 우리가 마시는 와인이 M.L.F.를 했는지 안 했는지는 그 와인에 대한 정보를 찾아보면 알 수 있으니, M.L.F.라는 단어를 꼭 기억해두세요.

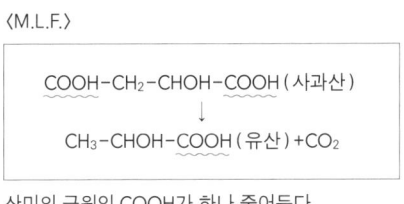

⟨M.L.F.⟩

$COOH-CH_2-CHOH-COOH$ (사과산)
↓
$CH_3-CHOH-COOH$ (유산) $+CO_2$

산미의 근원인 COOH가 하나 줄어든다.

엘르바주: 나무통이 와인 맛을 좌우한다

M.L.F. 다음으로 하는 것이 숙성, 즉 엘르바주(Elevage)입니다. 와인이라고 하면 흔히 나무통에서 숙성되는 이미지가 떠오를 텐데요, 바로 그 과정입니다. 지금까지 이야기한 발효(알코올 발효에서 M.L.F.까지)는 생산자에

따라 거대한 나무통에서 하는 경우도 있고 스테인리스 탱크나 시멘트 탱크에서 하는 경우도 있는데요. 여기서 어떤 방법을 선택할지는 생산자의 취향에 달려 있어요. 그런데 엘르바주(숙성)를 할 때는 레드와인을 기본적으로 나무통에서 숙성시키는 경우가 많습니다*.

나무통은 와인의 맛에 지대한 영향을 줍니다. 와인을 나무통 안에서 한동안 재울(숙성시킬) 때 어떤 나무통을 어떻게 사용할지 생산자가 선택합니다. 새 나무통과 헌 나무통 중 어느 쪽을 사용할지, 헌 나무통이라면 다른 와인을 넣어 '1년'을 재운 것인지, '2년'을 재운 것인지, 아니면 '3년'을 사용한 나무통인지……. 음, 이번에는 새 나무통만 사용해볼까? 아니면 새 나무통은 나무 향이 지나치게 밸 테니 새 나무통에서 숙성시킨 것과 헌 나무통에서 숙성시켜 나중에 섞어볼까…… 등 생산자가 추구하는 와인의 맛에 따라 나무통을 사용하는 방식도 각양각색으로 달라지는 거죠.

나무통은 대부분 오크 나무로 만드는데, 단단한 오크 나무의 안쪽 부

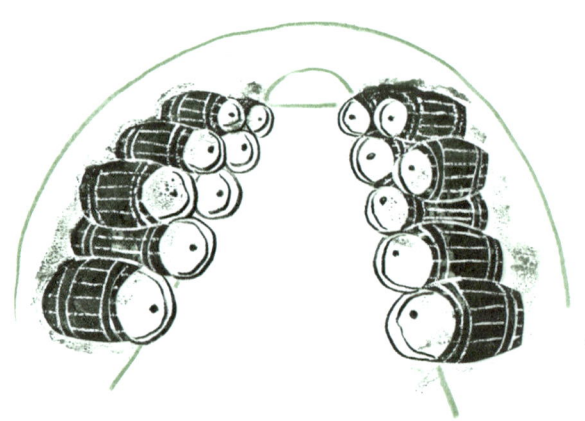

* 엘르바주는 1~2년 정도까지 하고 그 후에는 병에 옮겨 다시 숙성시킨다.

분을 구워서 통 모양으로 둥글게 휘도록 합니다. 이때 어떻게 나무를 태우느냐에 따라 와인의 향에 많은 영향을 끼쳐요. 살짝 태우기만 하면(라이트 로스트) 가벼운 바닐라 향이 납니다. 중간 정도로 태우면(미디엄 로스트) 약간 스파이시한 향이 나기도 하고 코코아나 초콜릿 향이 나기도 해요. 강하게 태우면(헤비 로스트) 볶은 커피나 향신료 등의 고소한 향이 두드러지는데 그만큼 우아함이 줄어들죠.

새 오크통과 헌 오크통 중 어떤 오크통을 선택할지도 생산자에게 달려 있어요. 마셨을 때 '와, 이거 엄청 오크향이 진하네'라고 느낀다면 새 오크통일 가능성이 높고, 헌 오크통이라면 오크의 뉘앙스가 별로 느껴지지 않아서 '혹시 이거 스테인리스 탱크로 숙성시켰나?'라고 생각할지도 모릅니다. 이처럼 오크통의 사용법에 따라 와인의 맛도 달라져요.

그리고 어디에서 생산된 오크통인지에 따라서도 와인의 맛이 달라집니다. 프랑스에서는 프랑스의 트롱세(Troncais)산이 가장 품질이 높다고 하는데, 와인에 매우 섬세하고 품위 있는 오크 향이 밴다고 해요. 반면 미

〈오크통의 로스트에 따라 추출되는 주요 향〉
- 라이트 로스트(Light roast): 가벼운 바닐라 향
- 미디엄 로스트(Medium roast): 향신료, 바닐라, 코코아, 초콜릿 등
- 헤비 로스트(Heavy roast): 연기, 커피, 캐러멜 등(우아함은 줄어든다)

국산은 와인에 바닐라나 코코넛의 단 향기가 강하게 스며드는 것이 특징이에요. 미국산 오크는 스페인에서도 인기가 많은데, 진한 풍미의 템프라니요(Tempranillo)와 가르나차(Garnacha) 품종과 궁합이 좋아서 자주 사용돼요. 이탈리아에서는 전통적으로 크로아티아의 슬라보니아산 대형 오크를 사용합니다. 프랑스에서도 프렌치 오크만 고집하지 않고 나무 품종이나 산지, 건조 방법이나 로스팅 방법을 포함하여 다양한 사용법을 시도하고 있다고 해요.

찌꺼기 제거와 청징, 여과

엘르바주를 마친 뒤에는 와인의 찌꺼기를 걷어냅니다. 찌꺼기는 활동을 마친 효모의 사체가 모인 것인데, 이를 제거하는 과정이죠. 다만 찌꺼기에 감칠맛이 있다는 의견도 있어서 생산자에 따라서는 찌꺼기를 일부러 남길 때도 있어요(찌꺼기의 감칠맛에 대해서는 뒤에 나오는 화이트와인 제조법에서 다시 설명할게요).

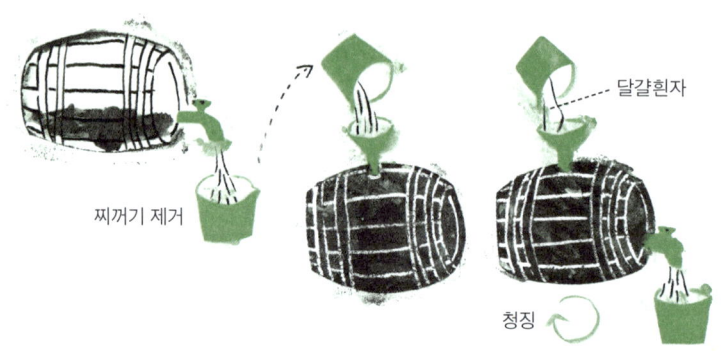

찌꺼기를 걷어낸 뒤에는 청징을 합니다. 와인의 투명도를 더욱 끌어올리기 위한 공정인데요, 흥미롭게도 청징제로 달걀흰자를 쓰기도 해요. 참고로 맑은 콩소메 수프를 만들 때도 달걀흰자를 쓰죠. 수프의 불순물을 건질 때 흰자를 넣어 섞으면 거기에 자잘한 고형물이 모이게 돼요. 그렇게 해서 맑고 깨끗한 수프가 완성됩니다. 와인도 동일한 방법으로 찌꺼기(자잘한 고형물)를 제거합니다. 이밖에도 젤라틴을 넣거나 광물(벤트나이트 등)을 넣어서 투명하게 하는 방법이 있어요.

청징이 완료된 와인은 마지막으로 여과하여 병에 넣습니다. 여기까지가 일반적인 레드와인 제조법인데, 생산자에 따라 양조 과정에서 다양하고 섬세한 테크닉을 쓰기도 해요.

껍질과 씨를 담그지 않는다: 화이트와인 제조법

자, 다음은 화이트와인을 만드는 방법을 살펴볼까요? 레드와인은 껍질과 씨를 함께 담그면서 알코올 발효를 하는데, 화이트와인은 포도를 으깬 뒤 '껍질과 씨를 제거하고 포도즙만 알코올 발효시키는 것'이 특징입니다. 먼저 압착을 하고 그 후에 알코올 발효를 하죠. 따라서 레드와인에서 하는 '침용' 과정이 화이트와인에서는 기본적으로 필요하지 않아요.*

---

* 일부 화이트와인에서는 알코올 발효 전에 껍질과 씨를 함께 담그는 스킨 콘텍트(Cold-Maceration) 등의 방법을 쓰기도 한다.

화이트와인은 대개 청포도로 양조되지만 사실 적포도로도 만들 수 있어요. 적포도의 껍질 색과 씨의 떫은맛을 추출하지 않으면 화이트와인이 되는 거죠. 이렇게 만들어진 와인을 자세히 보면 아주 옅은 로제색이 됩니다. 참고로 알코올 발효 전에(짜낸 포도즙에 효모를 넣기 전에) 과즙을 한나절 정도 가만히 두어 불순물을 가라앉힌 뒤 위에 있는 맑은 액체만 사용하는(데부르바주, Débourbage) 생산자도 있어요.

청포도의 투명한 과즙에 효모를 첨가하여 알코올 발효를 하고, 그 후에 말로락틱 발효(M.L.F.)로 맛을 부드럽게 한 다음 (또는 M.L.F.를 하지 않고 산미를 부각시켜) 오크통이나 탱크에서 와인을 숙성시킵니다. 레드와인을 만드는 과정과 동일하죠. 화이트와인을 재우는 기간은 길어야 1년 정도예요. 와인을 오크통에서 숙성시키는 동안 액체가 조금씩 증발하여 분량이 줄어드는데, 이 줄어든 분량을 '천사의 몫(Angel's share)'이라고 해요. 줄어든 와인을 천사가 마셨다니 참 재치 있는 표현이죠. 이때 와인이 줄어든 분량만큼 따로 보관해온 보충용 와인을 더하여 오크통을 다시 채

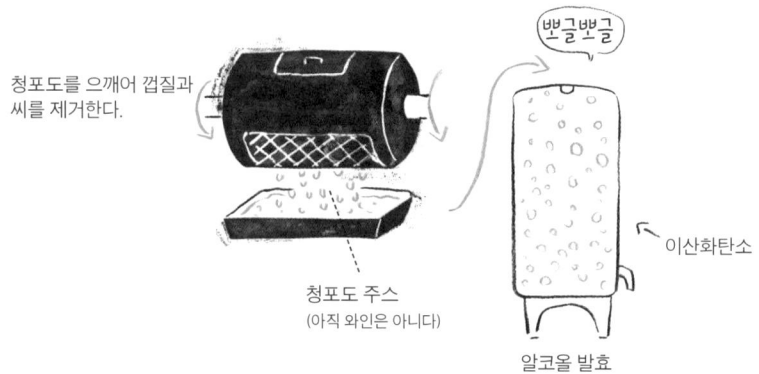

청포도를 으깨어 껍질과 씨를 제거한다.

뽀글뽀글

청포도 주스
(아직 와인은 아니다)

이산화탄소

알코올 발효

우게 됩니다. 그리고 이때 다음과 같은 독특한 작업도 하기도 해요.

 화이트와인은 껍질과 씨의 성분을 추출하지 않아서 기본적으로 산뜻한 맛이 납니다. 그래서 좀 더 감칠맛을 내기를 원하는 생산자는 와인을 숙성시키는 동안 오크통이나 탱크 바닥에 쌓인 찌꺼기를 일부러 뒤섞어서 찌꺼기의 감칠맛을 추출하는 작업을 합니다. 이를 바토나주(Bâtonnage)라고 해요. 화이트와인을 만들 때 하는 독특한 작업 과정 중 하나죠.

 그런 다음에는 레드와인과 마찬가지로 찌꺼기를 제거하고 청징한 뒤 여과하여 병입하는데, 찌꺼기를 제거하기 전에 좀 더 감칠맛을 내기 원할 때는 그대로 더 숙성시키기도 합니다. 기본적으로는 불필요한 찌꺼기 냄새가 와인에 배거나 품질이 떨어지는 것을 막기 위해 찌꺼기를 제거하지만, 상태가 좋은 찌꺼기는 함께 숙성시키면 와인에 좋은 영향을 주거든요. 이를 프랑스어로 쉬르 리(Sur Lie, 찌꺼기의 위쪽)라고 합니다. 이 단어는

바토나주

여러분이 앞으로 와인을 마실 때 자주 나오니 꼭 알아두세요.

예를 들어 일본에는 '고슈'라는 포도 품종(야마나시현에서 재배하는 청포도 품종)이 있는데 고슈는 본래 지닌 향이나 맛의 특성이 그다지 강하지 않아요. 비슷한 풍미를 가진 포도 품종으로는 프랑스 루아르 지방에서 재배되는 뮈스카데(Muscadet)가 있죠. 이들 포도에는 찌꺼기의 뉘앙스를 강하게 주어야 와인 자체가 맛있어져요. 그런 이유로 쉬르 리를 하는 경우가 많죠.

와인숍에 가보면 이따금 와인 라벨에 '쉬르 리'라고 적혀 있는 경우를 볼 수 있을 거예요. 이때 '쉬르 리가 대체 뭐지?'라는 의문이 든다면 '찌꺼기의 위쪽', 즉 찌꺼기와 함께 숙성시켜서 찌꺼기의 감칠맛을 살린 와인이라 생각하면 됩니다. 그렇다면 찌꺼기의 감칠맛이란 뭘까요? 찌꺼기에 함유된 효모가 자가 분해하여 아미노산이 되면 감칠맛 성분이 증가하여 와인의 바디감이 풍부해져요. 그 후에 와인을 병입할 때까지 발효 탱크에 그대로 두면 공기와의 접촉이 줄어듭니다. 그러면 와인이 산화하지 않고 발효 과정에서 생성된 향기 성분(제2의 아로마)도 빠져나가지 않아서 신선하면서도 무게감 있는 향을 지닌 와인이 완성돼요[※1]. 이것이 쉬르 리 화

※1 일반적으로는 알코올 발효 후 탱크 밑에 찌꺼기가 쌓이면 곧바로 탱크에서 와인의 윗물을 퍼내어 다른 저장 탱크에 옮긴다. 이 작업을 병입할 때까지 몇 차례 진행하는 동안 공기 접촉으로 양조 과정에서 생성된 향기 성분이 빠져나간다.

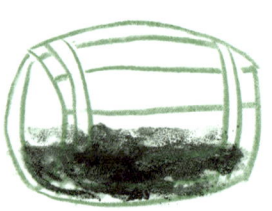

와인을 찌꺼기에 접촉시켜 찌꺼기의 감칠맛을 살린다.

쉬르 리

이트와인의 특징입니다. 레드와인에서는 하지 않는 흥미로운 방법이죠.

적포도의 색을 입힌다: 로제와인 제조법

다음은 로제와인입니다. 로제와인은 어떻게 만들어질까요? 유럽에서는 레드와인과 화이트와인을 섞어서 로제와인을 만드는 것이 금지되어 있어요. 그렇다면 어떻게 만들까요? 우선 레드와인과 마찬가지로 먼저 적포도를 으깨고 한동안 껍질과 씨를 함께 담가요. 그리고 로제색(분홍색)이 어느 정도 났을 즈음 껍질과 씨를 분리한 뒤 그다음에는 화이트와인과 똑같은 방법으로 만듭니다. 이것이 로제와인의 가장 대표적인 제조법이에요. 이를 세니에(Saignée) 방식*2이라고 합니다.

세니에 방식은 적포도로만 만드는 데 반해, 적포도와 청포도를 블렌딩하여 으깨는 방식을 혼합법이라고 합니다*3. 직접압착법이라는 방식도 있는데요, 이는 세니에 방식이나 혼합법과 달리 껍질과 씨를 액체에 담그지 않고(침용을 일절 하지 않고) 단지 으깨기만 합니다. 적포도를 서서히 으깨면 살짝 로제색이 되므로 아주 옅은 색의 로제와인이 완성되죠. 그 밖에 블렌딩 방식(화이트와인과 레드와인을 섞는 방식)은 유럽에서는 스파클링와인을 제외하고 금지되어 있어요. 이상이 와인 제조법에 대한 대략적인 설명이었습니다. 갑자기 와인이 마시고 싶어지네요(웃음).

---

*2 프랑스어로 '피를 뽑는다'는 뜻이다.
*3 독일의 로트링(Rotling)이 이 방법으로 양조되는 대표적인 로제와인이다.

와인을 양조하는 10개 지방

이제부터는 본격적으로 프랑스 와인에 대해 이야기를 해볼 텐데요, 그전에 프랑스의 각 지방에 대해 대략 설명을 하고자 합니다. 우리가 사는 지역과 마찬가지로 프랑스도 몇 개의 '지방'으로 나뉘어 있어요. 각각 기후도 토양도 다르고 재배되는 포도 품종도 달라서, 와인의 맛도 지방마다 특색이 드러납니다. 우선 프랑스 전체 지도를 볼까요? 프랑스 와인의 생산지는 크게 10개 '지방'으로 나뉩니다.

가장 북쪽은 프랑스 포도 재배의 북방 한계인 샹파뉴(Champagne) 지방 ❷입니다. 참고로 이 지도에는 각 지방 중 포도밭이 있는 구획만 표시되어 있어요. ❶은 루아르강을 따라 펼쳐지는 루아르(Loire) 지방이에요. 루아르강은 프랑스의 정중앙에서 낭트(Nantes)시를 거쳐 대서양까지 흐르고 있는 강이죠.

루아르강에서 약간 더 동쪽에 있는 지역 ❹이 그 유명한 부르고뉴(Bourgogne) 지방입니다. 부르고뉴에서 왼쪽 위로 조금 떨어져 있는 곳이 여러분이 잘 아는 샤블리(Chablis) 지구예요. 같은 부르고뉴 지방에 있으면서도 약간 떨어져 있죠.

독일과 국경을 맞대고 있는 곳이 알자스(Alsace) 지방 ❸. 재배되는 포도 품종은 독일과 거의 같아요. 알자스에서 내려와 스위스와 국경을 맞대고 있는 곳 ❺이 쥐라(Jura)-사부아(Savoie) 지방이에요. 포도 품종은 스위스와 비슷해요. 이처럼 유럽은 땅이 서로 이어져 있어서, 국경으로 나뉘었어도 토양과 기후가 비슷하면 다른 나라라고 해도 같은 품종이 재배되는 일이 많아요.

부르고뉴에서 똑바로 내려가면 론(Rhone) 지방입니다❶. 론의 포도밭은 북부와 남부로 뚜렷이 나뉘는데요, 대표적인 품종도 북부는 시라(Syrah), 남부는 그르나슈(Grenache)로 와인의 맛도 확 다릅니다. 이것이 바로 론 지방의 흥미로운 점이에요.

더욱 남쪽으로 내려가면 마르세유(Marseille)를 중심으로 프로방스(Provence) 지방❷이 펼쳐져요. 그 아래 지중해에 있는 것이 코르스(Corse) 섬(이탈리아어로 코르시카섬)인데요, 코르스 섬 아래는 이탈리아의 사르데냐(Sardegna) 섬으로 코르스와 사르데냐는 포도 품종이 비슷합니다.

루아르 지방 남쪽에 대서양을 면하여 펼쳐진 곳이 보르도(Bordeaux) 지방입니다❼. 프랑스에서는 이 보르도와 부르고뉴가 와인의 양대 산

서장 와인과 프랑스 39

지로 일컬어지는데요. 부르고뉴의 대표적인 포도 품종이 샤르도네(Chardonnay, 화이트)와 피노 누아(Pinot Noir, 레드)인 반면, 보르도는 레드와인의 이미지가 강하고 실제로 레드와인이 많이 생산되므로 카베르네 소비뇽(Cabernet Sauvignon, 레드)과 메를로(Merlot, 레드)가 대표 품종입니다.

물론 보르도에서도 맛있는 화이트와인이 생산되고 있어요. 보르도의 대표 청포도 품종은 소비뇽 블랑(Sauvignon Blanc)이에요. 그리고 세미용(Sémillon)도 있고요. 세미용은 소테른 와인을 만드는 주요 품종이죠. 소테른이라고 혹시 들어본 적 있으신가요? 소테른은 고급 스위트와인으로, 세계 3대 귀부와인 중 하나예요*. 이 '소테른 와인'이 양조되는 '소테른 마을'도 보르도에 있어요.

보르도 지방에서 더 남쪽으로 가면 ❽이 프랑스어로 쉬드 웨스트(Sud-Ouest), 즉 남서 지방이에요. 별로 들어본 적이 없을지도 모르겠지만, 말벡(Malbec)이라는 포도 품종으로 만드는 '카오르(Cahors)'라는 대표적인 와인이 있습니다. 색이 매우 짙어서 별명이 '블랙와인'이에요. 쉬드 웨스트와 프로방스 사이에 있는 곳이 랑그독-루시용(Languedoc-Roussillon) 지방❿입니다. 이곳은 프랑스에서 소비되는 테이블 와인의 약 절반을 생산하는 데일리 와인의 최대 산지입니다.

이상이 프랑스 전역의 와인 생산지입니다. 가만히 살펴보면 ❻과 ❾가 빠졌죠. 사실 이 두 곳은 와인 생산지는 아니에요. 코냑(Cognac)❻과 아르마냑(Armagnac)❾의 생산지입니다. 포도로 만드는 증류주, 즉 브랜디를

---

* 프랑스의 소테른(Sauternes), 독일의 트로켄베렌아우스레제(Trockenbeerenauslese), 헝가리의 토카이 에센시아(Tokaji Essencia)를 '세계 3대 귀부와인'이라고 한다. 각각의 와인을 만드는 포도 품종은 다르다.

만드는 곳이에요. 보르도를 사이에 두고 위아래로 자리하고 있는데요, 이 두 지방에서는 와인이 별로 생산되지 않아요.

프랑스의 와인 생산지는 게 10개로 나뉘어 있다는 점, 그리고 코냑과 아르마냑의 위치도 일단 알아두었으면 합니다. 참고로 프랑스의 행정 구역을 간단히 설명하면 각 레지옹(18)에 몇 개의 '데파르망'이 있는데, '데파르망(101)' 안에 다시 여러 개의 '코뮌(3만6,600)'이 있어요. '읍면동'의 구별은 없고 전부 '코뮌'이라는 단위로 나뉩니다. 일반적으로는 편의상 큰 코뮌을 '시', 작은 코뮌을 '마을'로 번역하는 경우가 많아요. 이 점을 기억해 주세요.

포도와 기후는 밀접한 관련이 있다!

프랑스의 각 지방에서 재배되는 포도 품종이 다른 이유는 우선 기후와 토양이 다르기 때문이죠. 각각의 풍토에 맞는 포도가 재배되니까요. 프랑스는 사실 위도가 높은 곳이에요(북위 42~52도). 홋카이도부터 사할린 정도에 해당하는데 어째서 그렇게 좋은 포도가 자랄 수 있을까요? 그 이유는 지중해와 대서양에서 흐르는 따뜻한 난류의 영향을 받아 전체적으로 온난하고 다양한 기후를 가지고 있기 때문이에요. 기본적으로는 프랑스의 기후는 크게 4가지 나뉩니다. 기후를 바탕으로 앞서 말한 10개 지역을 다시 살펴보면, 예를 들어 루아르강 상류 근처에서 재배되는 품종과 샹파뉴와 부르고뉴에서 재배되는 품종은 어느 정도 비슷하지 않을까 예측할 수 있어요. 그리고 루아르강 하류와 보르도가 비슷한 품종이 재배되겠죠. 기후와 재배되는 포도 품종 사이에는 밀접한 연관이 있거든요.

참고로 전 세계에 포도 품종은 대체 얼마나 있을까요? 좀 아까 말한 피노 누아나 카베르네 소비뇽 등 유럽계 와인용 포도 품종은 비티

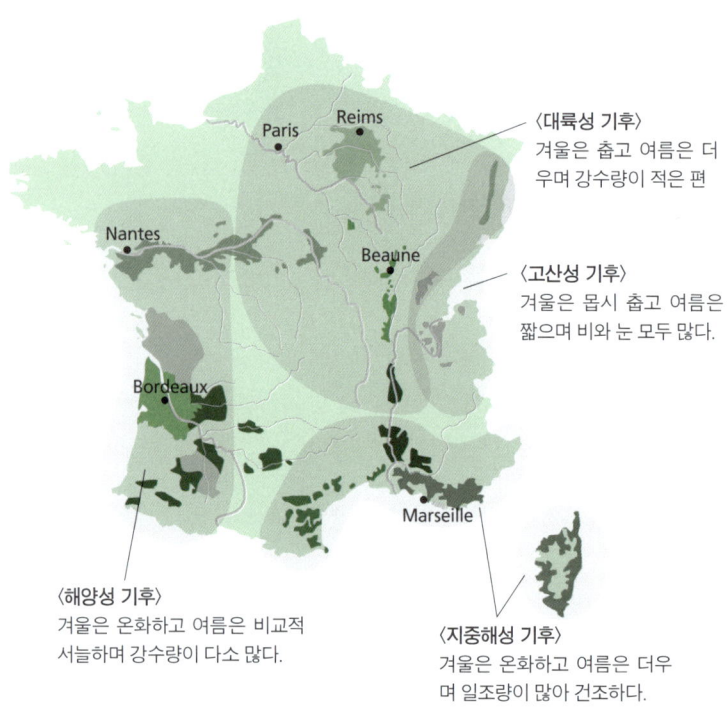

〈대륙성 기후〉
겨울은 춥고 여름은 더우며 강수량이 적은 편

〈고산성 기후〉
겨울은 몹시 춥고 여름은 짧으며 비와 눈 모두 많다.

〈해양성 기후〉
겨울은 온화하고 여름은 비교적 서늘하며 강수량이 다소 많다.

〈지중해성 기후〉
겨울은 온화하고 여름은 더우며 일조량이 많아 건조하다.

학명	특징
Vitis vinifera 비티스 비니페라	유럽·중동계 품종으로 약 5,000종 존재. 전 세계에서 와인용으로 사용.
Vitis labrusca 비티스 라브루스카	북미계 품종으로 대부분 그대로 먹거나 주스용으로 사용.
Vitis amurensis 비티스 아무렌시스	아시아계 품종.

스 비니페라(Vitis Vinifera '와인을 만드는 포도'라는 뜻)로 불리며 전 세계에 5,000종이 존재합니다. 대단한 숫자죠. 이 5,000종 중에서 '프랑스 와인을 만드는 품종'은 약 250종입니다. 물론 이 모든 품종을 우리가 다 외울 필요는 없어요. 사실 마실 기회도 잘 없고요. 그래서 이 책에서는 그중에서도 우리가 자주 접하게 되는 품종을 중심으로 살펴보도록 하겠습니다.

프랑스의 청포도: 샤르도네, 소비뇽 블랑, 뮈스카데

청포도 중에서도 가장 많이 재배되는 품종은 위니 블랑(Ugni Blanc)입니다. 아쉽게도 이 품종은 화이트와인에서는 거의 찾아볼 수 없어요. 그럼 무엇을 만드는 데 쓰이냐면, 코냑과 아르마냑의 원료가 되는 와인을 만들기 위한 품종입니다. 물론 위니 블랑으로 만든 화이트와인이 아예 없는 것은 아니지만, 일반적으로는 거의 볼 수 없어요. 보통 프랑스의 청포도라고 하면 가장 먼저 샤르도네가 떠오를 텐데요. 사실 샤르도네는 두 번째로 많이 재배되는 품종이랍니다.

그 다음이 소비뇽 블랑이에요. 보르도와 루아르에서 주로 재배되죠. 그 다음은 뮈스카데. 앞서 쉬르 리를 설명할 때 이야기했었는데, 루아르강 하류에서 재배됩니다. 널리 인기 있는 청포도 품종인 리슬링(Riesling)은 사실 재배 면적으로는 청포도 중 10위 안에 들지 못해요. 조금 의외의 결과죠?

참고로 표에 = 라고 쓰여 있는 것은 각 품종의 별명입니다. 프랑스어로 '시노님(synonyme)'이라고 하는데, 지방에 따라 품종을 친숙하게 부르는 이름이 달라요. 예를 들어 샤르도네를 '믈롱 다르부아(Melon d'Arbois)'라고 하거나 뮈스카데를 '믈롱(멜론) 드 부르고뉴(Melon de Bourgogne)'라고 부르죠. 여기서 뮈스카데의 별명이 왜 '부르고뉴의 멜론'이냐면, 다양한 설이 있는데 일설에 의하면 부르고뉴에서 재배되는 포도 품종(샤르도네)에 약간의 멜론 향이 나는 듯한 뉘앙스가 있기 때문이라고 해요. 그렇게 들으니 그런 것 같기도 하네요.

게다가 이 샤르도네와 뮈스카데는 DNA 감정에 의하면 형제라고 합니다. 요즘은 포도도 DNA로 감정을 하는 시대네요(웃음). 아버지가 피노 누아(적포도), 어머니가 구애 블랑(Gouais Blanc)이라는 청포도인데, 구애

〈청포도〉

품종 이름	재배 면적(ha)	주요 재배지
위니 블랑 =생 테밀리옹(데 샤랑트)	84,464	❻코냑 ❾아르마냑, 프랑스 남부
샤르도네 =오벤느 =믈롱 다르부아	48,919	❹부르고뉴 ❷샹파뉴 ❺쥐라 ❶루아르
소비뇽 블랑 =블랑 퓌메	30,000	❼보르도 ❽쉬드 웨스트 ❶루아르
세미용	10,823	❼보르도 ❽쉬드 웨스트
믈롱 드 부르고뉴 =뮈스카데	10,226	❶루아르

블랑은 현재 프랑스에서는 재배되지 않는다고 해요. 피노 누아와 구애 블랑이 자연 교배되어 생긴 품종이 샤르도네, 뮈스카데 등(이외에도 형제가 더 있어요)이므로, 뮈스카데에 '부르고뉴(샤르도네)의 멜론'이라는 별명이 붙은 것도 어쩐지 수긍이 갑니다.

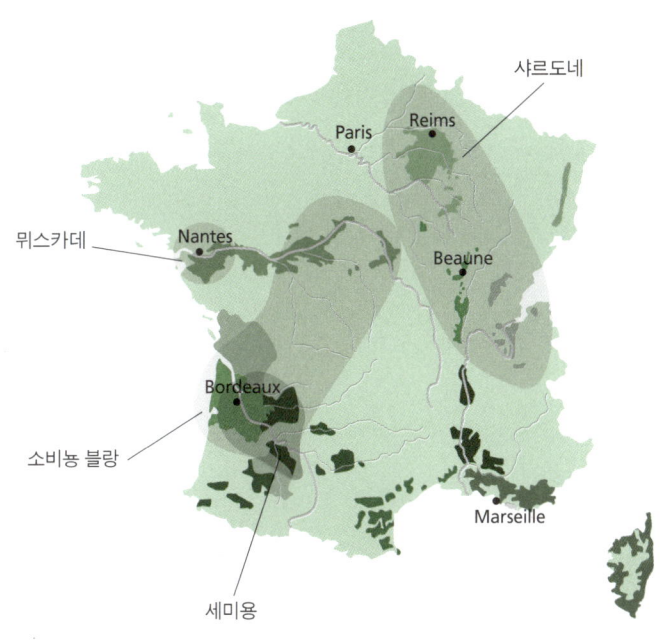

프랑스의 적포도: 메를로, 그르나슈, 시라

다음으로 적포도를 살펴보죠. 적포도 중에서 가장 많이 재배되는 품종은 메를로예요. 왠지 카베르네 소비뇽일 것 같지만 사실은 메를로가 압도적이에요. 그다음이 그르나슈입니다. 앞서 이야기했듯이 그르나슈는 론 지방 남부의 대표적인 포도 품종인데, 론 남부와 지중해 연안의 랑그독-루시용 지방, 프로방스 지방 일대에서 얼마나 대량으로 재배되는지 잘 알 수 있죠.

3위가 시라. 론 북부와 랑그독-루시용에서 많이 재배돼요. 그리고 4위가 바로 카베르네 소비뇽이에요. 보르도, 쉬드 웨스트(남서 지방), 루아르 등 대서양 쪽에서 재배되죠.

5위는 카리냥(Carignan)입니다. 남쪽 지방의 포도 품종으로 과일맛이 강하고 테이블 와인에 자주 사용돼요. 카리냥의 재배 면적을 보면 알 수 있듯 적포도 중 5위라고 해도 청포도 중 2위(샤르도네)보다 생산량이 많죠. 따라서 프랑스에서는 적포도(레드와인)의 생산량이 전체적으로 많다는 사실을 알 수 있어요.

프랑스는 와인 생산량에서 늘 이탈리아와 1, 2위를 다투는 그야말로 와인 대국입니다. 이탈리아와 프랑스 두 나라가 세계 연간 와인 생산량의 약 1/3을 차지하고 있어요. 또한 프랑스 와인은 전 세계에 다량으로 수출되기 때문에, 우리에게 가장 친숙하고 마실 기회도 가장 많은 와인이라고 할 수 있죠.

〈적포도〉

품종 이름	재배 면적(ha)	주요 재배지
메를로	114.631	❼보르도
그르나슈	85.408	⓫론 남부 ❿랑그독-루시용
시라=세린느	66.376	⓫론 북부 ❿랑그독-루시용
카베르네 소비뇽	49.798	❼보르도 ❽쉬드 웨스트 ❶루아르 ⓬프로방스
카리냥	37.409	지중해 연안 남프랑스 전역

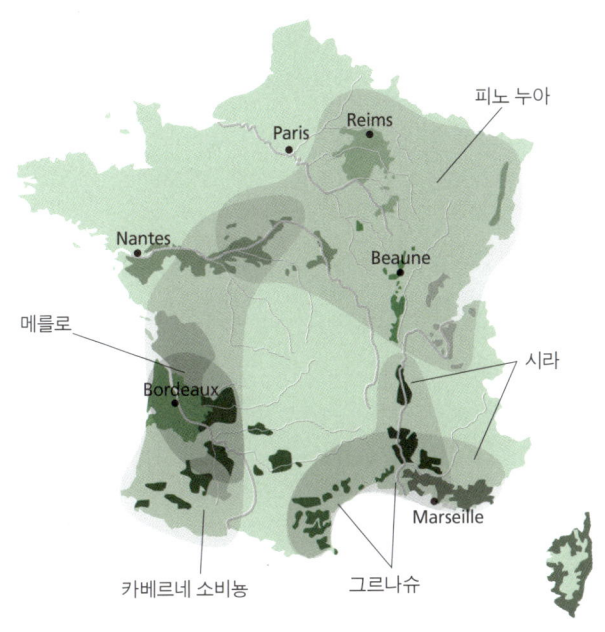

프랑스 와인의 품질과 브랜드를 확립한 A.O.C.법

여기서 잠깐 와인의 역사를 이야기해볼게요. 우선 연표를 봐주세요. 연표의 내용을 굳이 외우지 않아도 괜찮아요. 와인 양조는 기원전부터 시작하여 그 후 여러 사건과 종교, 정치의 지대한 영향을 받았어요. 민족 대이동 같은 일이 있었는가 하면, 포도밭이 황폐해져 와인 양조가 쇠퇴하기도 하고, 반대로 누군가 나라를 다시 일으키려 할 때 그리스도교 포교와 함께 와인 양조가 장려되는 등 유럽의 역사와 와인은 항상 밀접한 관계였죠. 프랑스혁명 때는 잠시 생산이 정체되었다가 산업혁명이 일어나자 다시 활발히 생산되기도 했고요.

그리고 마침내 1935년에 프랑스에서 '와인을 보호하는 법률'이 만들어집니다. 1929년 세계대공황 때 위조 와인이 많이 나돌았기 때문이에요. '부르고뉴'라고 쓰여 있지만, 부르고뉴에서 만들지 않은 가짜 와인이 시장에 다량으로 나왔어요. 부르고뉴에서 착실히 와인을 만드는 사람들이 큰 피해를 보게 되자, 프랑스에서는 그들을 보호하기 위한 법률을 제대로 정비했어요. 이것이 이른바 A.O.C.법, 즉 원산지통제명칭법입니다. 프랑스어로 아펠라시옹(Appellation) 도리진느(d'Origine) 콩트롤레(Contrôlée)라고 해요.

이 법이 생기기 전에도 나라에 따라서 자국의 와인을 지키기 위한 기초적인 법률을 만들긴 했지만, 제대로 된 제도로서 유럽에서 최초로 정비된 것이 바로 프랑스의 A.O.C.법이에요. '어느 산지'의 이름을 내걸기 위한 포도 품종, 재배법, 양조법 등이 엄격하게 정해져 있고, 이를 지킨 와인만 '그 산지'를 내세울 수 있어요. 이 법은 2009년에 새 와인법으로 바뀌었는데, 기본적으로는 1935년에 생긴 A.O.C.법을 답습하고 있답니다.

프랑스 와인의 역사

BC 6C	고대 로마인이 남프랑스에 포도 재배를 전하다.
BC 1C~AD 4C	프랑스 각지에서 포도 재배 시작.
8~9C	카를 대제(샤를마뉴)가 그리스도교를 장려, 교회·수도원을 중심으로 와인 생산이 발전.
18C	유리병과 코르크 사용법 발견. 와인 유통 확대.
18C 후반	보르도와 부르고뉴에서 귀족, 거상, 교회 등에 의한 고품질 와인 생산 시작.
1789년	프랑스혁명으로 와인 생산이 정체.
19C~	산업혁명에 따른 경제 발전. 와인 생산이 다시 성행.
1855년	파리세계박람회를 계기로 보르도에서 '등급 체계'가 시작된다.
19C 후반	포도 병충해가 세 차례 만연.
1930년	악천후와 세계 불황에 의한 위조 와인이 횡행.
1935년	A.O.C.법 제정.

A.O.C.법에 의해 모든 와인은 크게 세 가지로 나눌 수 있어요. 다만 2009년 빈티지부터는 새 와인법으로 표기가 되어 현재 판매되는 와인은 A.O.P.와 A.O.C.가 섞여 있는데, 어느 쪽이든 이 피라미드(계층 구조)의 꼭대기 카테고리('A.O.C.' 혹은 'A.O.P.')에 위치한 와인이 가장 좋은 등급의 와인, 즉 안심할 수 있는 '브랜드'입니다.

다음으로 I.G.P.(Indication Géographique Protégée)인데요, A.O.P.의 '원산지'가 여기서는 지리(Géographique)적 명칭 등급이라 생각하면 됩니다. 가장 아래의 Vin(뱅)은 프랑스어로 '와인'을 뜻하는데, 구 와인법의 뱅 드 타블르(Vins de Table, 테이블 와인), 즉 일상적으로 즐기는 테이블 와인 등급이에요. 현재의 와인법에서 유럽 와인은 모두 이 세 가지 중 하나로 나뉘고, 와인 라벨에는 어느 등급의 와인인지가 반드시 표시되어 있어요. 따라서 A.O.C.나 A.O.P.면 안심할 수 있겠다, 혹은 저렴한 와인을 많이 마시고 싶으니 Vin으로 사야겠다, 아니면 지리적 명칭 등급의 와인(I.G.P.)으로 할까 등 와인을 보고 대략적인 품질을 판단할 수 있죠.

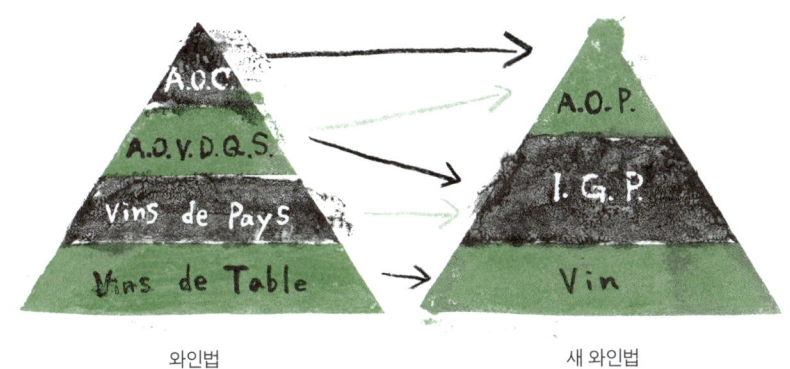

와인법　　　　　　　　　새 와인법

라벨을 알면 와인 고르기가 즐거워진다

그러면 여기서 잠시 와인 라벨을 읽는 법을 간단히 살펴볼까요. 프랑스 와인을 비롯해 유럽의 EU 와인법*으로 통제되는 와인은 라벨을 읽으면 '이 와인이 무엇인지'를 알 수 있어요. 예를 들어 아래 라벨을 볼게요.

우선 빈티지(수확 연도)가 적혀 있죠⑦. 물론 와인 중에는 빈티지가 적혀 있지 않은 것도 있어요. A.O.P.나 I.G.P.등급의 경우 빈티지를 꼭 써야 하는 것은 아니거든요. 하지만 기본적으로는 대부분의 와인에 빈티지가 쓰여 있죠. Vin의 경우 구 와인법에서는 '빈티지를 쓰면 안 된다'고 했으나 현재의 신 와인법에서는 '써도 된다'고 되어 있어요. 그래도 빈티지가 쓰여 있는 편이 정보를 알기 쉬우므로 생산자 대부분이 빈티지를 표시

* 프랑스 와인법을 바탕으로 2009년 빈티지부터 적용된 EU 공통의 와인법이 만들어졌다.

합니다.

그다음 보이는 것이 ①, APPELLATION CONTRÔLÉE입니다. 이 표시를 통해 앞서 이야기한 품질 등급을 알 수 있어요. 즉 이 와인은 A.O.C. 와인입니다. 라벨에 'APPELLATION ○○ CONTRÔLÉE'라고 쓰여 있으면, A.O.C 와인임을 알 수 있어요. 아펠라시옹(APPELLATION)과 콩트롤레(CONTRÔLÉE)를 앞에 가져와서 'A.C.○○'라고 표기합니다. 이 와인의 경우 'A.C.샤사뉴 몽라셰'라고 해요. 앞으로 'A.C.무엇무엇'이라고 계속 이야기가 나올 텐데요, 바로 이 부분을 말하는 것입니다.

다음으로 ②, CHASSAGNE-MONTRACHET(샤사뉴 몽라셰)라고 쓰여 있는 부분이 '원산지'입니다. 원산지 아래에 'Premier Cru(프르미에 크뤼)'와 'Les Caillerets(레 카유레)'라고 쓰여 있는데, '레 카유레'라는 이름의 '1등급 밭(프르미에 크뤼)'의 포도로 만든 와인이라는 것을 알 수 있어요. 여기에 나오는 '등급'에 대해서는 뒤에서 다시 한번 자세히 설명할게요.

라벨의 다른 부분도 대강 설명하면 ③이 생산자 이름인 도멘 라모네, ④는 생산자(병입한 곳)의 주소지, ⑤는 병의 용량으로, 반드시 써야 합니다. ⑥은 알코올 도수. 이것도 의무예요. ⑦은 앞서 말한 빈티지. 써도 되고 안 써도 됩니다. ⑧은 '이 도멘에서 병입했다'는 마크. ☆ 표시는 '임신 중의 음주는 소량이어도 중대한 영향을 끼칩니다'라고 주의를 주는 표기로, 2006년에 의무화되었어요.

이처럼 와인의 라벨에는 정보가 가득 담겨 있는데, 그중에서도 ①와인의 품질 분류, ②원산지, ③생산자, ⑦빈티지가 특히 중요하니까 앞으로 자세히 살펴볼게요.

 와인의 라벨을 알고 나면 와인숍에 갔을 때 'A.O.C. 품질에 어느 원산지구나……'라고 알 수 있어서 맛을 예상하며 와인을 살 수 있어요. 덕분에 와인을 고르는 일이 정말 즐거워지죠. 자, 일단 오늘은 여기서 마칠게요. 여기까지 프랑스 와인에 대한 개론이었어요. 수고하셨습니다.

제1장

샹파뉴 지방

* 일러두기
  내용상 구분을 위해 본문의 지명은 '샹파뉴'로, 와인은 '샴페인'으로 표기합니다.

오늘은 샹파뉴 지방을 이야기할게요. 프랑스의 지방 중에서 샹파뉴를 가장 먼저 공부하는 이유는 프랑스 와인법을 이해하는 데 샹파뉴가 가장 이해하기 쉬운 예시이기 때문입니다. 보통 샴페인이 스파클링와인의 총칭이라고 알고 있는데요. 원래 '샴페인'은 샹파뉴 지방에서 엄격한 법률(저번 시간에 이야기한 A.O.C.)에 따라 생산된 것만 샴페인(샹파뉴)이라고 칭할 수 있다는 사실을 우선 알아두세요.

우리가 일반적으로 샴페인이라고 말하는 와인은, 사실 프랑스어 발음인 '샹파뉴'라고 부르는 편이 더 좋아요. 따라서 프랑스의 레스토랑에서 스파클링와인을 마시고 싶을 때 "샹파뉴 주세요."라고 하면, 샹파뉴 지방에서 만들어진 스파클링와인이 나옵니다. 제대로 된 레스토랑이라면 말이죠. 반대로 샹파뉴가 아닌 일반적인 스파클링와인을 '샴페인'이라며 내오는 레스토랑도 있으니 속지 않도록 조심하세요. 샴페인과 일반 스파클링와인은 일단 가격이 몇 배나 차이가 나거든요. 왜 그럴까요? 가장 큰 이유는 맛있으니까이고(웃음), 샴페인은 일반 스파클링와인에 비해 놀랄 정도로 긴 시간과 수고를 들여 만들기 때문이에요. 그럼 지금부터 샴페인에 대해 차근차근 살펴볼까요.

자, 오른쪽 지도에서 연두색 부분이 샹파뉴 지방이에요. 프랑스에서

〈샹파뉴 지방 개요〉

재배 면적	약 3.3만ha(99.7%가 A.O.C.와인의 재배 면적)
연간 생산량	약 193만hl(레드·로제와인: 0.1%, 화이트와인: 99.9%)

※ 〈지방 개요〉 자료는 『일본 소믈리에협회 교본 2020』을 참조

포도를 재배할 수 있는 북방 한계선에 있으며, 파리의 북동쪽에 있는 랭스(Reims)라는 마을이 샹파뉴 지방의 중심지예요. 혹시 '랭스 대성당'이라고 들어본 적 있으세요? 세계사 책에도 종종 나오는데요, 스테인드글라스가 아름답기로 유명하며 그 일부는 샤갈의 작품이에요. 816년 루이 1세부터 1825년 샤를 10세까지 프랑스 왕의 대관식이 천 년 가까이 거행된 장소가 바로 랭스 대성당이에요.

샴페인은 보통 축하할 일이 있을 때 건배주로 마시는 술이죠. 최근 여러 결혼식에서도 맥주가 아니라 샴페인으로 건배하는 경우가 늘고 있다고 해요. 프랑스인들도 축하 선물로 샴페인을 자주 건네곤 하는데, 이렇게 샴페인이 '축하주'로 인식된 것도 오랫동안 대관식의 축하연에 샴페인이 나왔기 때문이에요.

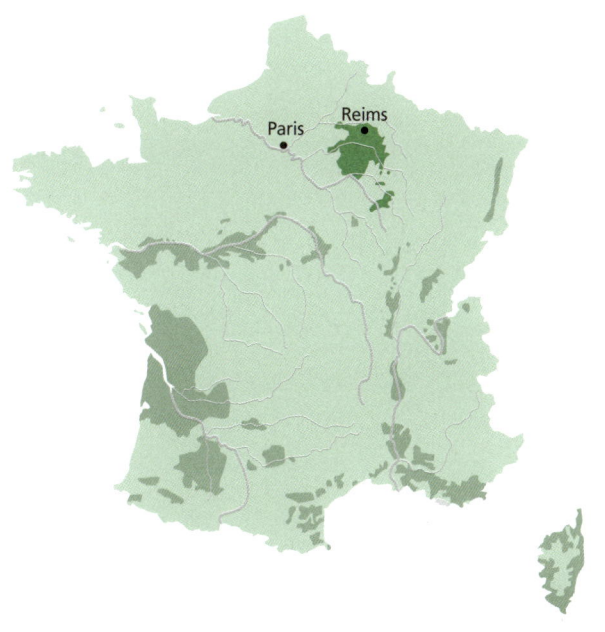

랭스는 파리에서 150㎞ 떨어져 있고 고속철도 TGV로 1시간이 채 안 걸려요. 그래서 파리에서 가장 가까우면서 당일치기로 다녀올 수 있는 와인 생산지로 인기가 많아요. 이제부터는 랭스를 중심으로 샹파뉴 지방의 각 '지구'를 살펴볼게요.

샴페인을 만드는 세 가지 포도

먼저 가장 북쪽이 랭스를 중심으로 한 몽타뉴 드 랭스(Montagne de Reims) 지구. 여기에서는 적포도인 피노 누아를 주로 재배합니다. 한가운데에 에페르네(Épernay)라는 샹파뉴 지방 제2의 마을이 있고, 이곳을 중심으로 발레 드 라 마른(Vallée de la Marne) 지구가 펼쳐져요. 여기는 피노 뫼니에(Pinot Meunier)라는 적포도가 주요 품종이에요. 가장 남쪽이 코트 데 블랑(Côte des Blancs) 지구인데요, 여기서는 청포도인 샤르도네를 주로 재배합니다.

이처럼 샹파뉴의 3개 지구에서 주로 재배되는 포도 품종이 각각 달라요. 일반적인 샴페인은 이 세 가지 품종(피노 누아, 피노 뫼니에, 샤르도네)을 1/3씩 섞어서 만들죠.

피노 누아는 부르고뉴를 대표하는 적포도 품종이기도 한데요, 샴페인의 맛에 단단함과 향기로운 부케(와인을 양조·숙성하는 과정에서 발생하는 향)를 주어 골격을 형성합니다. 같은 적포도인 피노 뫼니에는 사실 샹파뉴 지방 외에서는 그다지 볼 수 없는 품종이에요. 과일맛이 풍부하며 숙성

이 빠르다는 특징이 있어요. 청포도인 샤르도네는 산미의 뉘앙스를 뚜렷하게 낼 수 있어요. 그래서 샴페인에 우아한 섬세함과 경쾌함을 더해줍니다. 샴페인은 이 세 가지 포도의 개성을 잘 블렌딩하여, 세계적으로 사랑받는 균형 잡히고도 우아한 풍미로 완성되는 것이죠(제조법은 나중에 자세히 설명할게요).

샴페인은 화이트와 로제로만 만들어야 한다

샹파뉴 지방에서 양조하는 와인은 모두 샴페인인지, 그렇다면 샹파뉴에서는 스파클링와인만 만드는 것인지 의문이 들 텐데요, 사실 스틸와인

(기포가 없는 일반적인 와인)도 소량 생산하고 있어요.

A.O.C. 종류로 보면 우선 'A.C.샹파뉴'가 있어요. 샹파뉴에서 만드는 와인 대부분(99.9%)이 'A.C.샹파뉴'예요. 기본적으로는 샤르도네(Ch), 피노 누아(PN), 피노 뫼니에(PM)로 양조된 '로제'와 '화이트' 스파클링와인만 샴페인이라고 이름 붙일 수 있어요.

아래 표를 보면 레드 샴페인은 만들면 안 된다는 것을 알 수 있죠. 법률로 금지되어 있거든요. 혹시 레드 스파클링와인을 마셔보신 분 있나요? 이탈리아의 에밀리아로마냐 주에서 만드는 람브루스코(Lambrusco) 와인이 대표적인데, 이런 레드 스파클링와인에 '샴페인'이라는 이름을 붙이면 안 됩니다. 로제 샴페인은 있어도 레드 샴페인은 존재하지 않아요.

스파클링와인이 아닌 스틸와인의 A.O.C.로는 코토 샹프누아(Coteaux Champenois)가 있습니다. 이 와인도 알아두면 재미있어요. 샴페인을 만들 때는 먼저 스틸와인을 양조한 다음 병에 넣고 기포를 만들어요. 그때 맛있는 일부 레드와인과 화이트와인은 스파클링와인으로 만들지 않고, A.C.코토 샹프누아라는 상표로 팔린답니다. 여기에는 피노 누아, 피노 뫼니에, 샤르도네로 양조되는 레드와인, 로제와인, 화이트와인이 있어요. 샹파뉴의 좋은 생산자가 만든 레드·로제·화이트와인은 당연히 맛있

⟨샹파뉴 지방의 A.O.C⟩

	레드	로제	화이트	품종
Champagne 샹파뉴		스파클링	스파클링	Ch, PN, PM
Coteaux Champenois 코토 샹프누아	●	●	○	Ch, PN, PM
Rosé des Riceys 로제 데 리세		●		PN 100%

겠죠. 다만 이 와인은 매우 소량만 생산하기 때문에 에글리 우리에(Egly Ouriet) 같은 유명한 생산자의 코토 샹프누아는 매우 구하기 어려워요.

로제와인의 A.O.C로는 로제 데 리세(Rosé des Riceys)가 있어요. 이 와인은 피노 누아 100%로 양조되는 로제와인이에요.

등급에 대하여: 17개 특등급 마을과 42개 1등급 마을

다음으로 등급을 알아볼까요. 와인 라벨을 보시면 '프르미에 크뤼(Premier Cru)'라든지 '그랑 크뤼(Grand Cru)'라고 쓰여 있는데, 샹파뉴 지방에서 프르미에 크뤼나 그랑 크뤼가 무엇을 말하는지 잠시 이야기를 해보죠.

부르고뉴와 샹파뉴, 그리고 보르도. 이 세 지방은 곧잘 '등급'으로 비교됩니다. 부르고뉴를 중심으로 이야기하는 것이 가장 이해하기 쉬우니 먼저 부르고뉴 지방을 설명할게요.

PREMIER CRU

GRAND CRU

먼저 지방 안에 지구가 있고, 거기에 다시 여러 마을이 있어요. 각 마을에서 포도밭은 '특등급밭', '1등급밭', '좋은 밭', '보통 밭'으로 뚜렷하게 차별화되어 있습니다. 그리고 각 등급의 밭에서 만들어지는 와인이 그대로 와인의 등급으로 라벨에 표기돼요.

특등급밭	→	A.C.'특등급밭(그랑 크뤼) 이름' 예를 들면 Appellation Romanée-Conti Contrôlée
1등급밭	→	A.C.그 밭이 있는 '마을 이름'+'1등급밭(프르미에 크뤼) 표기' 예를 들면 Appellation Vosne-Romanée Premier Cru Contrôlée * '밭 이름은 그 아래에 표기
좋은 밭	→	A.C.그 밭이 있는 '마을 이름' 예를 들면 Appellation Vosne-Romanée Contrôlée
보통 밭	→	A.C.그 밭이 있는 '지방 이름' 예를 들면 Appellation Bourgogne Contrôlée

부르고뉴에서는 '밭'이 각각의 브랜드입니다(부르고뉴의 등급에 대한 자세한 내용은 다음 시간에 이야기할게요). 그런데 샹파뉴 지방은 '밭'이 아니라 '마을' 단위예요. 그랑 크뤼를 내걸 수 있는 '마을', 프르미에 크뤼를 내걸 수 있는 '마을' 등 여러 밭을 하나로 묶어 '마을' 단위로 등급이 매겨져 있죠. 이것이 샹파뉴 지방의 특징이에요.

원래 '크뤼'라는 말은 프랑스어로 '구획'을 뜻하는데, 이 말이 부르고뉴에서는 '밭' 단위로, 샹파뉴에서는 '마을' 단위로 사용돼요. 샹파뉴의 '그랑 크뤼' 마을은 17개, '프르미에 크뤼' 마을은 42개 있어요. 소믈리에 시험에 나오는 버전으로 말하면, A.O.C.로서는 모두 'A.C.샤파뉴'이고 그 아래에 '그랑 크뤼' '프르미에 크뤼'를 덧붙일 수 있어요. A.O.C.는 'A.C.샤파뉴' 하나뿐이죠. 하지만 실제로는 '그랑 크뤼' '프르미에 크뤼' '등급 없음'의 3가지로 나뉘어 있으므로, 샤파뉴에서는 등급이 총 3개 있다고 생각해도 됩니다*¹.

그랑 크뤼 마을은 등급 100%인 마을입니다. 여기서 말하는 퍼센트가 뭔지 의문이 들 텐데요. 샤파뉴 지방에서만 말하는 독특한 방식으로 100점이라는 뜻이에요*². 보르도 지방은 1등급에서 5등급까지의 등급으로 분류되는 등 지방에 따라 '등급'의 표현이 다르거든요.

프르미에 크뤼 마을은 42개인데, 그 안에서 등급이 90~99%로 나뉘어져요. 같은 프르미에 크뤼라고 해도 99% 마을인 사람들, 즉 100%에 가까운 마을의 사람들은 "우리는 등급이 99%다."라고 말하고 싶어 하죠. 샤파뉴의 생산자들과 만나면 제가 묻기도 전에 먼저 등급을 말하기도 해요(웃음). 생산자의 자랑거리인 셈이죠. 94%보다 낮은 생산자는 '프르미에 크뤼'라는 것 이외에 퍼센트까지는 거의 말하지 않아요.

17개의 그랑 크뤼(특등급밭)는 앞서 지도에서 본 주요 3지구 안에 전부 있어요. 코트 데 블랑 지구보다 남쪽에도 지구가 몇 개 있지만, 그랑 크

---

*1 라벨에 등급을 표기할 의무는 없지만 '그랑 크뤼'와 '프르미에 크뤼'는 많은 생산자가 표기한다.
*2 원래 네고시앙이 포도를 매입할 때 그랑 크뤼 포도의 가격에 대해 '이 마을의 포도는 ○% 가격'이라고 값을 매긴 데서 유래했다.

뤼 마을은 없어요. 따라서 이 주요 3지구만 알아도 충분합니다. 샹파뉴는 '그랑 크뤼 마을', '프르미에 크뤼 마을', '그 외의 마을' 등 크게 셋으로 나뉘고, 샹파뉴 생산자들은 각 마을에서 수확한 포도를 독자적으로 블렌딩하여 각자의 맛을 만들어요.

그랑 크뤼 마을끼리는 '그랑 크뤼'라고 해도 된다

17개 그랑 크뤼 마을을 전부 외우기는 어려우니 알아두면 도움이 되는

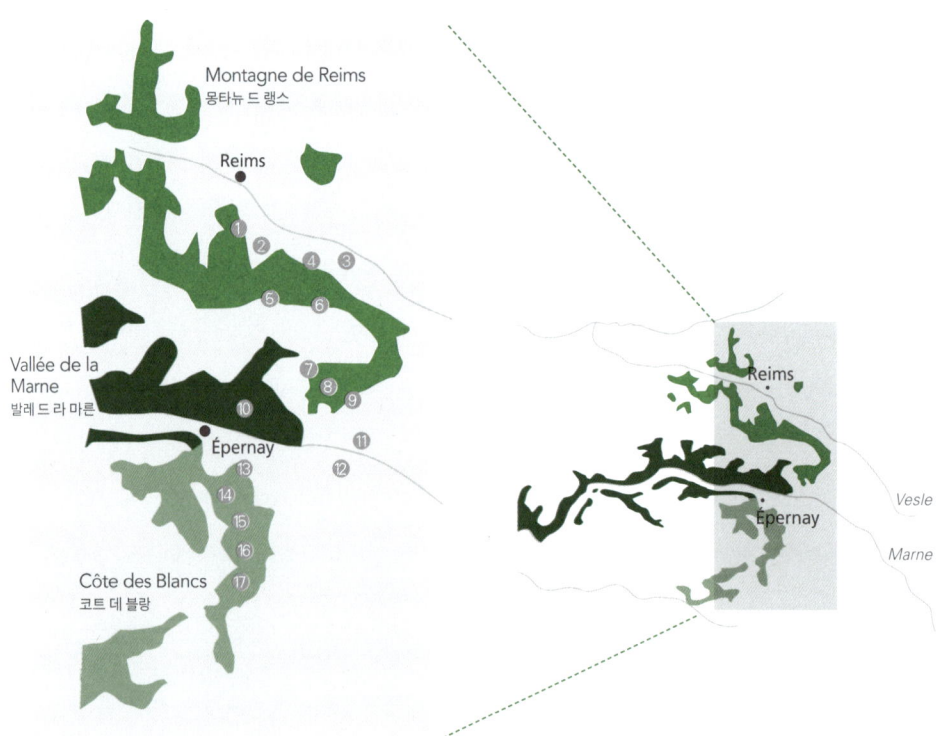

마을을 체크해 볼게요. 그랑 크뤼 마을은 몽타뉴 드 랭스 지구에 9개, 발레 드 라 마른 지구에 2개, 코트 데 블랑 지구에 6개가 있는데, 각각의 지구에 A로 시작하는 마을이 한 개씩 있어요. 앙보네(Ambonnay), 아이(Aÿ), 아비즈(Avize). 이 세 마을은 유명하니까 꼭 기억해두세요.

그중에서 앙보네 마을의 피노 누아(25%), 아이 마을의 피노 누아(25%), 아비즈 마을의 샤르도네(50%)를 섞어서 만든 '쓰리 A'라는 샴페인이 있어요. 드 수자(De Sousa)라는 생산자가 양조하는데 A가 세 개라 외우기 쉬운 이름이죠. 정말 맛있는 샴페인이에요.

여기서 중요한 점은 그랑 크뤼 마을끼리 포도를 섞으면 그 샹파뉴는 '그랑 크뤼'라고 할 수 있다는 거예요. 마찬가지로 프르미에 크뤼 마을끼리 포도를 섞으면 '프르미에 크뤼'라고 할 수 있죠. 하지만 그랑 크뤼와 프르미에 크뤼의 포도를 섞었다면 '프르미에 크뤼'라고만 할 수 있어요. 더 낮은 등급에 표기를 맞추는 거예요.

〈Montagne de Reims 몽타뉴 드 랭스 지구〉
❶ Puisieux 퓌지외
❷ Sillery 실르리
❸ Beaumont-sur-Vesle 보몽 쉬르 벨르
❹ Verzenay 베르즈네
❺ Mailly 마이
❻ Verzy 베르지
❼ Louvois 루부아
❽ Bouzy 부지
❾ Ambonnay 앙보네

〈Vallée de la Marne 발레 드 라 마른 지구〉
❿ Aÿ 아이
⓫ Tours-sur-Marne 투르 쉬르 마른

〈Côte des Blancs 코트 데 블랑 지구〉
⓬ Oiry 와리
⓭ Chouilly 슈이
⓮ Cramant 크라망
⓯ Avize 아비즈
⓰ Oger 오제
⓱ Le Mesnil-sur-Oger 르 메닐 쉬르 오제

기본적으로 샴파뉴의 생산자들은 여러 마을(그랑 크뤼 마을이나 프르미에 크뤼 마을이나 보통 마을)에 밭을 갖고 있고, 거기서 수확한 포도를 블렌딩하여 샴페인을 만듭니다. 다만 모든 생산자가 밭을 소유하고 있지는 않아요. 부르고뉴에서는 와인을 만드는 사람 대부분이 스스로 밭을 경작하고 포도도 재배하는데, 샴파뉴 지방은 포도를 기르는 사람(농가)과 샴페인을 만드는 사람이 다른 경우가 꽤 있어요. 포도를 재배하는 사람이 샴페인도 만든다고 해도 워낙 밭이 많아서, 자신이 수확한 포도 전부를 샴페인으로 제조하기는 어려워요. 그래서 일부는 직접 샴페인을 만들고 나머지 포도는 대형 양조 업체인 그랑 메종과 계약하여 팔기도 합니다.

그리고 또 한 가지 알아두어야 하는 그랑 크뤼 마을이 코트 데 블랑 지구의 르 메닐 쉬르 오제(Le Mesnil-sur-Oger)예요. 혹시 '살롱'(SALON)'이라는 이름의 명품 샴페인을 아시나요? 이 샴페인은 여러 품종을 블렌딩하지 않고 오로지 샤르도네 100%로 양조되는데, 이 살롱이 만들어지는 곳이 바로 르 메닐 쉬르 오제 마을입니다. 살롱의 본거지인 셈이죠*. 코

* 본거지(샴페인을 양조하는 곳)와 원료인 포도를 재배하는 밭이 같은 마을에 있는 것은 아니다. 생산자가 여러 마을에 밭을 소유하고 있기 때문.

트 데 블랑 지구는 샤르도네로 유명하다고 했는데요, 그중에서도 특히 샴페인에 가장 적합한 샤르도네를 재배하는 곳이 르 메닐 쉬르 오제 마을이라고 해요. 그럼 이제부터는 이런 좋은 포도를 사용하여 어떻게 샴페인이 만들어지는지 살펴볼게요.

기계가 아닌 손으로 딴 포도만 사용한다

샴페인의 가장 큰 특징, 즉 스틸와인과의 가장 큰 차이점은 무엇일까요? 기포가 있다는 점도 다르지만, 빈티지 즉 '수확 연도'가 쓰여 있지 않다는 차이점을 들 수 있어요. 예를 들어 뵈브 클리코(Veuve Clicquot)나 모에 에 샹동(Moet&Chandon) 같은 샴페인은 맛이 늘 일정해요. 일반적으로 와인은 만들어진 해(빈티지)에 따라 맛이 달라지는데 말이죠. 그 이유는 샴페인의 제조법과 관련이 있어요.

지난 시간에 이야기한 것처럼 샴페인을 만들 때도 일단 먼저 스틸와인을 양조합니다. 샹파뉴 지방에서는 대체로 9월 중순에서 10월 초 무렵에 포도를 수확해요. 프랑스에서도 북쪽에 위치하므로 수확 시기가 다른 지방에 비해 조금 늦은 편이에요.

그리고 또 하나 중요한 점이, 샴페인을 만들 때는 포도를 '손으로 수확'하는 것이 의무입니다. 손으로 딴 포도로 만들지 않으면 '샴페인'이라는 이름을 붙일 수 없어요. 기계로 수확하면 안 됩니다. 예전에 제가 수입하는 샴페인의 작업 현장을 직접 보고 싶어서 수확 시기에 방문한 적이 있어요. 손으로 포도를 하나하나 따야 하니 일손이 부족하니까 근처의 중학생들이 학교를 마치고 아르바이트를 하러 오더군요. 이미 은퇴한 할아버지들도 있고요. 그렇게 여러 사람들이 모여서 다들 손으로 포도를 땄어요.

  포도나무는 한 줄씩 줄을 맞추어 심어져 있으니까 '이 줄은 누가 수확한다'고 할당을 해요. 제가 포도를 따는 중학생들은 시급이 얼마인지 물었더니 "시급이라니. 그렇게 하면 당연히 다들 게으름을 피울걸!"이라고 대답을 하더군요. 아르바이트비는 포도의 수확량에 따라 다르고, 몇 g에 얼마로 계산된다고 해요. 그렇게 정산하면 중학생이 가장 열심히 한다고 하네요(웃음).

포도를 과하게 짜면 안 된다!

이렇게 손으로 딴 포도로 화이트 샴페인을 만들 때는 샹파뉴 지방 특유의 압착기로 껍질 색이 물들지 않도록 조심스럽게 짭니다. 화이트와인과 마찬가지로 샴페인은 적포도에서 빠져 나온 색이 거의 없죠. 따라서 적포도를 짤 때도 껍질 색이 물들지 않도록 주의해야 합니다. 좀 더 효율적으로 포도를 짤 수 있는 현대식 압착기도 있지만, 여전히 옛날 압착기를 쓰는 생산자도 많고, 그러는 편이 포도를 더 섬세하게 정성껏 다룰 수 있어서 좋다고 해요.

이렇게 조심스럽게 짠 포도는 '첫 번째 압착'과 '두 번째 압착'으로 나뉘는데, 각각 짜도 되는 양이 법률로 정해져 있어요. 포도 4,000kg에서 첫 번째 압착으로는 2,050ℓ까지, 두 번째 압착으로 500ℓ까지만 더 짤 수 있습니다. 억지로 짜면 좀 더 짤 수 있겠지만 우아한 맛의 샴페인을 만들려면 그 이상 짜면 안 돼요.

이때 첫 번째 압착을 라 퀴베(La Cuvée) 또는 테트 드 퀴베(Tête de Cuvée)라고 합니다. 샹파뉴 라벨에 '테트 드 퀴베'라고 쓰여 있다면, '우리는 첫 번째 압착만 사용합니다. 두 번째 압착은 사용하지 않아서 매우 우아한 맛으로 완성합니다'라는 표시예요.

맛을 지키는 양조가들

이렇게 정성스럽게 짠 포도즙을 '포도의 종류'와 '밭'별로 세세하게 나누어 오크통이나 스테인리스 탱크에서 숙성시켜 스틸와인을 만듭니다. 왜 이렇게 포도마다 세세히 분류하여 각각 와인으로 만들까요? 다 합쳐 거대한 탱크에 넣어서 한 번에 양조하는 편이 훨씬 편할 텐데 말이죠.

그 이유는 이렇습니다. 원래 샹파뉴 지방은 춥고 서늘한 기후라 어떤 해에는 포도를 거의 수확하지 못하거나 산미만 강하고 과일맛이나 단맛(당분)은 모자라는 등 포도의 품질이 안정적이지 못해요. 포도의 작황이 나쁜 해에는 아예 샴페인을 만들지 못하는 상황이 되는 거죠. 이렇게 되면 곤란해지니 몇 년 치의 스틸와인을 각각 세세하게 나누어 보관하고, 이 와인들을 아상블라주(Assemblage, 조합)하여 매년 동일한 맛의 샴페인을 만드는 거예요.

 이 아상블라주 기술을 확립한 사람이 바로 에페르네 근교 오빌레 마을에 있는 수도원의 수도사였던 돔 피에르 페리뇽(Dom Pierre Pérignon)이라고 합니다. 이 수도사는 여러분이 잘 아는 유명 샴페인 '돔 페리뇽(Dom Pérignon)'의 유래가 된 인물이기도 한데요, 수도원의 셀라 마스터(와인 저장실 주임)로서 일생을 샴페인 양조에 바쳤다고 해요.

 앞서 이야기한 뵈브 클리코나 모에 에 샹동에 왜 빈티지가 적혀 있지 않은지, 어떻게 언제나 늘 같은 맛을 내는지는 바로 이런 이유 때문이에요. 대부분의 생산자들이 포도 품종·밭·수확 연도가 다른 몇 년 치 스틸와인을 저장해두고, 거기서 각 샴페인 브랜드의 이미지에 맞추어 30종에서 50종 정도를 블렌딩해요. 각 브랜드에는 이 과정을 전문으로 하는

양조가가 있어서 '스틸와인을 이런 맛으로 조합하면 그 후의 제조 공정을 거쳐 최종적으로 이런 샴페인 맛이 된다'는 노하우를 지니고 있죠.

 이렇게 조합한 스틸와인을 병에 넣어 병 속에서 2차 발효를 시킵니다. 이 '병내 2차 발효'라는 공정이 샴페인을 샴페인답게 하는 중요한 지점이에요. 스파클링와인을 만드는 방법에는 몇 가지가 있지만, 샴페인은 '병내 2차 발효'로 양조하기 때문에 미세하고도 아름다운 기포를 얻는 거예요.

샴페인의 가장 큰 특징: 병내 2차 발효란?

앞에서 나온 '와인 제조법'에서 공부했듯이, 와인은 기본적으로 포도의 당분이 발효하여 알코올과 이산화탄소가 되어 만들어집니다. 와인을 샴페인으로 만들려면 거기에 기포(탄산가스=이산화탄소)를 첨가해야 하죠. 이때 어떻게 첨가를 하느냐면, 다시 한번 알코올 발효를 시켜서 이산화탄소(와 알코올)를 발생시키는 거예요. 이번에는 병 안에서 말이죠.

그런데 추가로 알코올 발효를 시키기에는 와인의 당분이 모자랍니다. 이미 포도가 가진 당분은 처음 와인이 될 때 알코올 발효(1차 발효)에서 다 썼거든요. 따라서 블렌딩(아상블라주)한 스틸와인을 병입할 때, 병내 2차 발효를 시키기 위한 당분(과 효모)을 추가합니다. 단맛을 내기 위한 것이 아니라 알코올 발효에 필요한 당분을 말이죠. 그리고 뚜껑(크라운 캡)으로 병을 막아줍니다. 이를 티라주(Tirage, 병입)라고 해요. 이 티라주라는 말

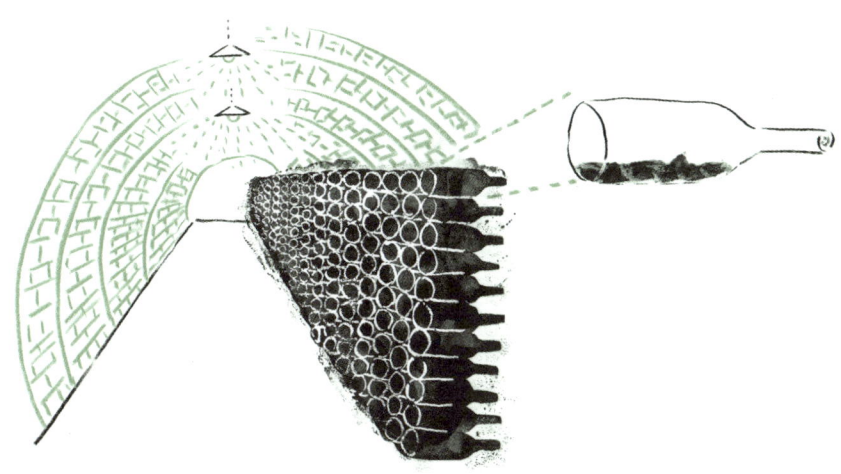

도 샴페인을 이야기할 때 중요한 용어이니 꼭 기억해두세요.

이렇게 하고 나면 병내 2차 발효가 시작됩니다. 병 안에서 효모가 당을 분해하여 알코올+이산화탄소(탄산가스)가 나오므로, 이 발효 과정에 의해 스틸와인이 스파클링와인이 됩니다. 1차 발효 때와는 달리 밀폐된 병 안에서 진행되므로, 발생한 탄산가스는 도망칠 곳이 없어서 와인에 녹아듭니다. 이 병내 2차 발효 기간은 보통 6~8주가 걸려요. 역할을 끝낸 효모는 찌꺼기가 되어 가라앉죠.

찌꺼기에도 감칠맛이 있다는 이야기를 지난 시간에 했는데(루아르의 뮈스카데나 쉬르 리 이야기), 샴페인도 찌꺼기와 접촉하면서 숙성됩니다. 이를 마튀라시옹 쉬르 리(Maturation Sur Lie)라고 합니다(마튀라시옹=숙성). 숙성 기간은 최소 15개월로 정해져 있어요.

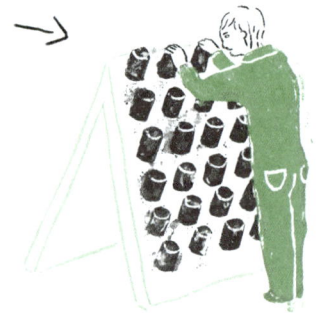

*1 퓌피트르를 이용한 르뮈아주는 앞서 여러 차례 나온 뵈브 클리코('뵈브'는 프랑스어로 미망인이라는 뜻)의 창업 2대째 오너인 미망인 마담 클리코가 1816년 고안했다고 알려져 있다.

이렇게 하여 찌꺼기와 함께 와인을 숙성시키고 나서 이 찌꺼기를 빼줍니다. 어떻게 하냐면 다음과 같은 과정을 거쳐요. 먼저 수평으로 누워 있던 병을 바닥이 위를 향하도록 거꾸로 선반(쀠피트르, Pupitre)에 세우면, 찌꺼기가 병 입구 쪽으로 점점 모이게 됩니다. 병이 계속 같은 방향으로 서 있으면 찌꺼기가 깔끔하게 모이지 않으므로, 매일 1/8(45°) 정도씩 회전을 시킵니다. 이 작업을 5~6주간 계속하는 거예요. 이렇게 병을 돌리는 작업을 르뮈아주(Remuage)라고 합니다*1.

예전에는 몇만 병이나 되는 양을 사람의 손으로 돌려서 작업했지만, 요즘은 대형 기계를 사용하여 자동으로 돌리는 곳이 많다고 해요. 유명 그랑 메종은 대부분 자동 방식인 '오토마티크 르뮈아주'를 하는데, 다만 그 메종을 대표하는 프레스티지 샴페인*2만은 여전히 숙련된 사람들이 수작업으로 하고 있어요.

기로팔레트
(자동 회전 기계)

*2 회사를 대표하는 작품이라 할 수 있는 퍼스트 라인. 대표적인 것으로 루이 로드레(LOUIS ROEDERER)사의 크리스탈(CRITSAL) 등이 있다.

병 입구를 얼리지 않고 하는 셀로스 씨의 데고르주망

르뮈아주(병 돌리기)를 하여 와인병 안의 찌꺼기를 모은 뒤에는 마침내 찌꺼기를 빼줍니다. 거꾸로 된 병 입구에 모인 찌꺼기를 어떻게 뺄까요? 우선 병 입구를 영하 20℃ 이하의 염화칼슘 수용액에 담급니다. 그러면 순식간에 병 입구만 얼겠죠. 그때 병을 위로 향하게 하고 뚜껑(크라운 캡)을 따면, 얼어붙은 찌꺼기 덩어리만 퐁- 하고 솟아올라요. 병 안에 이산화탄소(탄산가스)가 가득 차 있어서 얼어붙은 찌꺼기 덩어리가 기세 좋게 날아오르죠. 그렇게 찌꺼기를 날려버린 뒤 코르크 마개로 막으면 완성입니다. 이러한 찌꺼기 제거 작업을 데고르주망(Dégorgement)이라고 해요. 티라주(병입)와 르뮈아주(병 돌리기)와 데고르주망(찌꺼기 제거). 이 세 가지 단어는 샴페인 용어 중에서도 특히 자주 사용됩니다.

제가 정말 좋아하는 자크 셀로스(Jacques Selosse)라는 샴페인 생산자

가 있어요. 전 세계적으로 큰 인기를 누리는 생산자죠. 제가 자크의 와이너리를 방문했을 때 아들이자 현재의 오너인 앙셀므 셀로스(Anselme Selosse) 씨(아들이라 해도 이미 환갑이지만)가 이 데고르주망을 얼리지 않고 할 수 있다며 실제로 시범을 보여주었어요. 그 자리에서 뚜껑을 따서 퐁-하고 찌꺼기를 날린 뒤 액체가 거의 흘러나오지 않은 상태에서 다시 뚜껑으로 막았죠. "이제 이렇게 할 수 있는 사람은 거의 없다."라고 할 정도로 매우 어려운 기술이에요.

샴페인 라벨에는 이 데고르주망을 언제 했는지 날짜가 쓰여 있을 때가 있어요. 의무는 아니라서 쓰지 않는 생산자도 많지만, 최근에는 날짜를 쓰는 생산자가 늘고 있어요. 최근에는 데고르주망도 앞서 이야기한 병 돌리기(르뮈아주)와 마찬가지로 기계로 하는 경우가 많아져서, 점차 공정이 자동화되고 있다고 해요.

샴페인이 비싼 세 가지 이유

찌꺼기를 제거한 샴페인을 다시 코르크로 막을 때까지 도자주(Dosage)라는 작업을 하는데(이 단어도 꼭 기억해두세요) 리저브 와인에 당분을 더한 리쾨르 덱스페디시옹(Liqueur D'expédition)이라는 것을 첨가합니다.

샴페인은 매우 드라이한 맛부터 스위트한 맛까지 다양한 맛이 있죠. 앞서 티라주(병입) 때 추가한 당분은 와인을 2차 발효시켜서 기포(이산화탄소)를 만들기 위한 것이었어요. 반면 마지막에 더해지는 이 당분은 샴페인의 당도를 정하기 위한 당분이에요. '도자주 제로'나 '도자주 6g(1ℓ에 6g 더했다)'이라는 표현이 있는데, 샴페인의 라벨 뒤에는 이렇게 '도자주 몇 g'이라고 쓰여 있는 경우가 있습니다(샴페인의 당도에 대해서는 77쪽에서 상세히 설명할게요).

도자주를 마친 뒤에는 병 입구를 코르크로 막고 철사로 감싸 라벨을 붙입니다. 여기까지가 샴페인을 만드는 대강의 흐름이에요. 샴페인이 일반적인 스파클링와인에 비해 가격이 압도적으로 높은 이유는 역시 남다른 수고와 비용이 들기 때문이죠. 구체적인 이유로는 다음의 3가지를 꼽을 수 있어요.

첫 번째는 포도를 기계가 아닌 손으로 수확해야 하기 때문이에요. 또 하나는 병내 2차 발효 방식으로 양조하기 때문에, 즉 한 병 한 병 병입하여 그 병 안에서 섬세한 기포를 만들어야 하기 때문이죠. 그리고 세 번째, 최소 15개월이라는 오랜 숙성 기간이 의무화되어 있기 때문이에요. 이런

도자주
코르크로 막기

이유가 맞물려 샴페인의 가격이 비싸졌어요. 반대로 말하면 다른 스파클링와인에 비해 품과 시간이 엄청나게 들어가기 때문에 맛있는 거죠.

일반적인 스파클링와인의 제조 방법은 오늘 수업의 마지막 부분에서 다루겠습니다.

레드와인과 화이트와인을 섞어도 된다: 로제 샴페인 제조법

지금까지 이야기한 내용은 화이트 샴페인의 제조법이었어요. A.C.샹파뉴는 로제 스파클링와인을 만들어도 된다고 했었죠. 그럼 로제 샴페인은 어떻게 만들어질까요?

유럽에서는 레드와인과 화이트와인을 섞어서 로제와인을 만드는 것은 금지하고 있다고 했는데, 샴페인은 섞어서 만들어도 됩니다. 애초에 샴페인은 따로따로 양조한 스틸와인을 블렌딩(아상블라주)하여 만들어지므로, 그때 로제색을 내는 것은 인정됩니다. 화이트와인(청포도뿐 아니라 적포도로 만든 것도 포함하여)에 소량의 레드와인을 첨가하여 로제색을 내도 문제없어요. 이렇게 블렌딩 스틸와인을 병 안에 넣어 병내 2차 발효시키면 로제 샴페인이 완성됩니다. 많은 로제 샴페인이 이런 방식으로 양조되죠.

〈샹파뉴 지방의 A.O.C.〉

	레드	로제	화이트	품종
Champagne 샹파뉴		스파클링	스파클링	Ch, PN, PM
Coteaux Champenois 코토 샹프누아	●	●	○	Ch, PN, PM
Rosé des Riceys 로제 데 리세		●		PN 100%

레드와인과 화이트와인을 섞는 방법 이외에도 로제 샴페인을 만드는 방법이 있는데, 바로 세니에 방식입니다. '세니에'란 '피를 뽑는다'는 뜻의 프랑스어로, 즉 처음부터 로제 스틸와인을 양조하여 그 로제와인을 병내 2차 발효시켜 샴페인을 만드는 거예요. 이 세니에 방식의 원료는 적포도로만 만들어야 해요. 로제 샴페인은 통상적으로 이 두 가지 중 한 가지 방식으로 만들어집니다.

돔 페리뇽이 비싼 샴페인인 이유

이처럼 샴페인은 손으로 수확해야 하고, 병내 2차 발효를 하며 오랜 숙성 시간을 거쳐야 하는 등 여러 규정에 근거하여 만들어지는데, 그밖의 다른 규정에 대해서도 좀 더 알아보죠.

우선 포도의 품종. 요즘은 기본적으로 샤르도네, 피노 누아, 피노 뫼니에를 주로 사용해서 만드는데, 그 외에도 샴페인에 써도 된다고 인정되는 포도 품종이 몇 종류 더 있어서 현재 8가지 품종이 인가되어 있어요. 다만 해외에 수출하는 샴페인은 대부분이 앞서 말한 주요 3가지 품종이에요.

숙성 기간을 알아보기 전에 먼저 빈티지(수확 연도)에 대해 조금 더 이야기하자면, 일반적인 샴페인은 몇 년 치의 스틸와인을 블렌딩하여 만들기 때문에 빈티지를 표기하지 않는다고 했죠. 이런 일반적인 샴페인을 농 밀레지메(Non Millésimé N.M.)라고 합니다. 밀레지메란 프랑스어로 '수확된 해'

라는 뜻이며 영어의 '빈티지'를 뜻합니다*1.

다만 특별히 작황이 좋은 해의 포도로만 만드는 샴페인, 즉 한 해에 수확한 포도로만 만드는 것이 있는데, 이를 '밀레지메(Millésime)라고 하여 그 연도(빈티지)를 표기할 수 있어요. 이른바 고급 샴페인이죠. 일반적으로는 스틸와인 2~3년 치(30~50종류)를 섞지만, 밀레지메는 1년 치이므로 대개 10여 종류 정도*2. 또는 1종류(밭 하나)의 퀴베(Cuvée)*3만으로 만들기도 해요. 따라서 빈티지가 쓰여 있는 것은 일단 고급 샴페인이라고 생각해도 됩니다. 생산자도 매년 밀레지메를 만드는 것이 아니라 포도의 작황이 특별히 좋은 해에만 한정하여 양조를 해요.

예전에 돔 페리뇽의 양조 최고 책임자인 리샤르 지오프로이(Richard Geoffroy) 씨를 만날 기회가 있었어요. 돔 페리뇽은 밀레지메만 만들기

*1 N.V.(Non Vintage) 혹은 S.A.(Sans Année)라고 표기될 때도 있다.
*2 더 많은 종류를 섞는 생산자도 있다.
*3 다른 구획의 포도를 합치지 않고 각각 발효시켜 베이스 와인을 만들 때, 각 로트(1회에 생산되는 단위)를 퀴베○○으로 구별한다.

때문에, 그해의 포도 품질이 기준에 미치지 못하면 출하하지 못해요. 지오프로이 씨는 "애지중지 키운 포도를 돔 페리뇽으로 양조하지 않기로 결정하는 일은 매우 힘들며 상당한 스트레스"라고 했어요. 일반 사람들이 느끼기에는 '돔 페리뇽'이라 하면 왠지 호화롭기만 한 이미지이지만, 이러한 과정을 알고 보면 사실 가성비 높고 맛있는 프레스티지 샴페인입니다.

앞서 병내 숙성 기간(병내 2차 발효 기간)도 15개월 이상이어야 하고, 15개월 이상 숙성시킨 뒤 데고르주망(찌꺼기 제거)을 한다고 했는데, 이는 농 밀레지메의 경우이고 밀레지메는 이 과정이 더 길어져서 최소 3년(36개월) 이상 숙성시켜야 합니다. 내용물이 좋지 않으면 와인은 오랜 숙성을 견디지 못해요(=숙성이 잘 안 돼요). 따라서 작황이 좋은 해의 포도로 만든 밀레지메는 더 오래 숙성시켜야 더 맛있어져요. 생산자에 따라서는 5년 숙성시키는 사람도 있고, 7년 정도 숙성시키는 사람도 있습니다.

샴페인이 드라이한지 스위트한지는 라벨을 보면 알 수 있다

다음으로 샴페인의 '당도'를 이야기해보죠. 라벨을 보면 이 샴페인이 어느 정도 드라이한지 혹은 스위트한지 알 수 있어요. 전 세계 스파클링 와인의 당도 표기는 샴페인의 당도 표기와 일치하므로 꼭 기억해두세요. 각각의 숫자나 그램 수는 굳이 외우지 않아도 됩니다.

먼저 브뤼(Brut)는 '천연의'라는 뜻으로, 당을 별로 첨가하지 않은 '드라이한 맛'을 뜻합니다. 섹(Sec)도 프랑스어로 '드라이한 맛'이라는 뜻이지만, 잔여 당도가 꽤 있어서 풍미는 조금 단 편이에요. 따라서 기억할 때는 표 위쪽의 3가지, 즉 브뤼 중 하나라면 드라이한 맛이라고 생각하면 됩니다.

브뤼 3가지 중에서 어느 것이 가장 드라이한지는 쉽게 말할 수 없어요. 브뤼 나튀르가 가장 드라이할 가능성이 높지만, 그래도 3g/ℓ 미만이니 3에 가까울 수도 있죠. 엑스트라 브뤼는 0~6g/ℓ이니 0일 수도 있고요. 브뤼도 12g/ℓ 이하이니 0일지도 모르고…… 그래서 어느 것이 어떤 맛이라고 말하기는 어렵고, 기본적으로는 생산자의 기호에 따라 당도 표시가 달라집니다. 추가로 소소한 부분이긴 하지만 파 도제(Pas Dosé), 즉 도자주 제로(Dosage Zéro)라고 표기된 것도 있어요. 둘 다 도자주하지 않았다, 즉 병입할 때 당을 더하지 않았다는 뜻이죠.

당도		표시	잔당(g/l)
	드라이	Brut Nature 브뤼 나튀르	0~3g/l
	↑	Extra Brut 엑스트라 브뤼	0~6g/l
		Brut 브뤼	0~12g/l
		Extra Dry 엑스트라 드라이	12~17g/l
	↓	Sec 섹	17~32g/l
		Demi-Sec 드미 섹	32~50g/l
	스위트	Doux 두	50g/l 이상

적포도를 섞지 않고 청포도로만 양조되는 블랑 드 블랑

다음은 레스토랑에 가서 샴페인을 주문할 때 알아두었으면 하는 내용이에요. 샴페인 메뉴판을 보면 블랑 드 블랑(Blanc de Blancs)이라고 쓰인 것을 볼 수 있을 거예요. 앞서 일반적인 샴페인은 청포도 1/3, 적포도 2/3로 만든다고 했죠. 이와 달리 청포도로만 양조되는 샴페인을 블랑 드 블랑(백의 백)이라고 해요. 즉 청포도로 만든 화이트 샴페인이라는 뜻입니다. 이 단어는 중요하니 꼭 기억해두세요.

이에 비해 적포도 100%로 만드는 샴페인은 블랑 드 누아(Blanc de Noirs 흑의 백)이라고 해요. 적포도로 만드는 화이트 샴페인을 말하죠. 피노 누아 100%여도 되고, 피노 뫼니에 100%여도 되고, 2품종을 섞어도 되지만 아무튼 적포도로만 만든 샴페인이에요.

샴페인만 몇 종류를 비교하여 테이스팅할 기회는 많지 않겠지만, 기회가 된다면 블랑 드 블랑과 블랑 드 누아, 3품종을 블렌딩한 샴페인을 각각 비교해 마셔보면 무척 흥미로운 경험이 될 거예요. 테이스팅 수업 때 비교를 해보면 다들 "어? 샴페인마다 이렇게 맛이 달라?"라며 아주 놀라워한답니다.

전형적인 N.M과 마니아적인 R.M.

더불어 꼭 알아두었으면 하는 것이 바로 샴페인 라벨에 쓰여 있는 생산 방식에 관한 용어예요. 앞서 이야기했듯이 샹파뉴 지방에서는 '포도 재배'와 '샴페인 생산'을 서로 다른 사람이 하는 경우가 많아요. 예를 들어 뵈브 클리코나 모에 에 샹동 같은 대형 회사는 기본적으로 자기 밭의 포도와 여러 농가에서 사들인 포도로 샴페인을 만들어요. 대형 그랑 메종에서 하는 이러한 생산 방식을 네고시앙 마니퓔랑(Négociant-Manipulant), 줄여서 N.M.이라 합니다('네고시앙'이라고만 할 때도 있어요). '포도를 일부 혹은 전부 사들여 만드는 회사'로 대규모 경영이 많아요. 이러한 대형 그랑 메종이 샹파뉴 지방에 약 400개가 있습니다.

이에 비해 레콜탕 마니퓔랑(Récoltant-Manipulant), 줄여서 R.M.은 '자기 밭의 포도를 중심으로 만드는 회사'로 소규모 경영이 많아요. R.M.은 현재 2,000개 가까이 돼요. 꽤 많은 숫자죠. 이 '레콜탕'은 수확한 포도의 일부를 '네고시앙'에 팔기도 해요.

따라서 이러한 뜻을 알아두면 내가 마시는 샴페인이 N.M. 또는 R.M.

라벨 표시	정식 명칭	의미
N.M.	Négociant-Manipulant 네고시앙 마니퓔랑	• 포도를 일부 또는 전부 구입하여 제조하는 회사 • 대규모 경영이 많다 • 400여 개
R.M.	Récoltant-Manipulant 레콜탕 마니퓔랑	• 자기 밭 포도를 중심으로 제조하는 회사 • 소규모 경영이 많다 • 2,000여 개

중 어디에서 만들어졌는지 알 수 있죠. 풍미로 말하자면 N.M.은 전형적이며 안정감이 있고, R.M.은 개성적이며 마니아적인 것이 많아요.

치즈, 초밥, 샤브샤브… 샴페인에 어울리는 음식은?

샴페인을 마실 때는 어떤 요리가 어울릴까요? 기본적으로 와인은 그 지방의 요리, 그 지방의 치즈와 함께 마시는데, 샹파뉴 지방의 대표적인 치즈로 샤우르스(Chaource)라고 하는 산뜻한 산미와 감칠맛이 나는 흰곰팡이 치즈가 있어요. 표면을 소금물이나 술로 씻어가며 만드는 워시 타입의 치즈인 랑그르(Langres)도 샴페인과 잘 어울리는 대표적인 치즈예요.

샹파뉴 사람들은 블랑 드 블랑, 블랑 드 누아, 밀레지메 등을 조합해 모든 요리에 샴페인만 곁들여 먹기도 해요. 블랑 드 블랑은 산뜻하니까 여러 가지 전채 요리에 어울리고, 블랑 드 누아는 생선 메인 요리에, 밀레지메는 숙성이 잘 진행되어 풍미도 깊고 기포가 있으면서 향기로우니 고기 메인 요리에(스튜보다는 구운 고기의 고소함과 숙성된 샴페인의 견과류 향을 함께

＊ 특히 스테인리스 탱크에서 숙성한 것.

는 것을 추천) 잘 어울려요. 샴페인으로만 구성해 이런 흥미로운 마리아주도 즐길 수 있어요.

일식과 함께라면 블랑 드 블랑*은 회나 생선 초밥과 아주 잘 어울려요. 그리고 로제 샴페인과 돼지고기 샤브샤브를 함께하는 것도 추천합니다. 저도 집에서 자주 즐기는 조합이에요.

샴페인이 아닌 일반적인 스파클링와인 제조법

그럼 마지막으로 샴페인 외의 스파클링와인의 제조법을 이야기해볼게요. 샴페인은 아무래도 비싸서 일상적으로는 마시기 어렵죠. 심지어 프랑스인들도 축하 자리에서는 샴페인으로 건배하고, 보통 때는 일반적인 스파클링와인을 마시는 사람이 많아요.

발포성 와인을 총칭하여 '스파클링와인'이라 부르는데, 지금 공부한 샴페인 제조법을 '트래디셔널 방식(전통 방식)' 혹은 '샹파뉴 방식'이라 해요. 스틸와인을 병에 넣은 뒤 당분과 효모를 첨가하고 밀폐하여 병 안에서 2차 발효시켜 만드는 방법이죠. 프랑스의 샴페인이 가장 유명하고, 이탈리아에서는 프란치아코르타(Franciacorta), 스페인에서는 카바(Cava)가 이 방식으로 양조되는 대표적인 상표입니다.

스페인의 카바는 편의점이나 마트에서도 자주 볼 수 있는 와인이지만, 샴페인과 마찬가지로 병내 2차 발효하여 제대로 만드는 스파클링와인이에요. 카바의 역사도 상당히 재미있는데, 카바가 왜 만들어지게 되었는지는 다른 기회에 설명할게요.

다음으로 '샤르마(Charmat) 방식'은 스틸와인을 병에 한 병 한 병 담지 않고 커다란 탱크에 넣은 다음, 탱크 안에서 2차 발효를 시켜 기포를 만드는 방식이에요. '밀폐 탱크 방식'이라고도 불러요. 이 방식을 쓰면 한 병 한 병 담아 기포를 만드는 것보다 수고도 덜 들고 비용을 줄여 단기간에 제품을 많이 만들 수 있어서 대량 생산에 적합합니다. 특히 공기와의 접촉을 덜 시켜서 포도 품종의 아로마(향기)를 남긴 스파클링와인을 저비용으로 만들 때 널리 사용되는 방식이에요. 이탈리아의 아스티(Asti)가 이 샤르마 방식으로 양조되는 대표적인 스파클링와인입니다.

또 한 가지 '트랜스퍼(Transfer) 방식'이라는 제조법이 있어요. 이 방법은 샴페인과 마찬가지로 우선은 병내 2차 발효를 시킵니다. 여기까지는 샴페인과 같아요.

샤르마 방식

샴페인이라면 그다음에 한 병 한 병 르뮈아주(병 돌리기)하여 데고르주망(찌꺼기 빼기)을 하죠. 하지만 트랜스퍼 방식에서는 이 두 가지 작업을 간소화하기 위해 커다란 탱크에 와인을 전부 부어 다 합친 뒤, 한꺼번에 여과하여 찌꺼기를 제거하고, 맑고 깨끗한 스파클링와인으로 만든 다음에 새로운 병에 담아요. 모처럼 병에 넣었는데 어쩐지 아까운 기분이 드네요(웃음). 그래도 한 병 한 병 르뮈아주하여 찌꺼기를 모으고 병 입구를 얼려 데고르주망하는 작업은 엄청난 수고가 드니까요. 샴페인처럼 복잡한 풍미가 더해지면서도 수고는 생략하는 이 트랜스퍼 방식은 미국이나 오스트레일리아에서 널리 쓰이는 방법입니다.

 다음으로 '고전 방식'은 좀처럼 보기 어려운 방식인데요, 첫 알코올 발효 도중에(이때 탄산가스가 뽀글뽀글 나오죠) 아직 스틸와인이 되지 않은 상태에서 그대로 병에 넣어서 1차 발효를 위한 당분을 사용해 기포(이산화탄소)를 만드는 방법이에요.

트랜스퍼 방식

마지막으로 가장 쉽게 기포를 만드는 방법인 탄산가스 주입 방식이 있어요. 만 원 이하로 쉽게 살 수 있는 캐주얼한 스파클링와인을 만들 때 자주 사용되는데, 와인 자체의 맛을 즐긴다기보다는 다른 술을 더하여 칵테일로 만들거나 편안한 파티에서 차갑게 마시기에 가장 적합한 술입니다. 이상이 스파클링와인의 제조법이었습니다.

합리적인 가격의 스페인판 샴페인 '카바'

여기서는 나라마다 스파클링와인을 각각 어떻게 부르는지 소개해볼게요. 크레망(Crémant)이란 '크레망 드 무엇무엇'이라고 하여 샹파뉴 지방 이외의 프랑스 지방에서 '샴페인 방식'으로 만든 스파클링와인을 말합니다. 크레망을 만들어도 되는 지역은 A.O.C.법으로 정해져 있어서 크레망 드 부르고뉴(Crémant de Bourgogne), 크레망 드 보르도(Crémant de Bordeaux), 크레망 달자스(Crémant d'Alsace) 등 특정된 8개 지역[*1]에서만 '크레망'이라는 이름을 붙일 수 있어요.

이탈리아에서는 스파클링와인을 스푸만테(Spumante)라고 해요. 종종 '프로세코(Prosecco)'라고 부르는 사람이 있는데 이는 사실 잘못된 표현이

	스파클링와인의 총칭	샴페인 방식으로 양조된 것
프랑스	Vin Mousseux 뱅 무쇠	Champagne 샴페인 Crémant 크레망
이탈리아	Spumante 스푸만테	Franciacorta 프란치아코르타
스페인	Espumoso 에스푸모소	Cava 카바

에요. 프로세코는 원래 포도 품종 이름으로, 이를 이용해 만든 스파클링 와인의 이름이 '프로세코'일 뿐, 스파클링와인의 총칭은 아니에요*2.

스페인에서는 에스푸모소(Espumoso)가 스파클링와인의 총칭이고, 병내 2차 발효로 만든 프랑스의 샴페인 같은 존재가 카바예요. 카바는 만 원 내외의 가격에 판매되는 것을 자주 볼 수 있을 텐데요, 저렴하지만 병내 2차 발효로 제대로 만든 스파클링와인이므로 강력 추천합니다.

이상으로 샴페인과 스파클링와인에 대해 공부해보았어요. 오늘 수업은 여기까지 하겠습니다. 수고하셨습니다. 목이 마르니 샴페인 한 잔이 생각나네요(웃음).

*1 '특정 8개 지역'은 부르고뉴, 보르도, 루아르, 디(Die 론 지방), 알자스, 쥐라, 사부아, 리무(Limoux 랑그독 지방)이다.

*2 참고로 2009년에 포도 품종명인 '프로세코'가 '글레라(Glera)'라는 이름으로 바뀌었다.

제 2 장

부르고뉴 지방

안녕하세요. 지난 시간에는 샹파뉴 지방의 샴페인을 공부했는데, 오늘부터는 스틸와인 산지로 가보죠. 이번 시간에 다룰 곳은 부르고뉴 지방입니다. 먼저 아래 지도를 봐주세요.

부르고뉴 지방은 여기예요. 샹파뉴에서 남쪽으로 내려간 곳입니다. 꽉 찬 맛의 화이트와인으로 유명한 샤블리 지구①만 약간 떨어져 있어요.

부르고뉴에서 가장 큰 마을은 디종(Dijon)이에요. 머스터드로 유명한 브랜드 마이어(MAILLE)의 본사가 있어서 그런지 역에서 내리면 머스터드 향이 풍겨오는 듯한 곳이에요.(웃음). 디종에서부터 가장 남쪽인 리옹(Lyon) 사이에 남북으로 200㎞ 정도 좁고 길게 이어진 일대(+약간 떨어진 샤블리 지구)에 포도밭이 펼쳐져 있어요.

그중에서도 중심이 되는 곳이 바로 코트 도르(Côte d'Or, 황금 언덕)라 불리는, 코트 드 뉘(Côte de Nuits) 지구②와 코트 드 본(Côte de Beaune) 지구

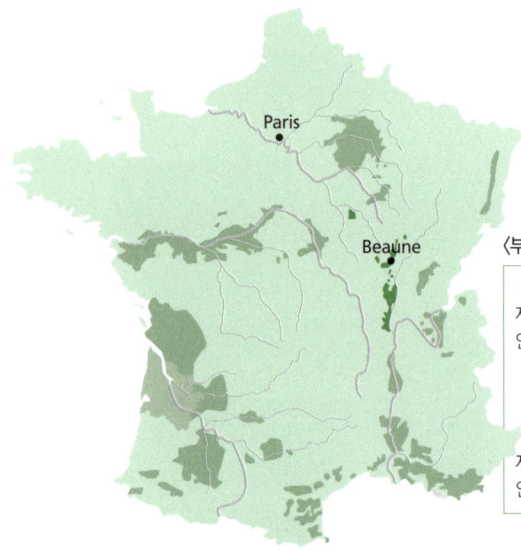

〈부르고뉴 지방 개요〉

• 보졸레를 제외한 5개 지구
재배 면적   약 2.9만ha
연간 생산량 약 140만hl
(레드·로제와인: 29%, 화이트와인: 61%, 크레망 드 부르고뉴 10%)

• 보졸레 지구
재배 면적   약 1.7만ha
연간 생산량 약 70만hl

④를 합친 일대예요. 부르고뉴를 대표하는 맛있는 레드와인과 화이트와인은 대부분 여기에서 만들어집니다.

그 아래 마코네(Mâconnais) 지구⑦는 화이트와인이 메인이에요. 그리고 더 아래 부르고뉴 지방의 남단이 보졸레(Beaujolais) 지구⑧인데, 유명한 보졸레 누보(Beaujolais Nouveau)를 비롯한 레드와인이 대량 생산되는 곳이죠.

오늘은 이 부르고뉴 지방에 대해, 북쪽의 샤블리부터 남쪽의 보졸레에 이르기까지 각각의 지구에 어떤 마을이 있고 어떤 와인이 만들어지는지 자세히 공부해보겠습니다.

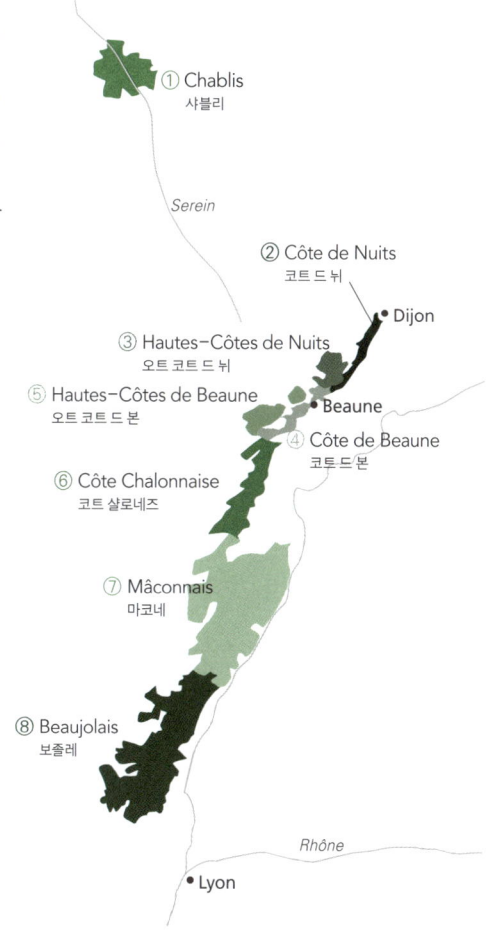

※ 이 지도는 어디까지나 포도밭(와인 생산지)을 표시한 것으로, 샤블리 지구와의 사이에도 물론 여러 지구와 마을이 있다.

부르고뉴에서는 연간 2억 병의 와인이 양조되며 1억 병은 수출된다

그럼 우선 부르고뉴 지방의 개요부터 알아보죠. 부르고뉴 와인은 주로 화이트는 샤르도네, 레드는 피노 누아라는 2가지 품종으로 양조되는데, 판매되는 양이 연간 2억 병이나 됩니다. 대단한 수치죠. 그 가운데 수출 비율이 48%로 거의 생산량의 절반을 수출합니다. 프랑스의 와인 산지 중에서도 가장 수출 비율이 높은 곳이 바로 이 부르고뉴 지방이에요. 그 정도로 전 세계 사람들이 원하는 '좋은 와인'이 만들어지죠. 부르고뉴 와인이 가장 많이 수출되는 나라는 1위가 미국, 2위는 영국이며, 3위가 일본입니다.

부르고뉴 지방에는 현재 약 3,900개의 도멘이 있어요. 도멘이란 포도 재배와 와인 양조를 모두 스스로 하는 사람들을 말합니다. 그리고 네고시앙이 약 300개. '상인'이라는 뜻의 네고시앙은 기본적으로 포도 재배는 하지 않고 농가에서 포도를 사들여 와인을 만들거나, 오크통째로 와인을 사서 숙성시킨 뒤 자신들의 라벨로 와인을 판매하는 등 와인 관련 비즈니스를 다양하게 벌이는 사업 형태를 말해요. 지난 시간에 샹파뉴 지방을 배울 때 이야기한 N.M.(네고시앙 마뉘플랑)이에요. 그리고 생산자협동조합이 17개 구성되어 있는데, 이 수치에서 알 수 있듯이 도멘 수가 압도적으로 많아요. 포도 재배부터 와인 양조까지 스스로 다 하는 소규모의 개인 경영 생산자(도멘) 비율이 프랑스에서 가장 많은 것도 부르고뉴 지방의 특징입니다.

생산량의 1/3은 보졸레 지구

부르고뉴의 와인 생산량은 아래 표를 참고해주세요. 보졸레 지구가 상당한 비율을 차지하고 있죠. 절반까지는 아니어도 1/3은 보졸레의 레드 와인이에요. 부르고뉴 지방의 '생산량' 수치는 기본적으로 보졸레 지구와 그 외 지구라는 형태로 나눕니다.

덧붙이자면 세계의 연간 와인 생산량은 2.7억hl(헥토리터)인데요, 750㎖ 와인병으로 환산하면 360억 병이에요. 그 생산량의 1/3(9,600만hl)을 프랑스와 이탈리아 두 나라가 차지해요. 이 두 나라가 늘 1, 2위를 다투는데 프랑스가 4,800만hl로 2018년 기준 2위를 차지했어요. 그중에서 부르고뉴 지방의 생산량은 210만hl로 프랑스 전체에서 불과 5%이니 비율로는 상당히 작아요. 보르도의 절반 이하입니다.

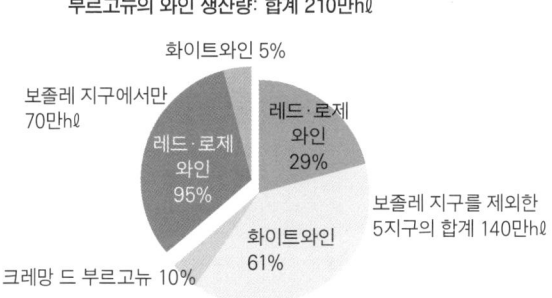

거친 기후가 포도의 맛을 좌우한다

지도에서 보면 알 수 있듯이 부르고뉴는 내륙에 있어요. 전형적인 대

〈나라별 와인 생산량 순위: 2018년〉			
1위	이탈리아	6위	칠레
2위	프랑스	7위	오스트레일리아
3위	스페인	8위	독일
4위	미국	9위	남아프리카
5위	아르헨티나	10위	중국

〈나라별 와인 생산량 순위: 2019년〉			
1위	이탈리아	6위	오스트레일리아
2위	프랑스	7위	칠레
3위	스페인	8위	남아프리카
4위	미국	9위	중국
5위	아르헨티나	10위	독일

륙성 기후여서 여름은 덥고 겨울은 몹시 춥죠. 게다가 봄에는 서리, 여름에는 우박, 가을(수확기)에는 비가 내리는 등 날씨가 갑자기 변하기 때문에, 포도의 품질과 생산량에 미치는 영향이 크다고 해요.

앞서 이야기했듯이 와인이라는 술은 기본적으로 포도 그 자체로만 만들어집니다. 모든 술 가운데 와인만 물을 전혀 더하지 않고 양조돼요. 따라서 포도 그 자체의 상태-어떤 영향 아래에서 자랐는가-가 와인의 맛에 지대한 영향을 줍니다. 기후가 좋은 해인지 나쁜 해인지에 따라 같은 생산자가 만들어도 맛이 달라지고, 생산량도 달라지며, 가격도 완전히 달라져요. 빈티지에 따라서 큰 차이가 나죠. 이는 부르고뉴뿐 아니라 모든 와인에 적용되는 사항이지만, 그중에서도 특히 부르고뉴 지방은 빈티지에 의한 차이가 크다고들 합니다.

'좋은 토양'이란 무엇인가?

기후와 함께 중요한 것이 바로 토양이에요. 약 2억 년 전에 퇴적한 석회질(탄산칼슘이 주성분인 토양), 석회암(탄산칼슘을 주성분으로 하는 퇴적암의 총칭), 이회토(점토질과 탄산칼슘이 섞인 퇴적물), 점토(점성과 가소성을 지닌 천연산 덩어리로, 구성 입자는 3.9μm(마이크로미터) 미만) 등으로 구성된 지층이 포도에 복잡한 개성을 주죠.

예를 들어 샤블리 지구의 석회질은 굴이나 플랑크톤의 화석이 다량 함유되어 있어서 포도에 풍부한 미네랄 맛을 선사합니다. 미네랄 맛이 대체 무엇인지 설명하자면, 예를 들어 프랑스 생수인 에비앙을 마셨을 때의 약간 광물 같은 느낌이나 돌을 핥았을 때의 서늘한 느낌……, 그러한 뉘앙스를 미네랄이라고 해요. 석회질 토양에서 자란 포도로 만든 와인에는 독특한 미네랄과 단단하고 섬세한 산미가 표현됩니다. 와인의 미네랄을 알게 되면 물이나 요리 등의 미네랄에도 민감해지죠.

부르고뉴 지방은 이런 다양한 지층이 복잡하게 겹쳐 있는 데다 잘게 분단되어(단층되어) 있어서, 이웃한 밭이라고 해도 전혀 개성이 다른 포도

가 자라요. 그래서 와인의 맛이 밭마다 다릅니다. 특히 가장 좋은 와인을 생산하는 코트 도르(코트 드 뉘 지구 + 코트 드 본 지구)는 겉흙이 별로 두텁지 않아요. 일반적인 밭은 80cm, 가장 좋은 특등급밭(그랑 크뤼)은 30cm정도예요. 겉흙에는 영양분이 많이 함유되어 있어서 겉흙이 두터우면 뿌리가 옆으로 자라지만, 얇으면 포도나무가 지층의 깊은 곳까지 뿌리내립니다. 따라서 그 지층에 함유된 미네랄 등의 양분을 흡수하여 더 복잡한 개성을 얻을 수 있죠. 아울러 경사면의 기울기에 따라 일조량이 다르거나 바람의 흐름 등 바로 옆에 있는 밭이라 해도 조건이 상당히 달라집니다. '그랑 크뤼' 와인이 맛있는 이유는 토양을 비롯한 모든 환경 조건이 와인을 만드는 포도에 가장 적합하기 때문이죠.

부르고뉴 지방의 4개 '데파르망'의 토양

그럼 이제부터 지도를 보면서 북에서 남으로 어떤 토양이 있는지 살펴보겠습니다.

샤블리 지구는 욘(Yonne) 데파르망에 있으며 토양은 석회질이에요. 샤

데파르망 이름	생산 지구	토양	주요 품종
Yonne 욘	① Chablis, Grand Auxerrois	석회질·이회토	Ch
Côte d'Or 코트 도르	② Côte de Nuits ④ Côte de Beaune	석회암·이회토	Ch, PN
Saône et Loire 손 에 루아르	⑥ Côte Chalonnaise ⑦ Mâconnais	석회질·점토·이회토	Ch, Aligoté, PN, Gamay
Rhône 론	⑧ Beaujolais	화강암	Ch, Gamay

블리 지구의 석회질 토양을 '키메리지앙(Kimméridgien) 토양'이라고 합니다. 미네랄이 풍부한 석회질 토양이어서 산미가 꽉 찬 와인이 완성되죠.

코트 도르의 토양은 코트 드 뉘(Côte de Nuits) 지구가 석회암, 코트 드 본(Côte de Beaune) 지구가 이회토예요.

손 에 루아르(Saône et Loire) 데파르망 역시 북쪽의 코트 샬로네즈(Côte Chalonnaise) 지구는 석회암과 이회토이지만, 남쪽의 마코네(Mâconnais) 지구는 층이 이동하여 이회토와 점토예요. 이곳의 포도 품종은 샤르도네, 피노 누아뿐 아니라 알리고테(Aligoté)라는 청포도 품종이 더해져요. 부르고뉴 지방의 화이트와인은 기본적으로는 대부분 샤르도네로 양조되지만, 알리고테로도 소량 만들어진다는 점을 기억해두세요.

더 남쪽으로 가서 보졸레 지구를 포함한 곳이 론(Rhône) 데파르망이에요. 여기는 화강암질 토양으로 피노 누아가 아니라 가메(Gamay)라는 적포도 품종이 재배됩니다. 보졸레 누보의 맛을 떠올리면 알 수 있듯

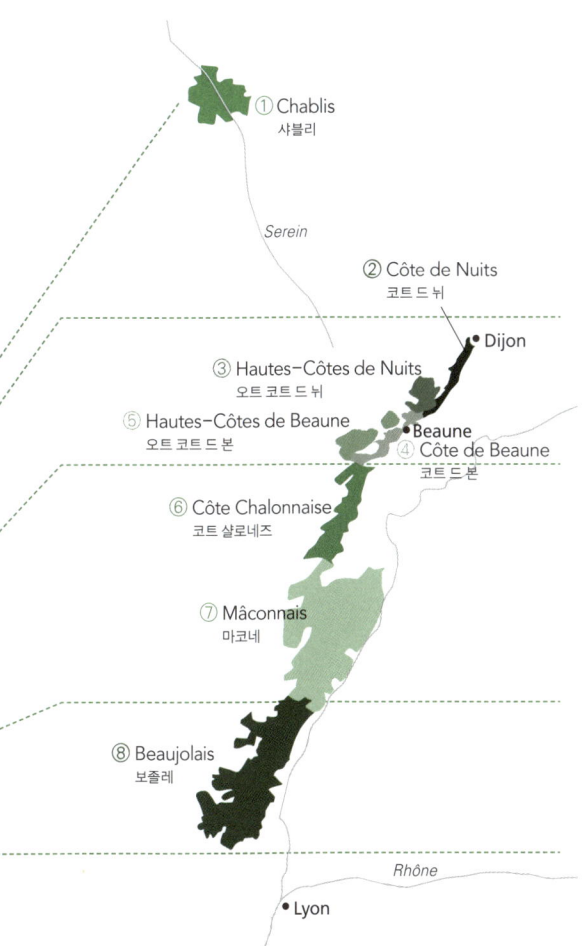

① Chablis 샤블리
Serein
② Côte de Nuits 코트 드 뉘
Dijon
③ Hautes-Côtes de Nuits 오트 코트 드 뉘
⑤ Hautes-Côtes de Beaune 오트 코트 드 본
Beaune
④ Côte de Beaune 코트 드 본
⑥ Côte Chalonnaise 코트 샬로네즈
⑦ Mâconnais 마코네
⑧ Beaujolais 보졸레
Rhône
Lyon

이 산미와 타닌이 적고 포도 과즙의 느낌이 강한, 포도 주스 타입의 와인이 많이 양조돼요.

부르고뉴 와인과 테루아

이러한 토양에서 양조되는 부르고뉴 지방의 와인은 기본적으로 화이트와인은 샤르도네, 레드와인은 피노 누아라는 단일 품종만 사용하여 만들어집니다. 다음 시간에 이야기할 보르도 지방의 레드와인은 카베르네 소비뇽이나 메를로를 중심으로 몇 종류의 포도를 블렌딩하여 만들지만, 부르고뉴는 오로지 한 가지 품종만 사용하죠. 청포도인 샤르도네로는 화이트와인을, 적포도인 피노 누아로 레드와인을 만든다는 점이 부르고뉴와 보르도의 가장 큰 차이점이에요.

그리고 또 중요한 점이, 부르고뉴에서는 단일 품종으로 와인을 만들기 때문에 그 밭의 테루아가 그대로 와인의 맛에 반영돼요. '테루아(Terroir)'라는 단어는 많은 분들이 들어본 적이 있을 거예요. 밭을 둘러싼 기후, 토양, 지세 등을 모두 포함한, 즉 포도가 자라는 환경 그 자체를 말합니다. 피노 누아와 샤르도네는 환경이나 양조법에 쉽게 영향을 받으므로, 테루아의 매력을 최대한으로 표현하는 품종이죠.

부르고뉴에서는 그 생산자가 좋은 생산자인지 아닌지 판단하는 기준 중 하나로 양조한 와인이 그 지역의 테루아를 표현하고 있는가, 각 마을에 존재하는 풍미를 제대로 나타내는가를 특히 중요한 부분으로 여깁니다.

A.O.C.를 모르면 와인을 제대로 살 수 없다

지금부터는 전에 공부했던 내용을 체크해볼게요. A.O.C.(원산지통제명칭법)를 다시 한번 복습해보죠. 예를 들어 '아키타 코마치'라는 쌀은 아키타현에 있는 특정 지구에서만 재배되지는 않아요. 일본 전국에서 '아키타 코마치'가 재배됩니다. 일본의 쌀에는 국가 단위의 '원산지통제명칭법'이 존재하지 않기 때문이에요.

그러나 프랑스는 이 A.O.C.(현 A.O.P.)가 매우 분명해서 '산지'를 와인 상품명으로 쓰려면 그 산지에서만 만들어야 할 뿐 아니라, 이 포도 품종을 사용하여 재배 방법은 이렇게 하고, 가지치기는 이렇게, 양조 방법은 저렇게, 숙성 기간은 몇 년이라고 엄격히 정해져 있어요. 이 조건을 충족한 와인만 그 '산지'를 내걸 수 있죠. 이렇게 해서 전통적인 '맛'과 '품질'을 지키게 됩니다. 생산자가 마음대로 바꿔서는 안 돼요. 이것이 A.O.C.입니다.

프랑스에서는 와인뿐 아니라 치즈나 버터도 A.O.C.법에 근거하여 엄격

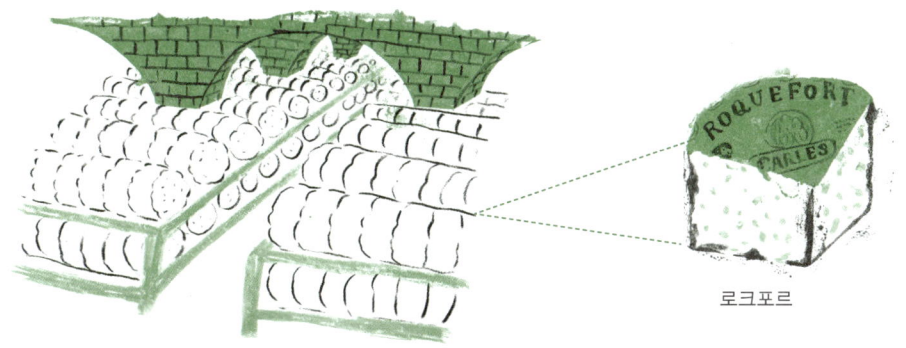

로크포르

히 관리됩니다. 예를 들어 프랑스에서 가장 오래된 치즈로 불리는 로크포르(Roquefort)라는 블루치즈가 있는데요. 랑그독 지방의 로크포르 마을 지하 동굴에서 번식하는 푸른곰팡이를 사용하여 그 동굴 안에서 숙성시킨 양젖의 치즈만 'A.C.로크포르'라고 이름 붙일 수 있어요*.

이처럼 프랑스에서는 A.O.C. 제도가 기반이 되므로 먼저 A.O.C.를 이해하지 못하면 이 와인이 어느 산지의 어느 포도로 양조되었는지 알 수가 없어서, 내가 정말 마시고 싶은 와인을 사지 못해요. 기본적으로 프랑스 와인의 라벨에는 포도의 품종명이 적혀 있지 않거든요. 다만 알자스 지방만 예외인데, A.C.알자스나 A.C.알자스 그랑 크뤼는 사용해도 되는 포도 품종이 몇 종류가 있어서 그 포도 품종을 라벨에 함께 써줍니다. 하지만 그 외에는 그렇지 않아요. 예를 들어 '퓔리니 몽라셰(Puligny Montrachet)'라고 쓰여 있는 화이트와인이라면 포도 품종은 '샤르도네'라고 스스로 알아채야 합니다. 이런 느낌으로 계속해서 산지명과 포도 품종명을 연결 지어 살펴보겠습니다.

부르고뉴만 포도밭 하나하나에 등급을 매긴다

현재 프랑스 와인의 A.O.C.는 약 400개가 있어요. 400종류의 브랜드, 즉 400종의 '고유의 양조법'으로 나뉘어 있다고 보면 됩니다. 라벨에 쓰이

---

* 로크포르는 이탈리아의 고르곤졸라, 영국의 스틸턴과 함께 '세계 3대 블루치즈' 중 하나이다.

는 '아펠라시옹·○○·콩트롤레'의 ○○가 모두 400개 있는 셈이죠. '지방 이름 등급'(A.C.보르도나 A.C.부르고뉴)이나 '마을 이름 등급'(A.C.본 로마네), '밭 이름 등급'(A.C.로마네 콩티) 등 다양한 등급으로 총 400개가 있는데, 그중 약 100개가 부르고뉴 지방에 있습니다. 생산량은 프랑스 전체의 5%에 불과하지만 A.O.C. 수는 1/4을 차지하죠.

참고로 보르도는 50여 개예요. 부르고뉴는 생산량이 절반 이하인데도 A.O.C. 수는 보르도의 2배나 됩니다. 다른 지방에서는 등급을 '마을' 등급까지 나누는 데 비해, 부르고뉴에서는 '밭'(마을 안에 있는 수많은 '밭' 등급까지) 하나하나 등급을 매기기 때문이죠. 지난 시간에 이야기했듯이 부르고뉴의 포도밭은 '특등급밭', '1등급밭', '좋은 밭', '보통 밭'으로 뚜렷이 나뉘어 있고, 각각의 밭에서 양조되는 와인이 그대로 그 와인의 등급이 되어 라벨에 표기됩니다.

특등급밭	→	A.C. '특등급밭(그랑 크뤼) 이름' 예를 들면 Appellation Romanée-Conti Contrôlée
1등급밭	→	A.C. 밭이 있는 '마을 이름'+'1등급밭(프르미에 크뤼) 표기' 예를 들면 Appellation Vosne-Romanée Premier Cru Contrôlée * '밭 이름'은 그 아래에 표기
좋은 밭	→	A.C. 밭이 있는 '마을 이름' 예를 들면 Appellation Vosne-Romanée Contrôlée
보통 밭	→	A.C. 밭이 있는 '지방 이름' 예를 들면 Appellation Bourgogne Contrôlée

이처럼 밭 단위로 등급이 매겨져 있는 곳은 부르고뉴뿐이에요. 보르도도 마을 단위까지죠. 덧붙이자면 보르도는 한 생산자가 여러 밭을 소유하고 다른 밭의 다른 포도 품종을 블렌딩하여 만드는 스타일이어서 애초에 밭 단위로 세세하게 차별화할 필요가 없어요(소유권도 세분화되지 않았죠). 부르고뉴처럼 그 밭의 포도 100%로 와인을 만드는 스타일이 아니니 굳이 밭에 등급을 매길 필요가 없는 거죠. 그렇다면 보르도 사람들은 어떻게 자신들의 와인에 등급을 매겼을까요. '밭'이 아니라 '생산자 = 샤토'에 등급을 매겼는데, 자세한 내용은 다음 시간에 이야기하겠습니다. 보르도와 부르고뉴의 A.O.C. 수의 차이, 즉 50과 100이라는 이 차이는 부르고뉴는 밭에도 A.O.C.가 있으며, 최고의 밭인 '특등급밭(그랑 크뤼)'이 33개나 있기 때문이라고 기억해두세요*.

참고로 부르고뉴에서도 면적이 가장 작은 A.O.C.는 본 로마네 마을의 '라 로마네(La Romanée)'라는 특등급밭(그랑 크뤼)이에요. 불과 0.8ha(헥타르)입니다. 대개 포도밭 1ha에서 와인이 10,000병 양조된다고 하니, '라 로마네'에서는 연간 잘해야 8,000병만 완성되는(실제로는 그 절반인 4,000병 정도

* 프르미에 크뤼 밭은 600여 개나 있지만, A.O.C. 수로는 카운트되지 않는다.

Appellation Vosne-Romanée	Appellation Vosne-Romanée
Premier Cru Contrôlée	Premier Cru Contrôlée
Les Succhots	Les Chaumes

예를 들어 '본 로마네 마을'의 'Les Suchots'와 'Les Chaumes'이라는 2개의 1등급밭은 A.O.C.로는 둘 다 'A.C. Vosne-Romanée Premier Cru'이다. 밭 하나하나에 등급을 매긴다고 해도 A.O.C.는 다른 지방과 마찬가지로 '마을' 단위라고 할 수 있다. 다만 특등급밭(그랑 크뤼)만은 예외여서 33개 모두 하나하나 A.O.C.로 카운트된다.

지만) 매우 희소한 와인이죠. 8,000병이라 해도 전 세계로 수출되면 순식간에 사라져요. 거의 손에 넣을 수 없는 생산량이죠.

누구의 포도밭인가?

왜 부르고뉴만 밭을 세세하게 차별화했을까요. 원래 와인 양조는 그리스도교 포교와 함께 성행했는데, 그리스도교가 확산될 때는 반드시 수도원이 생겼어요. 그 수도원 주변에서 수도사들이 포도를 길러 와인을 만들었죠. 부르고뉴에서는 각각의 밭에서 재배되는 포도의 맛이 다르다는 사실을 알고 자연스럽게 구분을 했고, 그렇게 밭마다 매긴 등급의 원형이 만들어졌어요. 프랑스혁명 후에 이렇게 수도원과 귀족들이 소유하던 밭이 모두 나라에 몰수되어 시민이 살 수 있을 정도의 작은 단위로(밭 하나를 잘게 나누어) 경매에 부쳐진 결과, 현재와 같은 형태에 이르게 되었죠. 하나의 밭이라고 해도 면적이 꽤 크기 때문에 여러 명의 소유자가 나

MONOPOLE

누어서 각각 와인을 양조해요. 그러므로 같은 특등급밭(그랑 크뤼)이라고 해도 생산자에 따라 맛의 차이를 즐길 수 있어요. 확실히 그 밭의 맛을 내면서도, 생산자에 따라 미묘하게 맛이 다른 점도 부르고뉴 와인의 매력 중 하나입니다.

물론 밭 하나를 단독으로 소유한 생산자도 있는데 이를 모노폴(Monopol, 단독소유밭)이라고 해요. '모노폴 = 독점'이라는 뜻인데, 모노폴 밭에서 생산된 와인에는 기본적으로 라벨에 'Monopole'이라고 쓰여 있어요. 즉 그 밭의 와인은 그 사람만 독점으로 만들 수 있죠.

부르고뉴에서 가장 유명한 로마네 콩티라는 와인은 로마네 콩티라는 특등급밭 이름이며 DRC(도멘 드 라 로마네 콩티)라는 회사의 모노폴이므로, '로마네 콩티'는 DRC 사가 만드는 로마네 콩티 외에는 존재하지 않아요. 생산자에 따른 맛의 차이는 없어요. 유일무이하죠. '모노폴'이라고 해서 반드시 '좋은 밭'인 건 아니지만 희소가치가 높다고 할까요. '강력한 브랜드'라는 이미지가 있어요. 어쨌든 경쟁 상대가 없으니까요*.

특등급밭(Grands Cru)과 1등급밭(Premiers Crus)의 라벨

부르고뉴 A.O.C.의 계층 구조를 피라미드형으로 그려보았습니다. 맨 위가 그랑 크뤼로 33개 있어요. 코트 도르(코트 드 뉘 지구+코트 드 본 지구)에

---

* 그랑 크뤼와 프르미에 크뤼가 아닌 '마을 이름 등급'인 밭에도 모노폴은 있다.

32개, 샤블리 지구에 1개. 생산량은 부르고뉴 전체의 단 1.5%······. 매우 귀하죠.

그다음이 프르미에 크뤼로 600여 개의 밭이 선정되어 있어요. 그랑 크뤼의 라벨에는 '특등급밭'의 이름만 쓰여 있죠. 밭이 있는 '마을' 이름은 생략됩니다. 그랑 크뤼 밭은 모두 아주 유명해서 '어느 마을에 있는지는 다들 말 안 해도 알죠?'라는 느낌이에요. 그에 비해 프르미에 크뤼는 우선 '마을' 이름이 있고, 그다음에 '프르미에 크뤼'라고 쓰여 있고, 그다음에 '밭' 이름이 적혀 있어요. 밭의 수가 600개 이상 있기 때문에 '마을' 이름과 '프르미에 크뤼' 밭이라고 쓰지 않으면 알 수 없죠.

아래의 와인 라벨을 보면 샤사뉴 몽라셰 마을의 레 카유레라는 1등급 밭(프르미에 크뤼)에서 양조된 와인이라는 것을 알 수 있습니다.

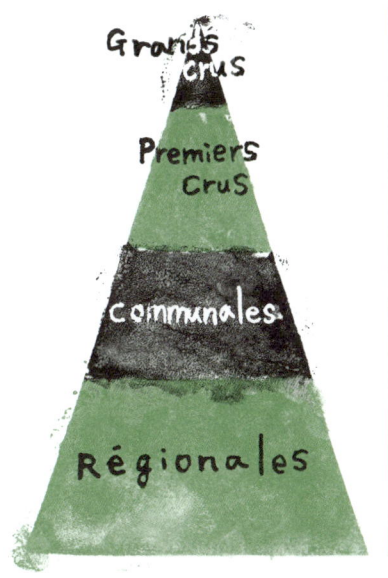

덧붙이자면 '밭 이름'이 없고 '프르미에 크뤼'라고만 쓰여 있을 때도 있어요. 프르미에 크뤼 밭끼리는 포도를 섞어도 '프르미에 크뤼'라고 할 수 있거든요. 따라서 'A.C.무슨무슨 마을 Premier Cru(밭 이름 생략)'라고 되어 있으면, 프르미에 크뤼 밭 여러 곳의 포도를 블렌딩했다는 것을 알 수 있습니다. 물론 이 경우 같은 마을의 포도끼리 블렌딩한 것이죠.

부르고뉴 지방의 '코뮈날(마을)'과 '레지오날(지방)'

프르미에 크뤼 다음은 코뮈날(Communales)이에요. '마을'을 뜻합니다. '마을 등급'의 A.O.C.는 40개 이상 있어요. 부르고뉴 안에서 인정된 마을만이 그 마을의 밭, 즉 프르미에 크뤼만큼 좋지는 않아도 어느 정도 '좋은 밭'의 포도로 만든 와인에 자신들의 '마을 이름'을 붙일 수 있어요[*1].

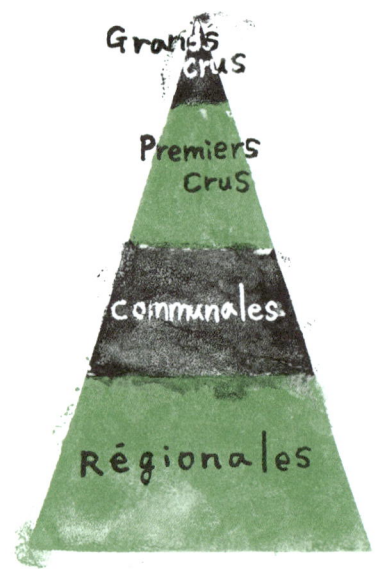

*1 그 마을의 밭이어도 '보통 밭'은 '마을 이름'을 내걸 수 없다. 이 경우에는 하나 아래 등급인 지방 이름 등급, (예를 들면) 'A.C.부르고뉴'라고만 할 수 있다.
*2 다만 등급을 낮출 수는 있어서 프르미에 크뤼 밭의 와인도 생산자가 품질에 만족하지 못하면, 아래 등급인 마을 이름 등급이나 지방 이름 등급의 상표로 판매할 때도 있다.

마지막으로 레지오날(Régionales)은 '지방'이라는 뜻인데 광역 A.O.C.라고 생각하면 돼요. 이 레지오날이 23개 있고 가장 큰 범위가 'A.C.부르고뉴'인데, 부르고뉴 지방의 '보통 밭'에서 만들어진 와인, 즉 A.O.C.에 근거하여 양조된 제대로 된 와인이라는 뜻이에요.

이처럼 부르고뉴 지방은 거의 모든 밭이 A.O.C. 등급의 밭이고, 이 등급은 4개로 분류되어 그 밭의 와인은 그 등급으로 표기하도록 의무화되어 있습니다*2. 이상이 부르고뉴의 A.O.C.였습니다.

왜 오래된 포도나무의 포도가 더 맛있을까

A.O.C.와 함께 또 하나 알아두어야 하는 것이 '비에유 비뉴'입니다. 'Vieille Vigne' 혹은 줄여서 'V.V'라고 라벨에 적혀 있어요. 이는 대개 수령 40년 이상의 오래된 나무에서 만들어진 와인임을 증명하는 표시입니다*.

일반적으로 어린나무의 포도로 양조된 와인보다 오래된 나무로 양조된 와인이 좋다고 해요. 나무가 오래되면 토양의 영양분이 포도 열매까지 고루 도달하지 않을 것 같지만, 실은 반대로 어린나무일수록 잘 도달하지 않아요. 포도가 너무 많이 열리기 때문이죠. 그러나 수령 20~30년인 오래된 나무는 포도 열매가 별로 열리지 않는 데다 열매도 작아서 한 알 한 알에 영

VIEILLE VIGNE

* '대개 40년'이라는 것은 법적인 규제가 없기 때문이다.

양분이 꽉 차 있어요. 게다가 열매가 작은 덕분에 한 알 한 알이 태양 빛을 듬뿍 받고, 오래된 나무일수록 뿌리도 땅속 깊이 뻗어 있어 더 깊은 지층에서 다양한 미네랄을 흡수할 수 있죠. 이런 이유로 오래된 나무일수록 와인의 복잡한 맛이 늘어난다고 해요. 같은 밭의 같은 생산자가 만든 와인도 비에유 비뉴(고목)냐 어린나무냐에 따라 맛이 달라진다고 하니 정말 흥미롭죠?(V.V.가 약간 더 비쌉니다).

유기농(Bio) 와인의 역사

아울러 또 한 가지, 유기농법을 이야기해 두죠. 제2차 세계대전 후 생산성과 효율성을 추구하며 농약과 화학비료를 많이 사용한 결과, 포도밭이 오염되고 말았어요. 그 당시는 프랑스뿐 아니라 전 세계 어디든 그

랬지만, 대량생산사회가 되면서 다량의 농약을 사용하고 눈앞의 수확량만 우선시되었죠. 그 결과 포도밭과 그 주변의 땅속 미생물이 점점 죽어갔어요. 미생물이 없으면 흙이 딱딱해지고, 흙이 딱딱해지면 포도나무의 뿌리가 땅속 깊이 뻗지 못해요. 생산량을 늘려버린 결과 포도 열매 자체의 질도 떨어졌죠.

이에 대한 반동으로 1980년대부터 농약을 사용하지 않고 자연스러운 농업을 하자는 사고방식이 퍼졌어요. 흙을 활성화하여 건강한 포도를 재배하는 생산자가 늘어났죠. 그중에서 '뤼트 레조네(lutte raisonnée)'라 불리는 방법이 있어요. 부르고뉴에서 꽤 많은 생산자가 쓰는 방법인데, 유기농법에 매우 가까운 '저(減)농약 농법'이라는 방법이에요. 날씨에 따른 곰팡이의 피해를 막기 위해 곰팡이 방지제 등을 최소한으로 사용하는 농법이죠. '뤼트 레조네'라는 말을 꼭 기억해두세요. 병의 뒤쪽 라벨에 이를 표시하는 생산자도 있어요.

뤼트 레조네 → 비올로지크 → 비오디나미

뤼트 레조네에서 한 단계 진화한 방법이 비올로지크(biologique), 이른바 유기농법이죠. 화학 비료나 살충제를 전혀 사용하지 않는 농법입니다.

그리고 가장 궁극적인 농법으로 불리는 것이 비오디나미(biodynamic), 직역하면 '생체 역학 = 바이오다이나믹스'라는 뜻이에요. 오스트리아의 철학자이자 교육법으로도 유명한 루돌프 슈타이너(Rudolf Steiner)의 사상을 바탕으로 시작되었다고 합니다. 비오디나미도 기본적으로는 유기농법

(비올로지크)인데, 거기에 천체의 움직임 등을 고려하여 농사를 짓고 와인을 양조하는 방법이에요. 흙의 에너지를 끌어내기 위해 소뿔에 쇠똥을 채워 흙 속에 넣거나, 꽃으로 채운 사슴 방광을 매달아 만든 약을 밭에 뿌리는 등 종교적, 철학적인 측면도 강한 듯해요.

원래 와인 양조는 종교라는 철학에 가깝다고도 볼 수 있어요. 자연과의 공존이나 토양에 대한 생산자의 사고방식 등 이론이 아닌 '사상'에 해당하는 부분이 꽤 있죠. 그런 사상적, 철학적인 부분을 포함하는가(→비오디나미), 포함하지 않는가(→비올로지크)로 나눌 수 있겠네요. 사실 와인에는 그런 부가가치적인, 컬트적인 부분이 분명 있으니까요. 이를테면 '이야기를 맛보는' 느낌이랄까요. 만화 《신의 물방울》을 읽으면 그런 느낌을 잘 알 수 있죠.

이상의 세 가지 농법이 현재 포도 재배 방식의 주류입니다. 최근 들어 '내추럴 와인'이라는 말을 자주 들을 수 있는데요, 일반적으로는 자연 그

대로의 제조법으로 만든 와인, 즉 뱅 나튀르(Vin Nature)라고도 해요. 원료인 포도는 유기농법(비올로지크)으로 재배된 것을 전제로 하며, 양조 공정에도 다양한 조건이 있어요. 프랑스의 경우 비올로지크로 만든 와인 중에 뒷면 라벨에 AB(Agriculture Biologique의 약칭)라는 마크가 붙어 있는 것도 있어요. 그 마크를 보면 비올로지크 와인인지 아닌지 판단할 수 있죠. 다만 비올로지크로 만들었어도 AB 마크를 붙이지 않는 생산자도 있어요. 예전부터 유기농법을 해왔으니 구태여 인증을 받을 필요가 없다는 생각이겠죠. 따라서 이 마크가 붙어 있지 않다고 해서 비올로지크가 아닌 것은 아니라는 점도 알아두었으면 해요.

최근 전 세계에서 내추럴 와인이 유행하면서 내추럴 와인이면 무조건 맛있다고 여기는 사람도 있는데, 프르미에 크뤼나 그랑 크뤼의 유명한 와인은 저농약농법(뤼트 레조네)으로 양조된 것도 많으며 이들 와인이 다 내추럴 와인이라고 할 수는 없어요.

A.O.C. 샤블리 & 그랑 오세루아 지구

그럼 이제부터 부르고뉴의 아펠라시옹(A.O.C.)을 자세히 살펴볼게요. 여러분이 보거나 마신 적이 있는 마을 이름이 많이 나올 거예요.

먼저 샤블리 지구. 부르고뉴 지방의 가장 북쪽에 있고 기후가 서늘해요. 샤르도네 재배에 가장 적합한 키메리지앙 즉 백악질 토양(석회질 토양)으로, 미네랄과 산이 풍부한 드라이 화이트와인이 생산됩니다.

A.O.C.	레드	로제	화이트
Irancy 이랑시	●		
Saint-Bris 생 브리			○
Vézelay 베즐레			○

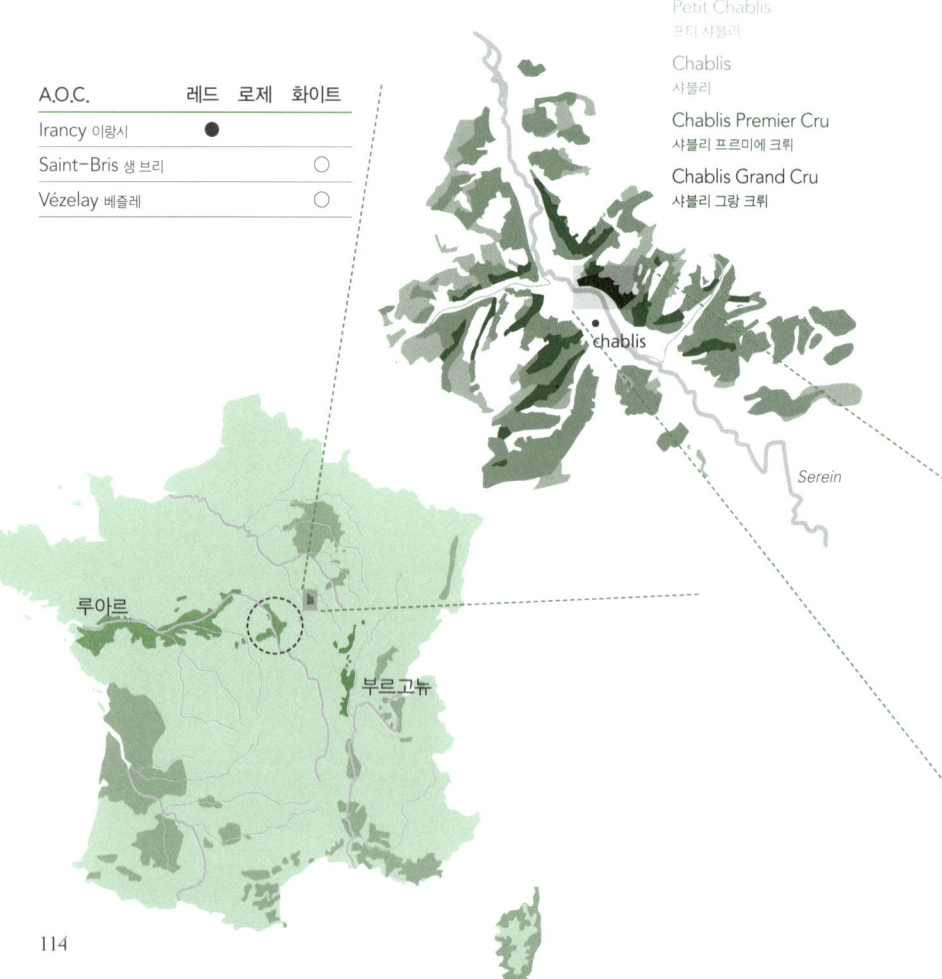

Petit Chablis 프티 샤블리
Chablis 샤블리
Chablis Premier Cru 샤블리 프르미에 크뤼
Chablis Grand Cru 샤블리 그랑 크뤼

chablis

Serein

루아르

부르고뉴

A.O.C.는 4개가 있어요. 부르고뉴 지방에서는 밭 하나하나에 그랑 크뤼가 부여되지만, 샤블리 지구만은 '7개의 밭(+1개의 밭)'을 총칭하여 1개의 A.O.C. '샤블리 그랑 크뤼'가 부여됩니다('A.C.샤블리 그랑 크뤼' 아래에 '밭 이름'이 추가로 기재돼요). 각각의 밭 이름은 외우지 않아도 되니 '샤블리 그랑 크뤼'라는 A.O.C.가 하나 있다는 사실만 기억해 두세요. 프르미에 크뤼는 40개예요. 그랑 크뤼도, 프르미에 크뤼도 밭마다 맛이 미묘하게 달라요.

샤블리 지구의 왼쪽 위에 오세루아(Auxerrois) 지구라고 불리는 구역이 있어요. 이곳의 A.O.C 2개도 매우 흥미로우니 꼭 기억해두세요.

첫 번째가 '이랑시(Irancy)'. 이랑시 역시 '밭 이름'이며 피노 누아로 양조된 레드와인입니다. 상당히 북쪽에서 재배된 피노 누아여서 부르고뉴의 다른 피노 누아에 비해 산도가 매우 풍부하죠. 따라서 '이랑시'라고 쓰여 있는 와인을 보면 '산뜻하고 산미가 많은 피노 누아'라고 알 수 있습니다.

또 하나 '생 브리(Saint-Bris)'라는 A.O.C.가 있어요. 생 브리는 부르고뉴 지방에서 유일하게 청포도인 '소비뇽 블랑'으로 양조되는 화이트와인 A.O.C.입니다. 왜 샤르도네가 아니라 소비뇽 블랑으로 만드냐면 지도를

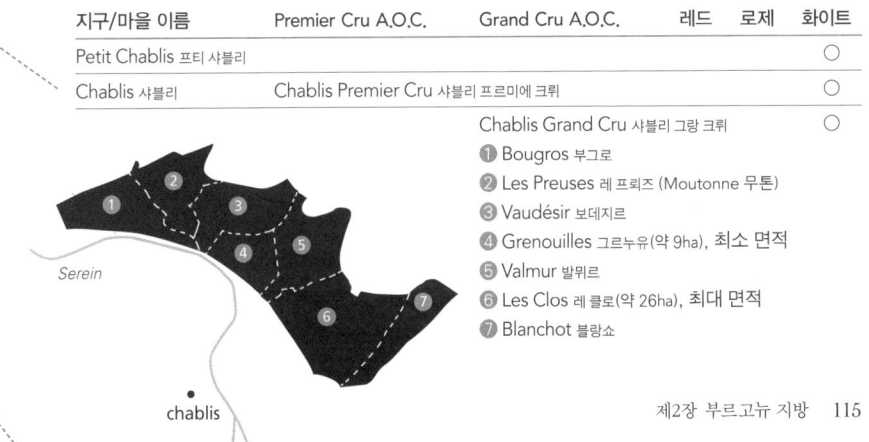

지구/마을 이름	Premier Cru A.O.C.	Grand Cru A.O.C.	레드	로제	화이트
Petit Chablis 프티 샤블리					○
Chablis 샤블리	Chablis Premier Cru 샤블리 프르미에 크뤼				○
		Chablis Grand Cru 샤블리 그랑 크뤼			○
		① Bougros 부그로			
		② Les Preuses 레 프뢰즈 (Moutonne 무톤)			
		③ Vaudésir 보데지르			
		④ Grenouilles 그르누유(약 9ha), 최소 면적			
		⑤ Valmur 발뮈르			
		⑥ Les Clos 레 클로(약 26ha), 최대 면적			
		⑦ Blanchot 블랑쇼			

제2장 부르고뉴 지방

봐주세요. 앞서 이야기한 샤블리가 있고, 오세루아 지구는 그 옆에 점선 원으로 표시된 부분인데 오세루아 너머가 루아르 지방이죠. 이 일대는 소비뇽 블랑으로 유명한 산지예요. 따라서 부르고뉴 지방에서도 오세루아 지구에서만 소비뇽 블랑이 재배됩니다. 생 브리는 블라인드 테이스팅을 하면 샤르도네라고 생각하는 사람이 많고 소믈리에마저 자주 틀릴 정도예요. 소비뇽 블랑인데도 어째서 이렇게 산미와 미네랄이 풍부할까 싶을 정도로 샤블리 같은 또렷한 맛이 나죠.

보통 소비뇽 블랑은 자몽이나 어린잎 같은 푸릇푸릇하고 싱싱한 뉘앙스를 많이 지닌 품종인데, 생 브리는 그런 풋내가 별로 나지 않고 자몽 느낌+산뜻한 산미+미네랄이 느껴지는, 여름에 차게 해서 마시면 아주 좋은 화이트와인이에요. 그런 와인이 마시고 싶을 때는 A.C.생 브리라고 쓰여 있는 와인을 고르면 좋을 거예요. 게다가 그리 비싸지도 않고요. 이상이 샤블리 & 오세루아 지구였습니다.

A.O.C. 코트 드 뉘 지구

이제부터가 부르고뉴 와인의 중심인 코트 도르(코트 드 뉘 지구와 코트 드 본 지구)입니다. 우선 코트 드 뉘 지구부터 가보죠. 코트 드 뉘 지구는 남북으로 약 20㎞ 펼쳐져 있어요. 토양은 석회암질로 장기숙성형 레드와인이 많이 생산됩니다. 여기에서 양조되는 와인의 90%가 레드와인이에요.

언뜻 생각하기엔 샤블리 지구 바로 아래이니까 코트 드 뉘 지구에서 샤르도네(화이트와인)가 재배되고, 그 아래인 코트 드 본 지구에서 피노 누아(레드와인)가 재배될 것 같지만 반대입니다. 위쪽이 레드이고 아래가 화이트입니다.

마을 이름 A.O.C.	Premier Cru A.O.C.	Grand Cru A.O.C.	레드	로제	화이트
❶ Marsannay 마르사네			●		○
Marsannay Rosé 마르사네 로제				●	
❷ Fixin 픽생	Fixin Premier Cru		●		○

제2장 부르고뉴 지방   117

북쪽부터 순서대로 보면, 우선 가장 먼저 A.O.C.를 내세울 수 있는 마을이 마르사네(Marsannay)❶예요. 이 마을의 특징은 앞 페이지 표를 보면 마르사네 로제라고 쓰여 있죠. 코트 도르에서 로제와인을 만들 수 있는 마을 이름 A.O.C.로는 마르사네가 유일합니다. 피노 누아 100%로 양조되는 로제와인인데, 매우 완성도가 높고 가격이 적당해서 이 이름을 기억해두면 로제와인을 마시고 싶을 때 도움이 될 거예요.

마르사네에서 내려온 곳에 픽생(Fixin)❷이라는 마을이 있습니다. 앞 페이지 표를 보면 제일 위에 '마을 이름 A.O.C.' 'Premier Cru A.O.C.' 'Grand Cru A.O.C.'라고 쓰여 있는데, 앞서 이야기한 마르사네는 프르미에 크뤼와 그랑 크뤼가 존재하지 않는 마을이에요. A.C.마르사네(와 A.C.마르사네 로제)라는 '마을 이름 등급'의 와인만 있어요. 그에 비해 픽생은 프

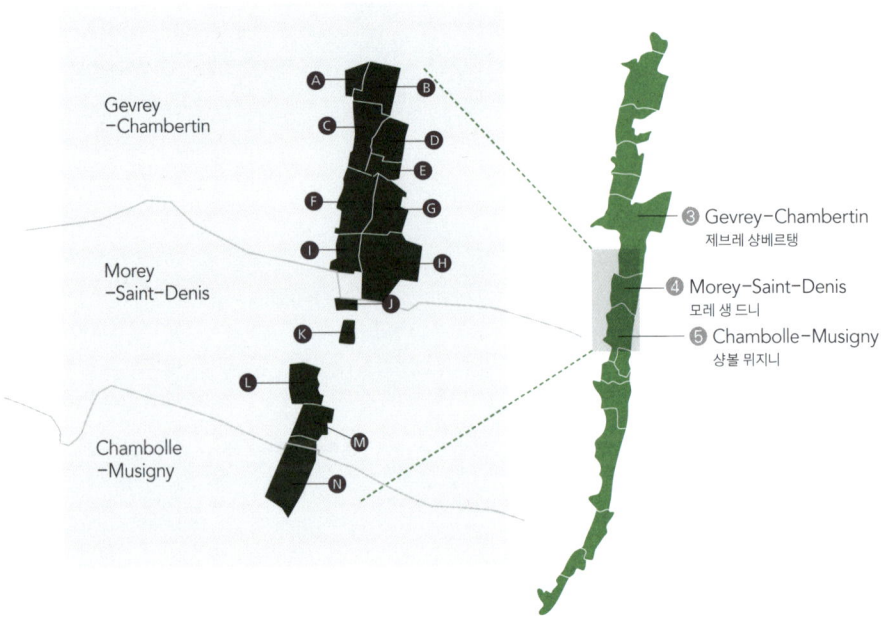

118

르미에 크뤼까지 있는 마을이라는 것을 알 수 있습니다.

　그다음 ❸은 아주 크죠. 이곳이 여러분도 잘 아는 제브레 샹베르탱(Gevrey-Chambertin) 마을입니다. 제브레 샹베르탱은 코트 드 뉘 지구의 마을(A.O.C. 마을) 중에서는 면적이 가장 넓은 데다 표를 보면 알 수 있듯이 그랑 크뤼가 9개나 있어요. 그중에서도 가장 비싼 그랑 크뤼가 샹베르탱❻입니다. 무슨 무슨 샹베르탱이 아니라 그냥 샹베르탱을 제브레 샹베르탱 마을 중 최고급 밭으로 여깁니다. 이들 그랑 크뤼도 각각 맛이 다르니 제브레

마을 이름 A.O.C.	Premier Cru A.O.C.	Grand Cru A.O.C.	레드	로제	화이트
❸ Gevrey-Chambertin 제브레 샹베르탱	Gevrey-Chambertin Premier Cru		●		
		❹ Ruchottes-Chambertin 뤼쇼트 샹베르탱	●		
		❺ Mazis-Chambertin 마지 샹베르탱	●		
		❻ Chambertin-Clos-de-Bèze 샹베르탱 클로 드 베즈	●		
		❼ Chapelle-Chambertin 샤펠 샹베르탱	●		
		❽ Griotte-Chambertin 그리오트 샹베르탱	●		
		❻ Chambertin 샹베르탱	●		
		❼ Charmes-Chambertin 샤름 샹베르탱	●		
		❽ Mazoyères-Chambertin 마주아예르 샹베르탱	●		
		❾ Latricières-Chambertin 라트리시에르 샹베르탱	●		
❹ Morey-Saint-Denis 모레 생 드니	Morey-Saint-Denis Premier Cru		●		○
		❿ Clos de la Roche 클로 드 라 로슈	●		
		ⓚ Clos Saint-Denis 클로 생 드니	●		
		ⓛ Clos des Lambrays 클로 데 랑브레	●		
		ⓜ Clos de Tart★ 클로 드 타르	●		
		ⓝ Bonnes-Mares 본 마르(일부)	●		

제2장 부르고뉴 지방　119

샹베르탱 마을의 그랑 크뤼 비교 시음회를 하면 최고로 행복할 텐데요. 그런 행운은 좀처럼 없겠죠. 그랑 크뤼가 9개나 있는 훌륭한 마을입니다.

아울러 제브레 샹베르탱 마을은 (나중에 표에서 볼 텐데요) 프르미에 크뤼도 유명한 밭이 많아요. 오늘은 여러분에게 이곳에 '그랑 크뤼가 이렇게 많다'는 점과 알아두면 도움이 될 프르미에 크뤼를 알려드릴게요. 그러면 나중에 레스토랑에서 와인 리스트를 보고 주문할 때 '이거 맛있는 와인이지.'라며 고를 수 있으니까요.

그다음이 남쪽으로 더 내려가서 모레 생 드니(Morey-Saint-Denis) 마을 ❹입니다. 이 마을은 그 아래의 샹볼 뮈지니(Chambolle-Musigny)❺와 위에 있는 제브레 샹베르탱❸ 사이에 있는데, 솔직히 이 두 마을만큼 유명하지는 않지만 (두 마을이 너무도 유명해서) 그래도 이 두 마을에 끼어 있는 만큼 역시 토양이 좋고, 그랑 크뤼도 5개나 있어요. 클로 생 드니(Clos Saint-Denis)❻, 클로 데 랑브레(Clos des Lambrays)❼가 있고, 클로 드 타르(Clos de Tart)❽에 붙은 ★ 표시는 모노폴(단독 소유)입니다.

그리고 표 제일 하단에 '본 마르(Bonnes-Mares)(일부)'❾라고 쓰여 있는데, 다음에 나올 샹볼 뮈지니 마을에 걸쳐 있는 밭(그랑 크뤼)이에요. 본 마르 밭은 대부분 샹볼 뮈지니 마을에 있지만, 북쪽의 모레 생 드니 마을에도 아주 일부가 걸쳐 있어요. 그래서 모레 생 드니 마을의 본 마르는 매우 희귀합니다. 볼 기회가 정말 적어요. 샹볼 뮈지니 마을의 본 마르가 훨씬 많죠.

이어서 샹볼 뮈지니 마을입니다. 표에서 생산 가능한 와인색 부분을 보면, '마을 이름 등급'과 '프르미에 크뤼'에는 레드와인만 만들 수 있다는 의미로 레드에만 ●가 붙어 있죠. 그런데 뮈지니(Musigny)❍라는 특등급 밭(그랑 크뤼)은 화이트와인을 만들어도 됩니다. 화이트와인 그랑 크뤼는

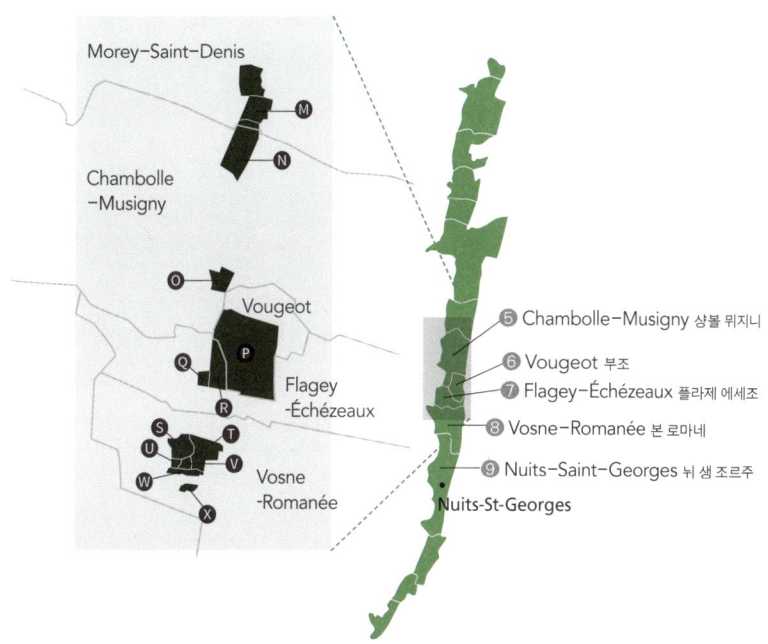

마을 이름 A.O.C.	Premier Cru A.O.C.	Grand Cru A.O.C.	레드	로제	화이트
❺ Chambolle-Musigny 샹볼 뮈지니	Chambolle-Musigny Premier Cru		●		
		❶ Bonnes-Mares 본 마르(대부분)	●		
		❍ Musigny 뮈지니	●		○
❻ Vougeot 부조	Vougeot Premier Cru		●		○
		❷ Clos de Vougeot 클로 드 부조 (49ha)	●		
❼ (Flagey-Échézeaux) 플라제 에세조	(Flagey-Échézeaux Premier Cru)		●		
		❶ Échézeaux 에세조	●		
		❷ Grands-Échézeaux 그랑 에세조	●		

제2장 부르고뉴 지방   121

희소하고 생산량도 많지 않지만, 그래도 존재한다는 사실을 꼭 기억해두세요.

다음으로 부조(Vougeot)❻라는 마을이 있어요. 클로 드 부조(Clos de Vougeot)❿라는 이름의 그랑 크뤼 하나뿐인데, 코트 드 뉘 지구의 그랑 크뤼 중 면적이 가장 넓어요. 정말 큰 밭이어서 잘게 나뉘어 소유되는데, 소유자가 무려 80명 이상이라고 해요.

그 아래가 플라제 에세조(Flagey-Échézeaux) 마을❼. 앞 페이지 표에서 이 마을에만 괄호가 되어 있죠. 왜냐하면 '마을 이름'과 '프르미에 크뤼' A.O.C.가 없어요. 이 마을에서 양조된 '마을 이름'과 '프르미에 크뤼' 와인은 (그 등급의 와인도 양조되긴 하지만) 이 마을의 이름을 쓰지 않고 바로 남쪽의 본 로마네(Vosne-Romanée) 마을 이름을 쓰게 되어 있어요. 희한하죠.

마을 이름 A.O.C.	Premier Cru A.O.C.	Grand Cru A.O.C.	레드	로제	화이트
❽ Vosne-Romanée 본 로마네	Vosne-Romanée Premier Cru		●		
		❺ Richebourg 리슈부르	●		
		❻ Romanée-Saint-Vivant 로마네 생 비방	●		
		❼ La Romanée★(0.8ha) 라 로마네	●		
		❽ Romanée-Conti★(1.8ha) 로마네 콩티	●		
		❾ La Grande Rue★(1.7ha) 라 그랑드 뤼	●		
		❿ La Tâche★ 라 타슈	●		
❾ Nuits-Saint-Georges 뉘 생 조르주	Nuits-Saint-Georges Premier Cru		●		○
Côte de Nuits-Villages 코트 드 뉘 빌라주			●		○

즉 플라제 에세조 마을은 마을 이름과 프르미에 크뤼의 A.O.C.를 갖고 있지 않아요.

다만 플라제 에세조 마을에는 그랑 크뤼가 2개 있고, 이 2개에는 A.O.C.가 존재합니다. 밭 이름 에세조(Échézeaux)❹와 그랑 에세조(Grands-Échézeaux)❺를 와인에 내걸 수 있어요. '마을 이름'과 '프르미에 크뤼' 등급은 '플라제 에세조'를 쓸 수 없다는 것이 이 마을의 특징입니다.

그 아래가 본 로마네 마을((Vosne-Romanée)❽이에요. 로마네 콩티(Romanée-Conti)❻ 밭이 있는 마을이죠. '그랑 크뤼'는 6개가 있습니다.

코트 드 뉘 지구의 가장 남쪽은 뉘 생 조르주(Nuits-Saint-George) 마을 ❾입니다. '마을 이름'과 '프르미에 크뤼'까지만 있어요.

이렇게 해서 여러분도 코트 드 뉘 지구의 A.O.C. 위치를 어느 정도 알게 되었으리라 생각합니다. 이러한 위치 관계를 알고 와인을 마시면 토양이 어떻게 연결되었는지 머릿속에 그려지겠죠.

A.O.C. 코트 드 본 지구

그럼 다음으로 코트 드 본(Côte de Beaune) 지구로 가보죠. 코트 드 뉘 지구가 세로로 좁고 긴 데 비해 코트 드 본은 폭이 약간 넓어요. 석회암과 이회암의 구릉지입니다. 이곳은 화이트와인이 생산량의 40%인데요, 앞서 다른 코트 드 뉘 지구는 화이트와인을 10%밖에 양조하지 않으므로 그에 비하면 화이트와인의 비율이 높고 특히 훌륭한 화이트와인의 산지로 유명합니다. 부르고뉴 화이트와인의 그랑 크뤼는 코트 드 본 지구에 집중되어 있어요.

지도를 보면 먼저 가장 위에 옆으로 늘어선 마을 ❶❷❸이 있습니다. 페르낭 베르줄레스(Pernand-Vergelesses), 알록스 코르통(Aloxe-Corton), 라두아 세리니(Ladoix-Serrigny)라는 세 마을에 걸쳐서 그랑 크뤼(밭)가 2개 있어요. 이 점이 무척 흥미로운 부분이에요. 위아래 두 마을에 걸치는 그랑 크뤼(예를 들어 앞서 나온 본 마르 등)는 몇 개 있지만, 옆으로 늘어선 세 마을에 걸치는 그랑 크뤼가 2개나 있는 곳은 여기뿐이죠. 이 그랑 크뤼가 바로 코르통(Corton)Ⓐ과 코르통 샤를마뉴(Corton-Charlemagne)Ⓑ예요. 이 2개의 특등급밭(그랑 크뤼)이 세 마을에 걸쳐 있어요.

하나의 같은 밭인데도 어느 마을에 있느냐에 따라 생산 가능한 와인의 색이 미묘하게 달라요. 코르통 밭은 3개의 마을에 둘러싸여 있으면서 밭의 위치에 따라 화이트 혹은 레드를 생산할 수 있습니다. 마치 퍼즐 같죠.

코르통 샤를마뉴는 들어본 분도 있을 텐데, 뛰어난 화이트와인의 그랑 크뤼로 유명합니다. 이 이름을 꼭 기억해두세요. 코르통 샤를마뉴라는 밭 이름 가운데 '코르통'은 '알록스 코르통'에서, '샤를마뉴'는 중세 프랑크 왕국의 샤를마뉴 대제에서 유래했어요. 샤를마뉴 대제는 이 지역의 레드와인을 즐겨 마셨다고 하는데, 대제의 수염이 레드와인으로 지저분해지는 것을 싫

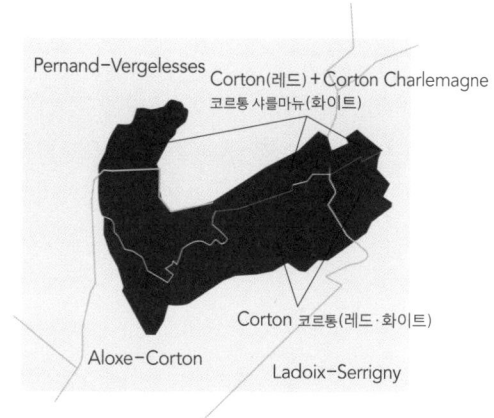

마을 이름 A.O.C.	Premier Cru A.O.C.	Grand Cru A.O.C.	레드	로제	화이트
❶ Pernand-Vergelesses 페르낭 베르즐레스	Pernand-Vergelesses Premier Cru		●		○
		Ⓐ Corton 코르통(일부)	●		
		Ⓑ Corton Charlemagne 코르통 샤를마뉴(일부)			○
		Ⓒ Charlemagne 샤를마뉴 (현재 사용하지 않는 아펠라시옹)			○
❷ Aloxe-Corton 알록스 코르통	Aloxe-Corton Premier Cru		●		○
		Ⓐ Corton(일부)	●		○
		Ⓑ Corton Charlemagne(일부)			○
		Ⓒ Charlemagne(현재 사용하지 않는 아펠라시옹)			○
❸ Ladoix 라두아	Ladoix Premier Cru		●		○
		Ⓐ Corton(일부)	●		○
		Ⓑ Corton Charlemagne(일부)			○

어한 왕비가 화이트와인을 권한 것이 코르통 샤를마뉴가 탄생한 계기라고 해요.

코트 드 본의 추천 비스트로는 '마 퀴진'

그 아래로도 사비니 레 본(Savigny-lès-Beaune)❹, 쇼레 레 본(Chorey-lès-Beaune)❺, 본(Beaune)❻ 등 '무슨 무슨 본'이라는 마을이 이어지는데, 어느 마을이든 그랑 크뤼는 존재하지 않고 프르미에 크뤼 등급까지(쇼레 레 본은 '마을 이름'까지) 있어요.

이 본 마을의 중심에 본(Beaune) 거리가 있습니다. 대부분 부르고뉴의

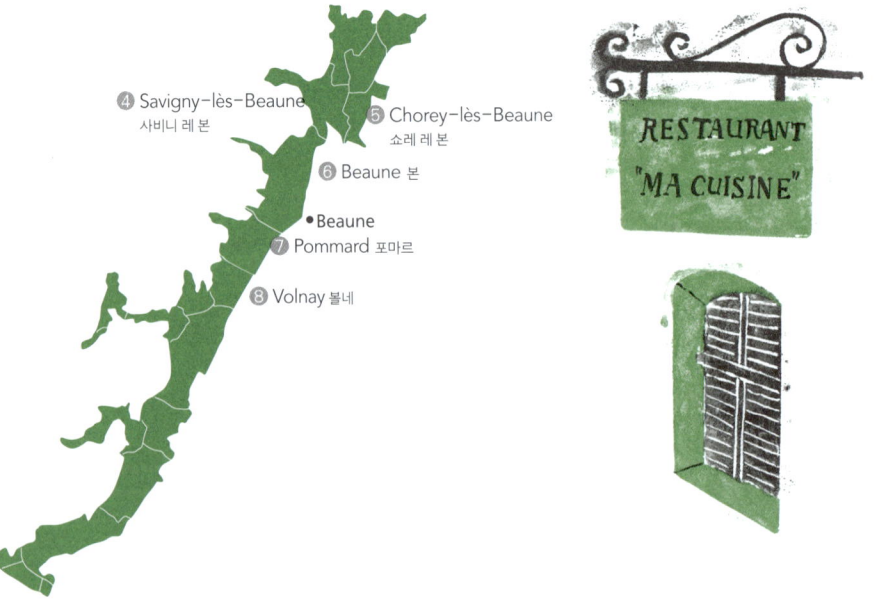

와이너리를 둘러볼 때 우선 파리에서 고속도로를 타고 디종으로 빠져나와 디종에서 똑바로 남쪽으로 달려 본 거리로 향하죠. 국도가 포도밭 사이를 지나기 때문에 양쪽으로 밭을 보며 달리다 보면 지도대로 마을 이름 간판이 차례차례 나옵니다. 그것만으로도 참 즐거운 풍경이죠.

이 본을 거점으로 하여 북쪽(코트 드 뉘)으로 가서 레드와인 생산자를 만나거나 남쪽(뫼르소 마을 등)으로 가서 화이트와인 생산자를 만나곤 하는데, 본에는 전 세계 소믈리에가 모인다는 비스트로가 있어요. 마 퀴진(MA CUISINE)이라는 비스트로예요. 이곳의 와인 리스트는 엄청나게 두꺼우며, 직접 와인을 생산하는 사람도 오기 때문인지 파리의 와인숍에서 사는 것보다 이 가게에서 마시는 편이 훨씬 저렴하다고 해요.

마 퀴진은 부르고뉴 와인은 물론 보르도, 론, 샹파뉴 와인도 다양하게 갖추고 있어서 매번 갈 때마다 즐거워요. 물론 어느 정도 사람 수가 있어야, 즉 6명 정도 함께 가야 여러 종류의 와인을 맛볼 수 있어요. 만약 와인 투어로 부르고뉴를 둘러볼 때는 꼭 한번 본의 마 퀴진에 들러보세요. 부르고뉴의 향토 요리도 있고 갈매기 요리도 정말 맛있어요. 주인 부부와 종업원이 운영하는데, 부인이 셰프이고 남편이 서빙을 하죠. 간혹 부부싸움 소리가 들리기도 하는(웃음) 그런 정겨운 비스트로예요.

마을 이름 A.O.C.	Premier Cru A.O.C.	Grand Cru A.O.C.	레드	로제	화이트
❹ Savigny-lès-Beaune 사비니 레 본	Savigny-lès-Beaune Premier Cru		●		○
❺ Chorey-lès-Beaune 쇼레 레 본			●		○
❻ Beaune 본	Beaune Premier Cru		●		○
❼ Pommard 포마르	Pommard Premier Cru		●		
❽ Volnay 볼네	Volnay Premier Cru		●		

본은 그 외에도 와인 바가 여러 개 있는, 작은 마을이지만 부르고뉴의 중심지라고 할 수 있어요. 알자스 지방의 경우에도 규모는 북쪽에 있는 스트라스부르(Strasbourg)가 가장 크지만 와인의 생산 거점은 중심에 있는 콜마르(Colmar)라는 작은 마을인데요, 이와 비슷한 구도인 셈이죠. 부르고뉴에서도 마을 규모는 디종이 훨씬 커요. 하지만 역시 본이야말로 부르고뉴 와인의 거점이죠.

본에서 남쪽으로 내려가면 포마르(Pommard)❼, 볼네(Volnay)❽가 이어지는데, 이 주변은 아마 여러분이 글라스와인으로 마셔본 적이 있는 A.O.C.일 거예요. 포마르와 볼네의 특징은 레드와인만 생산해야 한다는 것. 코트 드 본 지구에서는 대개 어느 마을이든 화이트와인을 만드는데, 포마르와 볼네는 레드와인만 양조해요. 희한하죠.

몽텔리(Monthélie)❾, 생 로맹(Saint-Romain)❿, 오세 뒤레스(Auxey-Duresses)⓫는 지도를 보면 옆으로 늘어서 있는데요, 이 마을들도 여력이 있으면 체크해두세요(웃음). 다만 이다음부터가 중요하니 지금부터 나오는 내용을 반드시 기억해둡시다.

마을 이름 A.O.C.	Premier Cru A.O.C.	Grand Cru A.O.C.	레드	로제	화이트
❾ Monthélie 몽텔리	Monthélie Premier Cru		●		○
❿ Saint-Romain 생 로맹			●		○
⓫ Auxey-Duresses 오세 뒤레스	Auxey-Duresses Premier Cru		●		○
⓬ Meursault 뫼르소	Meursault Premier Cru		●		○
⓭ Blagny 블라니	Blagny Premier Cru		●		
⓮ Saint-Aubin 생 토뱅	Saint-Aubin Premier Cru		●		○

바로 뫼르소(Meursault)⑫예요. 레드와인도 양조하지만 화이트와인으로 유명한 마을이에요. 중요한 점은 뫼르소에 그랑 크뤼가 없다는 점이에요. 이렇게 유명한데 그랑 크뤼가 없고 프르미에 크뤼까지만 있죠. 다만 매우 유명한 프르미에 크뤼가 많다는 점이 뫼르소 마을의 특징입니다.

⑭의 생 토뱅(Saint-Aubin)은 산미가 꽉 찬, 미네랄이 풍부한 화이트와인으로 유명해요. ⑮⑯은 퓔리니 몽라셰(Puligny-Montrachet)와 샤사뉴 몽

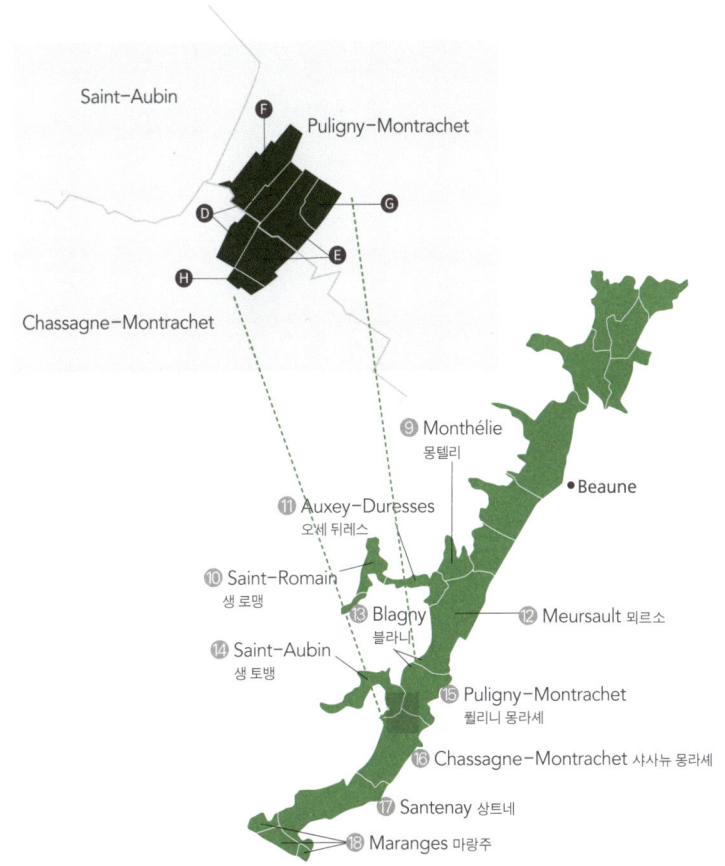

라셰(Chassagne-Montrachet)예요. 이 두 곳도 꼭 알아두어야 할 마을입니다. 뫼르소, 퓔리니 몽라셰, 샤사뉴 몽라셰. 이 세 마을은 특히 맛있는 화이트와인을 고를 때 반드시 기억해야 할 이름이에요. 이 세 마을의 화이트와인의 풍미는 나중에 이야기하고, 우선은 밭부터 설명할게요.

퓔리니 몽라셰 마을과 샤사뉴 몽라셰 마을에 걸쳐 있는 특등급밭(그랑 크뤼)은 2개 있어요. 먼저 몽라셰(Montrachet)❶. '무슨 무슨 몽라셰'가 아니라 그냥 '몽라셰'가 이들 그랑 크뤼 중 최고급 밭입니다. 앞서 이야기한 샹베르탱과 같아요. 무슨 무슨 샹베르탱이 아니라 그냥 샹베르탱이 최고급이죠. 그리고 바타르 몽라셰(Bâtard-Montrachet)❷라는 그랑 크뤼도 양쪽 마을에 걸쳐 있는 밭이에요.

마을 이름 A.O.C.	Premier Cru A.O.C.	Grand Cru A.O.C.	레드	로제	화이트
⓯ Puligny-Montrachet 퓔리니 몽라셰	Puligny-Montrachet Premier Cru		●		○
		❶ Montrachet 몽라셰(일부)			○
		❷ Bâtard-Montrachet 바타르 몽라셰(일부)			○
		❸ Chevalier-Montrachet 슈발리에 몽라셰			○
		❹ Bienvenues-Bâtard-Montrachet 비앙브뉘 바타르 몽라셰			○
⓰ Chassagne-Montrachet 샤사뉴 몽라셰	Chassagne-Montrachet Premier Cru		●		○
		❶ Montrachet 몽라셰(일부)			○
		❷ Bâtard-Montrachet 바타르 몽라셰(일부)			○
		❺ Criots-Bâtard-Montrachet 크리오 바타르 몽라셰(1.6ha)			○
⓱ Santenay 상트네	Santenay Premier Cru		●		○
⓲ Maranges 마랑주	Maranges Premier Cru		●		○
Côte de Beaune 코트 드 본			●		○
Côte de Beaune-Villages 코트 드 본 빌라주			●		

퓔리니에만 있는 그랑 크뤼가 슈발리에 몽라셰(Chevalier-Montrachet)**F**
와 비앙브뉘 바타르 몽라셰(Bienvenues-Bâtard-Montrachet)**G**. 그리고 샤사
뉴에만 있는 것이 크리오 바타르 몽라셰(Criots-Bâtard-Montrachet)**H**예요.
양쪽 마을에 걸쳐 있는 그랑 크뤼는 라벨만으로는 어느 마을의 밭인지
알 수 없어요. 프르미에 크뤼는 마을 이름까지 적혀 있으나, 그랑 크뤼는
특등급밭(그랑 크뤼) 이름만, 예를 들면 'A.C.그랑 크뤼 몽라셰'라고만 쓰여
있기 때문이죠. 따라서 생산자(도멘)를 보고 '어느 마을의 밭에서 만드는
사람인지' 추측하는 수밖에 없어요.

그리고 마지막으로 **⑰**상트네(Santena), **⑱**마랑주(Maranges)라는 A.O.C.가
있어요. 본보다 남쪽에 있는 지역에서는 뫼르소, 생 토뱅, 퓔리니 몽라셰,
샤사뉴 몽라셰를 일단 알아두면 와인 리스트에서 다양한 와인을 충분히
고를 수 있을 거예요. 여기서 소개하는 A.O.C. 표를 기억해 두면 내가 어
느 마을의 와인을 마셨는지 잘 알 수 있으니 꼭 활용해주세요.

A.O.C. 코트 샬로네즈 지구

이상이 부르고뉴에서 가장 중요한 지구인 코트 도르(코트 드 뉘 지구② +
코트 드 본 지구④)였습니다. 이제부터는 코트 도르만큼 고급은 아니지만,
비교적 합리적인 가격의 좋은 와인 산지가 이어져요.
다음 페이지 지도를 보면 코트 샬로네즈(Côte Chalonnaise) 지구⑥가 있
죠. 과일맛이 나는 상큼한 풍미로 밸런스 좋고 가성비 높은 레드·화이트

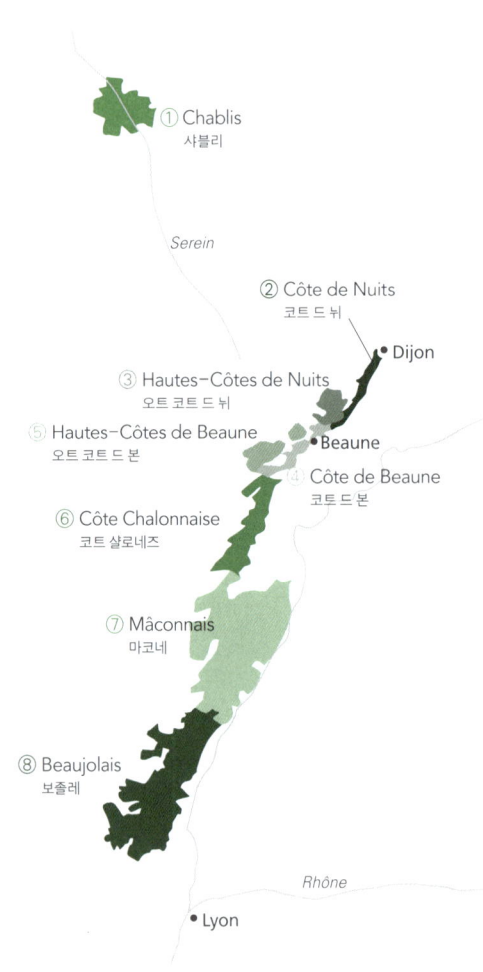

⟨코트 샬로네즈 지구⟩

마을 이름 A.O.C.	Premier Cru A.O.C.	레드	로제	화이트
Bouzeron 부즈롱				○
Rully 륄리	Rully Premier Cru	●		○
Mercurey 메르퀴레	Mercurey Premier Cru	●		○
Givry 지브리	Givry Premier Cru	●		○
Montagny 몽타니	Montagny Premier Cru			○

와인을 생산하는 지구입니다. 이중에서 여러분이 가장 마실 기회가 많은 A.O.C.는 륄리(Rully)일 텐데요. 샤르도네 100%로 양조되는 륄리의 화이트와인은 가성비가 좋은 것이 많으니 알아두면 좋을 거예요.

그리고 A.C.부즈롱(Bouzeron). 부르고뉴 지방의 마을 이름 A.O.C. 중 유일하게 알리고테 100%로 양조되는 화이트와인으로(다른 화이트와인은 기본적으로 샤르도네 100%), 해외에는 그리 많이 수출되지 않지만 접할 기회는 있어요. 맛은 산뜻하고 꽉 찬 미네랄이 특징입니다.

A.O.C. 마코네 지구

그 아래가 마코네(Mâconnais) 지구⑦입니다. 면적이 엄청 넓죠. 보졸레 지구를 제외한 다섯 지구 중 면적이 가장 커요. 토양도 다양해서 석회질과 칼슘이 많은 토양은 샤르도네에, 점토질과 자갈이 많은 토양은 가메에 적합한데요. 기본적으로(85%)는 샤르도네가 재배됩니다. 마코네 지구의 샤르도네는 코트 드 본 지구의 샤르도네에 비해 가격도 합리적이고, 맛도 과일맛이 나며 상큼해요(코트 샬로네즈 지구와 비슷합니다).

여기서 기억해두어야 할 A.O.C.로는 마콩 빌라주(Mâcon-Villages)라는 지구 이름 등급의 A.O.C.가 있는데, 마코네 지구에서 면적이 가장 넓고 생산량이 가장 많아요. 마을 이름 A.O.C.에는 비레 클레세(Viré-Clessé), 생 베랑(Saint-Véran), 푸이 퓌세(Pouilly-Fuissé), 푸이 로셰(Pouilly-Loché),

푸이 뱅젤르(Pouilly-Vinzelles)가 있어요. 이들 와인은 가격도 저렴한 데다 맛있어서 글라스와인으로 제공하는 레스토랑도 많아요. 항공사의 비즈니스석에 제공하는 화이트와인으로 비레 클레세를 종종 볼 수 있는데, 최고급은 아니어도 상당히 맛있는 와인이에요. 가성비가 좋고 실패하는 경우가 거의 없다는 의미에서 추천합니다. '오늘은 샤르도네를 마시고 싶네. 그리 비싸지 않으면서도 맛있는 와인 없을까'라는 생각이 든다면, 비레 클레세나 생 베랑, 푸이 퓌세 등을 골라 보세요. 그런 의미에서 알아두면 도움이 될 A.O.C.입니다.

부르고뉴 지방도 남쪽으로 가면 기후가 온난해져서 산미보다는 과일 맛의 뉘앙스가 강한 샤르도네가 자라므로, 그때의 기분과 식사와의 균형을 고려하여 북쪽 마을의 와인으로 할지 남쪽 마을의 와인으로 할지 선택하면 도움이 될 거예요.

〈마코네 지구〉

마을 이름 A.O.C.	Premier Cru A.O.C.	레드	로제	화이트
Mâcon 마콩		●	●	○
Mâcon+Commune 마콩+코뮌		●	●	○
Mâcon-Villages 마콩 빌라주				○
	Viré-Clessé 비레 클레세			○
	Saint-Véran 생 베랑			○
	Pouilly-Fuissé 푸이 퓌세			○
	Pouilly-Loché 푸이 로셰			○
	Pouilly-Vinzelles 푸이 뱅젤르			○

A.O.C. 보졸레 지구

그럼 마지막으로 부르고뉴 지방의 최남단, 그리고 재배 면적이 가장 넓은 보졸레(Beaujolais) 지구⑧에 대해 이야기해볼게요. 이곳에서는 로제와 화이트와인도 양조되지만 대부분 가메로 만드는 레드와인이 생산돼요. 보졸레 지구의 북부는 화강암으로 된 좋은 토양이에요. 보졸레에는 10개의 마을 이름 A.O.C.가 있는데, 이를 총칭하여 '크뤼 드 보졸레(Crus de Beaujolais)'라고 합니다.

아래 표의 꺽쇠 부분을 외울 필요가 없는 이유도 마을 이름 아래에 '크뤼 드 보졸레'라고 쓰여 있기 때

〈보졸레 지구〉

마을 이름 A.O.C.	Premier Cru A.O.C.	레드	로제	화이트
Beaujolais 보졸레		●	●	○
Beaujolais Supérieur 보졸레 쉬페리외르		●		
Beaujolais+Commune 보졸레+코뮌		●	●	○
Beaujolais Villages 보졸레 빌라주		●	●	○
	Saint-Amour 생 타무르	●		
	Juliénas 쥘리에나	●		
	Chénas 셰나	●		
	Moulin-à-Vent 물랭 나 방	●		
	Fleurie 플뢰리	●		
	Chiroubles 시루블	●		
	Morgon 모르공	●		
	Régnié 레니에	●		
	Brouilly 브루이	●		
	Côte de Brouilly 코트 드 브루이	●		

문이에요. 라벨에 '크뤼 드 보졸레'라고 적혀 있으면 '아, 좋은 보졸레구나' 라고 판단할 수 있으니 이것만 기억해두세요.

보졸레 누보 제조법

보졸레 누보는 보졸레 지구에서 만들어지는 누보(새 술)를 말해요. 여기서 새 술이 뭐냐면 이런 거예요. 이 근방의 포도는 매년 9월 중순에 수확하는데, 누보는 두 달 뒤인 11월 셋째 주 목요일부터 판매됩니다. 프랑스 법으로 그렇게 정해져 있어요. 해외에서도 이 시기가 되면 "보졸레 누보가 도착했습니다."라는 뉴스가 나오죠. 즉 오크통에서 장기 숙성시키지 않고 그해의 포도 수확을 축하하는, 갓 짠 신선함을 살려 만든 와인을 누보(새 술)라고 해요. 프랑스에서는 새 술을 양조해도 되는 A.O.C.가 정해져 있어서 보졸레 이외에도 론이나 랑그독 등 여러 곳이 있는데, 일반적으로 보졸레 지구의 누보가 가장 유명하고 많이 판매돼요.

이 누보는 일반적인 와인과는 제조법이 약간 다릅니다. 보통 레드와인은 포도를 으깨어 그 포도즙에 껍질과 씨를 함께 담가 알코올 발효시키죠. 그렇게 하여 씨와 껍질의 떫은맛(타닌)과 색소(안토시아닌)를 추출하는데, 그러려면 시간이 오래 걸려요.
그래서 누보는 수확한 포도를 으깨지 않고 커다란 탱크에 넣습니다. 그리고 이산화탄소(탄산가스)의 기류 속에 포도를 두면, 포도 자체가 세포 내 발효를 일으켜 점점 터집니다. 겉에서 으깨지 않고 안에서부터 터져서 색이 짙은 포도즙이 됐을 즈음에 껍질과 씨를 제거합니다. 그다음에 효모를 첨가하여 알코올 발효시키죠. 보졸레에서는 전통적으로 이산화탄소를 직접 주입하지 않고 자연히 발생하도록 합니다. 세로로 긴 커다란 스테인리스 탱크에 포도를 계속 넣으면, 아래에 있는 포도가 무게에 짓눌려 과즙이 흘러나오고 자연스럽게 발효가 시작되어 이산화탄소가 발생하는 거죠.

이렇게 양조한 와인의 특징은 껍질과 씨를 담그지 않았기 때문에 딸기사탕 같은, 과일맛이 강한 풍미를 지닙니다. 다만 장기 숙성에는 적합하지 않아요. 이탈리아에서도 독일에서도 이러한 새 술은 기본적으로 비슷하게 양조됩니다. 물론 보졸레 지구라고 해서 누보만 만드는 것이 아니라 일반적인 레드, 로제, 화이트와인도 양조합니다. 가메로 만든 매우 맛있

〈부르고뉴 전역·광역의 주요 A.O.C.〉

생산 지역	A.O.C.	레드	로제	화이트
전역	Bourgogne 부르고뉴	●	●	○
	Bourgogne Passe-Tout-Grains 부르고뉴 파스 투 그랭	●	●	
	Bourgogne Aligoté 부르고뉴 알리고테			○
	Coteaux Bourguignons 코토 부르기뇽	●	●	○
	Crémant de Bourgogne 크레망 드 부르고뉴		스파클링	스파클링
Auxerrois 오세루아	Bourgogne Côtes d'Auxerre 부르고뉴 코트 독세르	●	●	○
Beaujolais 보졸레	Bourgogne Gamay 부르고뉴 가메	●		
Yonne 욘	Bourgogne Tonnerre 부르고뉴 토네르			○
Hautes Côtes de Nuits 오트 코트 드 뉘	Bourgogne Hautes-Côtes de Nuits 부르고뉴 오트 코트 드 뉘	●	●	○
Hautes Côtes de Beaune 오트 코트 드 본	Bourgogne Hautes-Côtes de Beaune 부르고뉴 오트 코트 드 본	●	●	○
Côte Chalonnaise 코트 샬로네즈	Bourgogne Côte Chalonnaise 부르고뉴 코트 샬로네즈	●	●	○
Rhône 론(리옹 주변)	Coteaux du Lyonnais 코토 뒤 리오네	●	●	○

는 레드와인이나 샤르도네로 만든 화이트와인도 존재하니 참고로 알아 두세요.

 이상으로 부르고뉴 각 지구의 A.O.C.를 살펴봤어요. 여기서 전역·광역 A.O.C.에 대해 잠시 언급할게요. 전역·광역 A.O.C.는 그 토양의 주요 품종으로 양조되는데, A.C.부르고뉴의 레드와인은 주로 피노 누아를 사용합니다. 가격이 적당하면서도 그 토양의 특성을 느낄 수 있으니, 각 지방을 배울 때 우선은 전역·광역 A.O.C.부터 마셔보면 어떨까요.

부르고뉴에서 기억해두면 좋은 프르미에 크뤼

 그럼 이제부터는 코트 드 뉘 지구와 코트 드 본 지구의 대표적인 프르미에 크뤼를 살펴볼게요. 부르고뉴의 33개 그랑 크뤼는 앞서 보았듯이 이 두 지구에 집중되어 있었죠. 그 정도로 훌륭한 밭이 집중된 지역이니 당연히 좋은 프르미에 크뤼(밭)도 많아요. 부르고뉴 전체에서는 프르미에 크뤼가 600개 이상 있는데, 그중에서도 알아두면 좋을 것만 골라보았어요.

 제브레 샹베르탱 마을에서는 클로 생 자크. 그리고 아래에서 두 번째의 레 카즈티에, 가장 아래의 샹포. 이 3개는 꼭 알아두었으면 하는 프르미에 크뤼예요. 모레 생 드니 마을에서는 레 뤼쇼. 샹볼 뮈지니 마을에서는 레 자무뢰즈(이 와인은 그랑 크뤼에 버금가는 가격이에요). 본 로마네 마을에서는 레 쉬쇼와 레 숌을 체크해 두세요.

〈코트 드 뉘 지구의 대표적인 프르미에 크뤼〉

마을 이름 A.O.C.	Premier Cru A.O.C.
Fixin 픽생	Clos de la Perrière 클로 드 라 페리에르
	Clos du Chapitre 클로 뒤 샤피트르
	Hervelets 에르블레
	Clos Napoléon 클로 나폴레옹
	Arvelets 아르블레
Gevrey-Chambertin 제브레 샹베르탱	◆ Clos Saint-Jacques 클로 생 자크
	La Perrière 라 페리에르
	Aux Combottes 오 콩보트
	Bel Air 벨 에르
	Clos du Chapître 클로 뒤 샤피트르
	◆ Les Cazetiers 레 카즈티에
	◆ Champeaux 샹포
Morey-Saint-Denis 모레 생 드니	◆ Les Ruchots 레 뤼쇼
	Les Millandes 레 미앙드
	Clos des Ormes 클로 데 조름
Chambolle-Musigny 샹볼 뮈지니	◆ Les Amoureuses 레 자무뢰즈
	Les Charmes 레 샤름
	Les Cras 레 크라
	Aux Combottes 오 콩보트
Vougeot 부조	Les Petits Vougeots 레 프티 부조
	Le Clos Blanc 르 클로 블랑
	Les Crâs 레 크라
	Clos de la Perrière 클로 드 라 페리에르
Vosne-Romanée 본 로마네	Les Gaudichots 레 고디쇼
	Aux Malconsorts 오 말콩소르
	Les Beaux Monts 레 보 몽
	◆ Les Suchots 레 쉬쇼
	Clos des Réas 클로 데 레아
	◆ Les Chaumes 레 숌
Nuits-Saint-Georges 뉘 생 조르주	Les Saint-Georges 레 생 조르주
	Les Vaucrains 레 보크랭
	Les Cailles 레 카유
	Aux Boudots 오 부도
	Les Pruliers 레 프륄리에
	La Richemone 라 리슈몬
	Aux Cras 오 크라
	Clos des Grandes Vignes 클로 데 그랑드 비뉴
	Aux Perdrix 오 페르드리

덧붙이자면 다른 '마을'인데도 같은 이름의 프르미에 크뤼가 있어요. 예를 들어 레 샤름은 샹볼 뮈지니 마을에도 뫼르소 마을에도 있는데, 단지 이름만 같을 뿐 전혀 관계가 없어요. 사람으로 비유하자면 성은 다르고 이름이 같은 느낌이에요.

다음은 코트 드 본 지구의 대표적인 프르미에 크뤼예요. 포마르 마을에서는 레 그랑 제프노, 볼네 마을에서는 레 카유레가 유명해요. 그리고 뫼르소 마을. 이 4개는 반드시 기억하세요! 페리에르, 샤름, 주느브리에르, 레 구트 도르. 생 토뱅 마을에서는 레 콩브. 이 와인도 유명합니다. 퓔리니 몽라셰 마을에서는 레 퓌셀, 레 카유레, 레 폴라티에르, 샹 카네. 샤사뉴 몽라셰 마을에서는 카유레, 모르조, 레 샹 갱, 레 슈네보를 추천합니다.

프르미에 크뤼 등급이면 상당히 좋은 맛을 즐길 수 있으니, 프르미에 크뤼를 집에서 마실 때 지금 체크한 와인들을 마셔본다면 매우 흥미로울 거예요.

환경의 영향을 많이 받는 샤르도네

이상으로 부르고뉴 지방에 대해 알아보았습니다. 무슨 지구가 있고, 무슨 마을이 있고, 무슨 밭이 있는지 A.O.C.를 자세히 살펴봤는데 어떠셨나요? 일반적인 와인 강의라면 여기까지 하겠지만, 부르고뉴는 각 마

〈코트 드 본 지구의 대표적인 프르미에 크뤼〉

마을	Premier Cru
Ladoix-Serrigny 라두아 세리니	La Micaude 라 미코드
	Hautes Mourottes 오트 무로트
Aloxe-Corton 알록스 코르통	Les Chaillots 레 샤요
	Les Paulands 레 폴랑
Pernand-Vergelesses 페르낭 베르줄레스	Les Fichots 레 피쇼
	En Caradeux 앙 카라되
Savigny-lès-Beaune 사비니 레 본	Aux Gravains 오 그라뱅
	Les Haut Marconnets 레 오 마르코네
Beaune 본	Clos des Mouches 클로 데 무슈
	Aux Cras 오 크라
	Clos du Roi 클로 뒤 루아
Pommard 포마르	◆ Les Grands Epenots 레 그랑 제프노
	Clos de la Commaraine 클로 드 라 코마렌
Volnay 볼네	◆ Caillerets 카유레
	Clos de la Barre 클로 드 라 바르
Monthélie 몽텔리	Les Riottes 레 리오트
	Le Cas Rougeot 르 카 루조
Meursault 뫼르소	◆ Perrières 페리에르
	◆ Charmes 샤름
	◆ Genevrières 주느브리에르
	◆ Les Gouttes d'Or 레 구트 도르
Saint-Aubin 생 토뱅	◆ Les Combes 레 콩브
	Les Champlots 레 샹플로
Auxey-Duresses 오세 뒤레스	Clos du Val 클로 뒤 발
	Reugne 뢰뉴
Puligny-Montrachet 퓔리니 몽라셰	Les Combettes 레 콩베트
	◆ Les Pucelles 레 퓌셀
	◆ Les Caillerets 레 카유레
	◆ Les Folatières 레 폴라티에르
	Clavaillon 클라바용 / Clavoillon 클라부아용
	◆ Champ Canet 샹 카네
Chassagne-Montrachet 샤사뉴 몽라셰	Les Grandes Ruchottes 레 그랑드 뤼쇼트
	◆ Morgeot 모르조
	Cailleret 카유레
	Les Champs Gains 레 샹 갱
	◆ Les Chenevottes 레 슈네보
Santenay 상트네	Beauregard 보르가르
	Passetemps 파스탕

을이 지닌 '맛의 특징'이 워낙 다르기에 조금 더 해설하고자 합니다. 처음에 이야기했듯이 마을마다 지닌 맛의 차이(그 와인이 그 마을의 테루아를 얼마나 반영하고 있는지)를 아는 것이 부르고뉴 와인을 이해하는 핵심입니다.

우선 화이트와인을 볼게요. 샤르도네는 전 세계의 와인 산지에서 키우는(재배하기 쉬운) 청포도 품종인데 원래 부르고뉴가 원산지예요. 샤르도네에 가장 적합한 산지가 부르고뉴죠. 샤르도네의 장점이 가장 잘 발휘되는 냉랭한 기후와 석회질 토양 덕분에, 미네랄 느낌과 섬세하고도 품위 있게 과일맛이 나는 와인이 됩니다. 샤르도네는 본래 지닌 개성이 적은 품종이어서 그 토양의 영향이나 생산자의 개성이 매우 잘 표현돼요. 따라서 부르고뉴 안에서도 북부, 중부, 남부의 화이트와인의 맛이 뚜렷하게 다릅니다.

북부, 중부, 남부 각각 맛이 다르다

우선 북부의 샤블리 지구를 볼까요. 앞서 이야기했듯이 조가비 화석 등을 많이 함유한 키메리지앙 토양이어서, 여기에서 양조되는 와인은 해초나 조가비를 연상시키는 풍부한 미네랄 느낌, 풋사과나 레몬 같은 날카롭고 산뜻한 산미, 목 넘김이 좋은 깔끔한 맛이 특징이에요. 물론 샤블리 지구의 모든 샤르도네에 풋사과나 레몬의 뉘앙스가 들어 있지는 않지만, 전반적으로 이런 맛의 화이트와인으로 완성되는 경향이 있어요. 마신 뒤의 여운은 바다의 미네랄 같은 짠맛이나 쓴맛, 나쁜 의미의 쓴맛이 아니라 와인에 감칠맛을 주는 좋은 의미의 쓴맛이 제대로 퍼집니다.

다음은 중부로 가볼게요. 코트 드 본 지구에서는 섬세한 산미와 백도나 서양배 같은 맛의 와인이 만들어집니다. 백도를 떠올리면 알 수 있듯이 복숭아의 부드러운 달콤한 향기와 함께 산미도 가득해요. 이 뉘앙스가 코트 도르에서 재배되는 샤르도네에 잘 표현됩니다. 그리고 코트 드 본 지구에서는 전통적으로 와인을 숙성시킬 때 작은 오크통을 사용해요. 스테인리스 탱크가 아니라 오크통에서 발효·숙성시키므로, 복잡하고 묵직한 장기 숙성 타입의 화이트와인이 완성되죠.

그리고 남부의 마코네 지구. 남쪽으로 갈수록 기온도 오르고 포도도 잘 익어서 산미는 부드러워지고 백도보다는 황도 같은 뉘앙스가 납니다. 단맛이 있는 열대과일 같은 뉘앙스가 강해져요.

부르고뉴 화이트와인의 진수: 뫼르소, 퓔리니, 샤사뉴

앞서 코트 드 본 지구의 대표적인 화이트와인으로 꼽은 뫼르소, 퓔리니 몽라셰, 샤사뉴 몽라셰를 좀 더 살펴볼게요. 이 세 마을의 맛의 차이를 파악해두면 부르고뉴 화이트와인의 대체적인 골격이 완성되어 이해하기 쉬워집니다.

우선 뫼르소는 코트 드 본 지구에서 가장 큰 마을로, 세 마을 중에서는 제일 부드러우며 향기롭고 진한 느낌이에요. 헤이즐넛과 버터 등의 향이 독특하게 느껴지는 화이트와인이 많아요. 뫼르소의 화이트와인은 오크통에서 숙성되는 것이 많은데, 퓔리니나 샤사뉴에 비해 약간 진한 색이며 오크통의 뉘앙스도 확실히 살리는 스타일이에요. 그리고 앞서 이야기했듯이 이곳에는 그랑 크뤼가 없어요. 하지만 마을 이름 등급도 상당히 뛰어나며, 프르미에 크뤼로는 앞서 언급한 페리에르, 샤름, 주느브리에르가 특히 유명합니다.

남성으로 비유하면 이런 느낌?

Meursault
뫼르소

산미, 미네랄, 꽃, 과일의 뉘앙스 차이

퓔리니 몽라셰와 샤사뉴 몽라셰 모두 접해볼 기회가 많을 텐데요, 각 마을의 특징을 꼭 파악해두세요. 우선 퓔리니 몽라셰는 뫼르소와 샤사뉴에 비해 과일맛은 은은하고 강한 미네랄과 산미가 가득 찬 이미지예요. 가장 우아하고 섬세한 화이트와인으로 느껴집니다.

샤사뉴 몽라셰는 퓔리니의 남쪽에 있고 화이트와인이 유명하지만, 실은 레드와인의 생산량도 의외로 많아서 샤사뉴의 레드와인도 마실 기회가 있을 거예요. 저는 샤사뉴의 레드와인도 무척 좋아하고 추천합니다. 샤사뉴의 화이트와인은 백도나 서양배 같은 과일 향이 특징이며, 퓔리니 몽라셰에 비해 미네랄과 산미는 약간 둥그스름하고 순해요. 그래서 산미가 조금 순한 와인을 좋아하는 사람은 샤사뉴를 고르고, 산의 깨끗한 뉘앙스를 좋아하는 사람은 퓔리니를 선택하는 경향이 있어요.

Puligny-Montrachet
퓔리니 몽라셰

Chassagne-Montrachet
샤사뉴 몽라셰

만드는 사람의 인품과 와인 맛은 일치한다?

부르고뉴의 화이트와인을 마시다 보면 앞서 말한 세 마을의 화이트와인을 마실 기회가 많은데, 그날의 요리라든지 몸 상태나 기분 등을 고려하여 골라 마시곤 해요. 활기찬 날에는 '뫼르소로 할까' 하는 식으로요.

어제는 마침 샤사뉴 몽라셰를 마셨는데 제가 정말 좋아하는 생산자인 피에르 이브 콜랭(Pierre Yves Colin)이 만든 화이트와인이었어요. 피에르 이브는 마르크 콜랭이라는 유명한 생산자의 아들인데, 아버지에게서 독립하여 지금은 자기 도멘을 운영하고 있어요. 그의 동생과 여동생들은 아버지 밑에서 일하고 있다고 해요.

아버지인 마르크 콜랭의 화이트와인은 레스토랑의 와인 리스트에서 볼 기회가 많으니 기회가 된다면 한번 마셔보세요. 이 생산자는 샤사뉴뿐 아니라 뫼르소와 퓔리니도 만드는데 정말 맛있어요. 그리고 생 토뱅도 양조합니다. 부르고뉴의 생산자는 여러 (마을의) 밭에서 각각의 A.O.C.를 만드는데, 아들인 피에르 이브 콜랭이 만드는 와인은 오크통의 구수한 향기를 더 살린다는 점이 특징이에요. 이 분은 만날 때마다 늘 매너 좋은 신사이기도 하죠.

하지만 부르고뉴의 와인 생산자는 보통 더 소박한 이미지를 가지고 있어요. 제가 정말 좋아하는 생산자인 도멘 라모네(Domaine Ramonet)의 오너를 저는 라모네 할아버지라고 부르는데요. 그분은 자신이 도매하는 와인 가게에서 늘 선 채로 와인을 마셔요. 그래서 대개 반년에 한 번 정도는 와인

가게에서 우연히 마주치곤 해요. 밭에서 일하다가 바로 온 차림에 늘 장화를 신고 있고 체격도 다부지고…… 이런 사람이 부르고뉴에는 많아요.

반면 앞서 이야기한 피에르 이브 콜랭은 빳빳하게 잘 다린 셔츠에 청바지를 즐겨 입고, 와인을 데귀스타시옹(Degustation)하는 살롱, 즉 테이스팅하게 해주는 방도 깔끔하게 갖추고 그림도 장식해두는 등 모던한 센스가 좋은 분이죠.

실제로 여러 도멘에 가보면 그 와인이 지닌 맛의 특징이 도멘에도 오롯이 드러나는 것이 느껴지기도 해요. 폭신한 풍미의 와인은 생산자의 성격이나 외모도 꽤 둥글둥글하지만, 피에르 이브처럼 모든 것을 깔끔하게 갖춘 사람은 와인 맛도 빈틈이 없어요. 만드는 사람의 성격과 와인의 맛은 꽤 많은 부분 일치하는 것 같아요.

부모로부터 자식에게 대를 이어 전수되는 와인 양조

부르고뉴의 와인 양조는 기본적으로 부모로부터 자식에게 대를 이어 전수됩니다. 아무래도 밭을 소유하고 포도를 직접 기르기 때문에 좀처럼 팔거나 사지 못해요. 그래서 아이들은 필연적으로 밭을 물려받아 와인을 양조하는 운명을 타고 납니다. 어렸을 때부터 집의 일을 도우면서 할아버지, 아버지에게 양조를 배우죠.

하지만 요즘의 젊은 30대 양조가들은 그렇게 집에서 배우다가 '한번 바깥도 보고 오자'라는 생각으로, 자신이 존경하는 양조가 밑에서 연수를 하거나 대학에서 양조학을 기초부터 배워서 자기 집에서 하던 방식을 조금씩 바꿔나가는 사람도 많다고 해요. 예전부터 부르고뉴는 전반적으로 농가의 이미지가 강해서 고등학교를 졸업하고 그대로 일하는 사람들이 많았지만, 최근에 대를 잇는 사람들은 꽤 다른 시도를 하고 있는 것 같아요.

레드와인 최고의 마을 세 곳: 제브레 샹베르탱, 샹볼 뮈지니, 본 로마네

다음으로 레드와인을 살펴볼게요. 특히 제브레 샹베르탱, 샹볼 뮈지니, 본 로마네. 이 세 마을의 와인 맛의 차이는 꼭 파악했으면 해요.

우선 제브레 샹베르탱은 석회암에 점토와 산화철을 많이 함유한 토양에서 자란 포도가 골격이 단단하고, 흙과 스파이스 향이 강하며, 타닌이

여성으로 비유하면 이런 느낌?

Gevrey-Chambertin
제브레 샹베르탱

풍부한 남성적인 인상의 장기숙성형 레드와인으로 완성됩니다. 제브레 샹베르탱은 밭의 면적도 넓어서 코트 도르에서 가장 많은 9개의 그랑 크뤼가 있는 것은 물론, 앞서 체크한 프르미에 크뤼(클로 생 자크, 레 카즈티에로 대표되는 훌륭한 1등급밭)도 많아서 우량생산자가 다수 모여 있어요. 고기 요리(특히 비둘기 구이 등)에 어울리는 스파이시한 뉘앙스의 부르고뉴가 마시고 싶다면, 제브레 샹베르탱이 매우 좋습니다.

그다음은 샹볼 뮈지니입니다. 남성적인 제브레 샹베르탱에 비해 섬세한 여성적인 와인을 만드는 마을이라고 해요. 피노 누아 품종은 작은 베리 같은 붉은 열매의 뉘앙스와 향이 특징인데, 샹볼 뮈지니 마을에서 이 특징이 가장 뚜렷이 드러난다고 해요. 타닌도 미세하며 부드러워서, 이곳의 와인은 여성적이라고들 합니다.

마지막으로 본 로마네입니다. 로마네 콩티나 라 타슈, 리슈부르 등의 대표적인 그랑 크뤼를 봐도 알 수 있듯이 가장 화려하고 관능적인 와인

Vosne-Romanée
본 로마네

Chambolle-Musigny
샹볼 뮈지니

을 잘 만드는 마을로 알려져 있어요. 와인의 어떤 점이 관능적인지는 아무래도 주관이 들어가기 때문에 설명하기 어려운데, 실제로 이 세 마을을 비교하여 마셔보면 아마 그 뉘앙스를 얼추 이해할 수 있을 거예요. 샹볼 뮈지니가 '섬세하고 여성적이며 화려하고 매력적인 느낌'이라면, 본 로마네는 '음, 확실히 관능적이네', 제브레 샹베르탱을 마시면 '확실히 남자답군'이라고 느껴지는 차이를 부디 경험해보세요. 단번에 알기 쉬운 차이는 아니지만 의식하면서 마시면 점점 그 차이가 보이게 될 거예요. 본 로마네는 제브레 샹베르탱에 비해 흙의 뉘앙스나 골격의 단단함이 없고 엘레강스와 피네스(우아함)가 전면에 두드러지며, 샹볼 뮈지니에 비해서는 바디감이 두텁고 더 강한 이미지가 특징입니다.

돈가스에 어울리는 화이트와인

마지막으로 부르고뉴의 전통 요리를 이야기해볼게요. 앞서 이야기한 본의 비스트로 '마 퀴진'의 메뉴에도 전통 요리가 많은데, 예를 들어 잠봉 페르시에(Jambon Persillé, 햄과 파슬리를 젤라틴으로 굳힌 요리)에는 부르고뉴 남쪽의 약간 부드러운 화이트와인이나 가벼운 레드와인이 잘 맞아요.

또한 유명한 달팽이 요리인 '에스카르고(Escargots à la Bourguignonne)'도 실은 부르고뉴의 전통 요리예요. 파슬리와 잘게 썬 마늘을 섞어 반죽한 '에스카르고 버터'를 듬뿍 묻혀 먹는 것이 일반적인데, 여기에는 깔끔한 샤블리를 함께하면 좋죠.

그 밖에 제가 좋아하는 요리로는 외프 앙 뫼레트(Oeuf en Meurette)가 있어요. 와인으로 만든 수란입니다. 푹 끓인 레드와인 안에 달걀이 하얗게 떠 있어서 솔직히 겉보기에는 그다지 맛있어 보이진 않지만, 소스에 버섯과 건포도가 들어있어서 뭐라 형용할 수 없는 맛이 입안에 번져요. 이 요리에는 코트 도르의 가벼운 레드와인(예를 들어 마르사네)가 어울리죠.

그리고 가장 전형적인 부르고뉴 요리는 바로 뵈프 부르기뇽(Boeuf Bourguignon)이에요. 프랑스 가정 요리를 대표하는 소고기 레드와인 스튜죠. 이 요리도 부르고뉴가 발상지라고 해요. 이 요리에는 소고기의 감칠맛에 뒤지지 않는 골격과 힘을 지닌 제브레 샹베르탱이 최고예요.

참고로 저는 평소 돈가스에 부르고뉴의 화이트와인(뫼르소나 샤사뉴)을 즐겨 마셔요. 고기 요리에 웬 화이트와인? 이라고 의아해할 수도 있겠지만, 돈가스 튀김옷의 고소함과 오크통에서 밴 구수한 토스트 향은 궁합이 대단해요. 등심 가스라면 비계의 단맛과 뫼르소나 샤사뉴가 풍기는 향기와의 마리아주도 즐길 수 있어요. 그야말로 와인이 쭉쭉 들어가는 궁합이죠(웃음). 샹볼 뮈지니같이 입에 닿는 느낌이 부드럽고 매력적인 레드와인은 된장이나 양념으로 구운 생선이나 닭 요리에도 잘 어울려요. 이처럼 와인을 먼저 떠올리고 메뉴를 생각해보는 것도 꽤 재미있는 공부가 됩니다.

이번 시간은 부르고뉴 지방을 공부해봤는데 어떠셨나요? 부르고뉴는 보르도와 함께 프랑스의 양대 고급 와인 산지 중 하나이자 세계 최고의 와인 산지예요. '샤토'라는 비교적 큰 단위로 여러 포도 품종을 아상블라주(조합)하여 와인을 만드는 보르도에 비해, 부르고뉴에서는 주로 '도멘'이라는 작은 단위로 피노 누아, 샤르도네라는 단일 품종으로만 각각 레드, 화이트와인을 만드는 것이 가장 큰 특징이죠. 단일 품종으로 만들기 때문에 마을이나 밭이 지닌 테루아의 차이나 빈티지의 특징을 얼마나 와인에 빚어내느냐에서 생산자의 실력이 드러납니다. 단지 와인이 맛있냐 아니냐 뿐 아니라 이러한 차이를 와인에서 발견하는 것이 부르고뉴 와인을 즐기는 방법 중 하나예요.

여담으로 '부르고뉴(Bourgogne)'를 영어로는 '버건디(Burgundy)'라고 하는데요. 프랑스 외의 외국인과 와인에 대해 이야기할 때는 '부르고뉴'라고 하기보다 '버건디'라고 하면 더욱 쉽게 소통할 수 있을 거예요. 자 그럼 오늘 수업은 여기까지예요. 오늘 저녁은 돈가스에 부르고뉴 와인을 마셔야겠어요.

제 3 장

보르도 지방

이번 시간에는 보르도 지방을 공부해볼게요. 보르도 지방은 보르도시를 중심으로 펼쳐진 대서양에 면한 지역으로, 부르고뉴 지방과 함께 양대 와인 산지입니다. 전 세계에서 가장 사랑받는 와인이 보르도 와인과 부르고뉴 와인이라 할 수 있죠.

보르도 와인의 맛의 특징은 뭐니 뭐니해도 '복합성과 강렬함'이에요. 장기 숙성이 가능한, 오래 재워두어야 매력이 꽃피는 레드와인이 다수 생산됩니다. 보르도 지방은 특히 '레드와인'의 이미지가 강한데, 실제로 생산량의 90% 가까이가 레드와인이에요. 또한 '5대 샤토'라는 말을 한 번쯤 들어본 적이 있을 텐데요. 무엇이 5대인지에 대해서도 앞으로 하나씩 이야기해보죠.

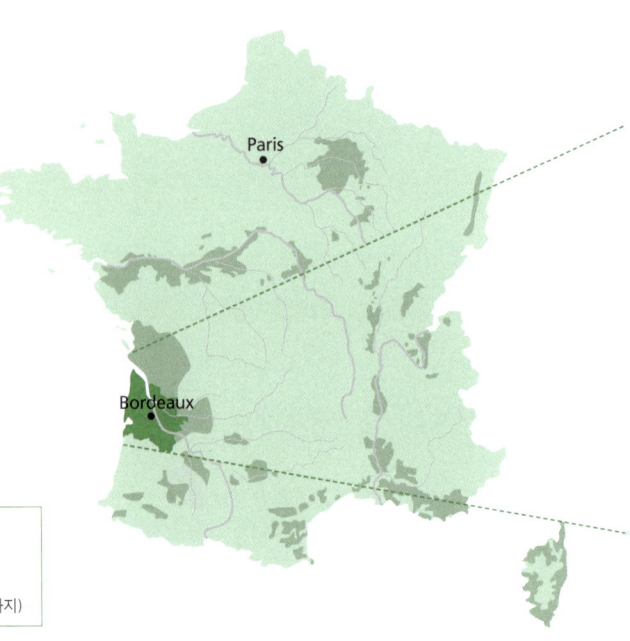

〈보르도 지방 개요〉

재배 면적	약 11만ha (거의 모두 A.O.C.와인)
연간 생산량	약 540만hl (레드와인이 대부분을 차지)

보르도에서 기억해야 할 또 하나의 포인트는 귀부와인입니다. 청포도에 귀부균이 달라붙어서 만들어지는 와인이죠. 포도 껍질에 구멍이 뚫려 열매의 수분이 증발하면 그대로 썩을 때도 있지만, 기온과 습도 등의 조건이 맞으면 포도 열매가 나무에 달린 채 건포도처럼 당분이 높은 포도(귀부포도)가 됩니다. 이 포도로 만든 스위트 와인을 귀부와인이라고 해요.

세계 3대 귀부와인 중 하나인 '소테른'이 양조되는 곳이 바로 보르도의 소테른 마을(A.C.소테른)입니다. 식후 디저트 와인으로는 물론이고 프렌치 레스토랑에서는 자주 푸아그라와 함께 서브하는데, 그중에서도 최고급

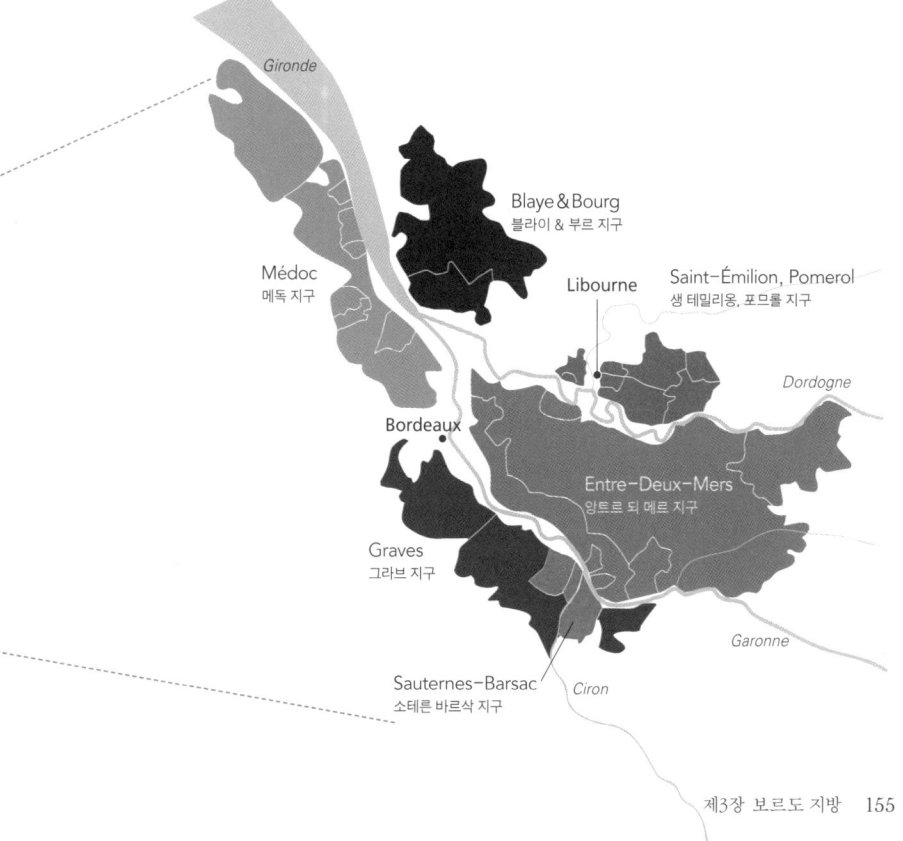

상표가 샤토 디켐(Château d'Yquem)이에요. 소테른이 보르도 지방에 있는 마을이라는 사실은 의외로 잘 모르는 사람이 많으니, 그런 지리적인 부분도 포함하여 공부해볼게요.

최고급 레드와인 산지: 메독 지구

우선 보르도 지방의 지도를 봐 주세요. 지롱드(Girond)강이라는 커다란 강이 대서양으로 흘러듭니다. 여기에 합류하는 2개의 지류인 도르도뉴(Dordogne)강과 가론(Garonne)강이 있어요. 우선 이 세 강의 이름과 위치를 기억해두세요. 이 지역을 이해하는 데 중요한 포인트예요.

보르도의 와인 생산 지구는 모두 강을 따라 있다는 점이 특징이에요. 그리고 강 우안과 좌안의 토양이 달라서 재배되는 포도 품종도 달라요. 보르도 와인을 이야기할 때는 어느 강의 우안인지 좌안인지를 파악하면 알기가 쉬워요*.

먼저 어떤 지구가 있는지 대략 살펴보죠. 우선 메독 지구. 위치는 지롱드강 좌안입니다. 여러분이 잘 아는 많은 고급 보르도 와인이 여기에서 만들어져요. 그중에서도 특히 상류에 있는 오 메독(Haut-Médoc)이 유명합니다. 상류의 오 메독 ❷과 하류의 메독 ❶을 합쳐 '메독 지구'라고 하는데, 이 오 메독 안에 있는 마을 중에 꼭 알아두었으면 하는 유명한 마을

---

* 상류에서 하류를 향하여 우측이 '우안', 좌측이 '좌안'이다.

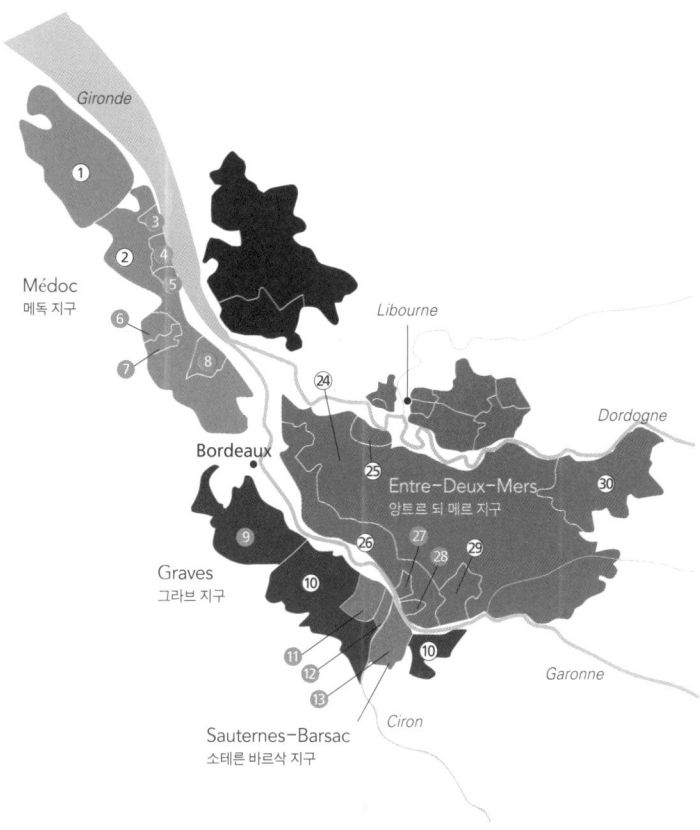

⟨Médoc 메독 지구⟩
① Médoc 메독
② Haut-Médoc 오 메독
❸ Saint-Estèphe 생 테스테프
❹ Pauillac 포이약
❺ Saint-Julien 생 쥘리앙
❻ Listrac-Médoc 리스트락 메독
❼ Moulis-en-Médoc 물리 앙 메독
❽ Margaux 마고

⟨Graves 그라브 지구⟩
❾ Pessac-Léognan 페삭 레오냥
⑩ Graves 그라브

⟨Sauternes-Barsac 소테른 바르삭 지구⟩
⓫ Cérons 세롱
⓬ Barsac 바르삭
⓭ Sauternes 소테른

⟨Entre-Deux-Mers 앙트르 되 메르 지구⟩
㉔ Entre-Deux-Mers 앙트르 되 메르
㉕ Graves de Vayres 그라브 드 베르
㉖ Cadillac Côtes de Bordeaux 카디약 코트 드 보르도
    Premières Côtes de Bordeaux 프르미에르 코트 드 보르도
㉗ Loupiac 루피악
㉘ Sainte-Croix-du-Mont 생트 크루아 뒤 몽
㉙ Côtes de Bordeaux Saint-Macaire 코트 드 보르도 생 마케르
㉚ Sainte-Foy Bordeaux 생트 푸아 보르도

(마을 이름 A.O.C.가 있는 마을)은 다음과 같습니다. 생 테스테프(Saint-Estèphe) ❸, 포이약(Pauillac)❹, 생 쥘리앙(Saint-Julien)❺, 리스트락-메독(Listrac-Médoc)❻, 물리 앙 메독(Moulis-en-Médoc)❼, 마고(Margaux)❽. 가장 상류에 있는 것이 그 유명한 마고 마을이에요. 샤토 마고가 생산되는 마을이죠.

시롱강이 귀부포도가 자라는 환경을 만든다:
그라브 지구와 앙트르 되 메르 지구

메독 지구의 남쪽에 보르도(Bordeaux)시가 있고, 그 남쪽의 가론강 좌안을 따라 펼쳐져 있는 곳이 그라브 지구예요. 그중에서 특히 알아두어야 할 마을이 페삭 레오냥(Pessac-Léognan)❾입니다. 이곳에서도 고급 레드와인이 양조됩니다.

그라브 지구 안에 세롱(Cérons) 마을⓫, 바르삭(Barsac) 마을⓬, 소테른(Sauternes) 마을⓭이 들어 있고, 이를 합쳐서 소테른 지구라고 하는데, 이들 마을에서는 귀부와인을 만듭니다. 여기에 시롱(Ciron)강이라는 작은 강이 흐르고 있죠. 이 강의 영향으로 주변 포도밭에 안개가 끼어 귀부균 생성에 필요한 온도와 습도를 형성합니다.

그리고 역삼각형 형태로 가장 면적이 큰 곳, 가론강와 도르도뉴강 사이에 끼어 있는 일대는 강과 강 사이에 있어서 이름이 앙트르 되 메르(영어로 between two seas)라고 해요. 두 바다에 끼어있는 곳이죠. 가론강 우안㉖~㉙과 도르도뉴강 좌안㉔,㉕,㉚에서 재배되는 포도는 품종도 전혀 다르고 와인의 타입도 전혀 달라요. 이런 점이 흥미로운 부분이죠.

그중에서도 루피악(Loupiac)㉗과 생트 크루아 뒤 몽(Sainte-Croix-du-Mont)㉘이라는 두 마을의 위치를 봐주세요. 여기도 시롱강의 영향을 받기 때문에 이곳 두 마을에서도 귀부와인이 양조됩니다.

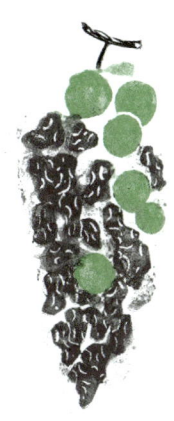

메독에 버금가는 최고급 레드와인 산지: 생 테밀리옹, 포므롤 지구

다음은 생 테밀리옹(Saint-Émilion) 지구로 가볼게요. 이곳은 보르도에서 오 메독 지구에 버금갈 정도로 유명한 지구예요. 그중에서도 생 테밀리옹 마을㉑과 포므롤(Pomerol) 마을⑲의 위치를 꼭 기억해두세요. 마지막으로 지롱드강 우안의 블라이 & 부르(Blaye&Bourg) 지구가 있습니다. 이렇게 보르도는 총 6개 지구로 구성되어 있어요. 대강의 위치를 머리에 넣어두고 이제부터 각 지구에서 어떤 와인이 만들어지는지 살펴보죠.

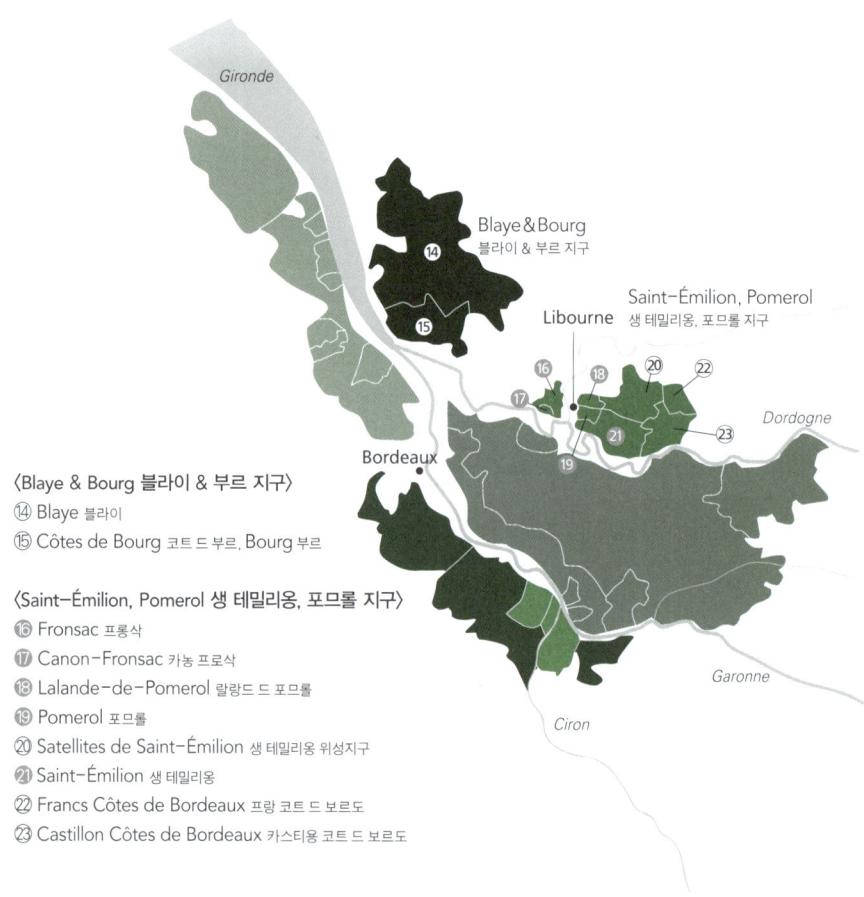

⟨Blaye & Bourg 블라이 & 부르 지구⟩
⑭ Blaye 블라이
⑮ Côtes de Bourg 코트 드 부르, Bourg 부르

⟨Saint-Émilion, Pomerol 생 테밀리옹, 포므롤 지구⟩
⑯ Fronsac 프롱삭
⑰ Canon-Fronsac 카농 프롱삭
⑱ Lalande-de-Pomerol 랄랑드 드 포므롤
⑲ Pomerol 포므롤
⑳ Satellites de Saint-Émilion 생 테밀리옹 위성지구
㉑ Saint-Émilion 생 테밀리옹
㉒ Francs Côtes de Bordeaux 프랑 코트 드 보르도
㉓ Castillon Côtes de Bordeaux 카스티용 코트 드 보르도

보르도 와인과 부르고뉴 와인의 결정적인 차이

보르도는 적포도의 재배 면적이 90%, 청포도는 단 10%입니다. A.O.C. 수는 부르고뉴의 100개에 비해 50개로 적지만, 프랑스 와인 산지 중에 A.O.C.의 재배 면적이 가장 큰 곳은 보르도예요. 즉 I.G.P.도 아니고 Vin 도 아닌, A.O.C. 수준의 '좋은 와인'을 가장 많이 생산하는 지방이 보르도죠(이곳에서 양조되는 대부분의 와인이 A.O.C.와인이며, I.G.P.와 테이블 와인은 그다지

만들지 않아요).

보르도는 부르고뉴와 함께 프랑스의 양대 와인 산지로 유명한데, 사실 이 두 곳은 와인 제조법에 결정적인 차이가 있어요. 부르고뉴에서는 레드와인은 피노 누아, 화이트와인은 샤르도네라는 단일 품종으로 양조하지만, 보르도는 여러 포도 품종을 블렌딩하여 레드와인과 화이트와인을 만들어요. 바로 이 점이 부르고뉴와 보르도의 가장 큰 차이점이에요.

'보르도의 레드와인'이라고 하면 "메를로와 카베르네 소비뇽 중 어느 쪽이죠?"라고 묻는 사람도 있는데, 정확히 말하면 '메를로를 메인으로 만들었는지, 카베르네 소비뇽을 메인으로 만들었는지' 묻는 거예요. 카베르네 소비뇽을 메인으로 만든 와인에도 메를로가 들어있거나 카베르네 프랑, 프티 베르도(Petit Verdot)라는 품종이 들어있기도 해요. 카베르네 100%인 5대 샤토는 기본적으로 없으며 다른 포도 품종도 섞여 있죠[*1]. 보르도 와인은 아상블라주(블렌딩)하여 양조된다는 사실을 꼭 기억해두세요[*2].

[*1] 아주 드물게 카베르네 소비뇽 100%인 빈티지도 있다. 예를 들어 1961년 샤토 라피트 로칠드 등.
[*2] 생산자에 따라 블렌딩하는 시기는 다르다. 예를 들어 오크통 숙성을 시작하기 전에 블렌딩하는 사람도 있는가 하면, 숙성이 끝나고 병입할 때 블렌딩하는 사람도 있다.

각 지방에 따라 병의 형태가 다르다

샤토와 도멘, 생산자와 포도밭의 관계

부르고뉴에서는 포도 재배와 와인 양조를 다 하는 생산자를 '도멘(Domaine)'이라고 부르고, 보르도에서는 '샤토(Château)'라고 해요. 샤토는 프랑스어로 '성(城)'이라는 뜻인데, 보르도의 생산자는 '샤토 ○○'라는 이름이 많아요. 부르고뉴의 도멘과 보르도의 샤토는 같은 뜻으로 생각해도 되지만, 아무래도 샤토가 (이름에서도 상상할 수 있듯이) 좀 더 규모가 큰 느낌이죠. 부르고뉴처럼 가족이 경영하는 생산자도 있지만, 대형 샤토는 영업 담당도 있고 회사에 가까운 형태예요.

'코망드리 드 보르도(commanderie de bordeaux)'라고 하는, 보르도 와인을 일본에 보급하기 위한 단체가 있는데, 이 단체가 주최하는 모임 중 하나로 20~30개 샤토의 관계자를 초대하는 와인 모임이 있어요. 이런 모임에도 샤토 오너의 가족이 오기도 하고 영업 담당자만 참석하기도 하는 등 가지각색이에요. 참고로 저도 이 모임에 참석한 적이 있는데요, 그날 모임 마지막 행사로 자선 와인 경매가 있었어요. 20만 원, 30만 원…… 경쟁에 따라 와인 가격이 점점 올라가고 낙찰이 되면 돈을 기부하는 거였는데, 저도 낙찰받고 싶은 와인이 2개나 있어서 결국 마지막에 가위바위보로 둘 다 낙찰받았죠(웃음). 물론 그 와인 자체가 갖고 싶기도 했지만, 그보다는 거기에 딸린 디너를 포함한 샤토 숙박권이 매력적이었어요. 보르도의 샤토 중에는 살롱이나 숙박 시설을 함께 갖춘 곳이 꽤 있거든요. 낙찰을 받았던 또 하나의 와인에는 그 샤토가 있는 지구에서 여러 샤토 오너들이 6월에 개최하는 대형 와인 행사에 참석할 수 있는 권리가 걸려 있었죠.

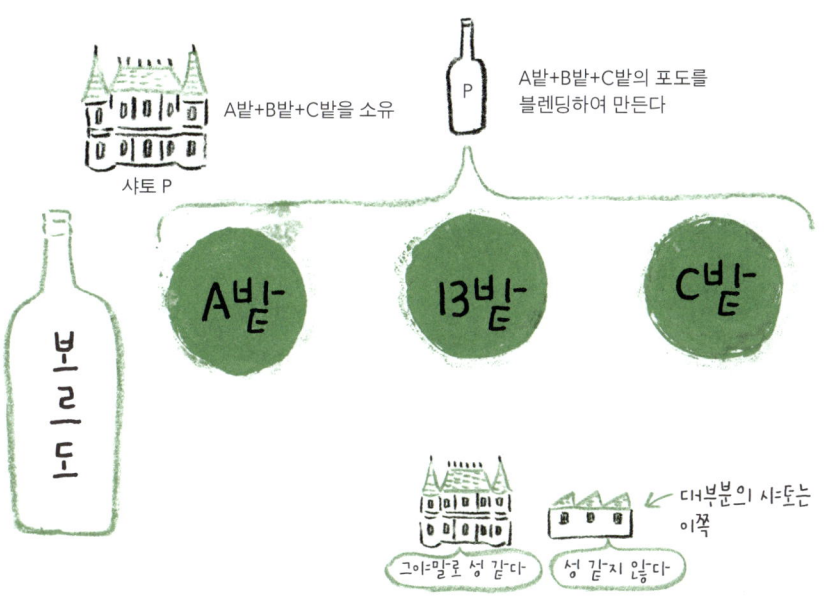

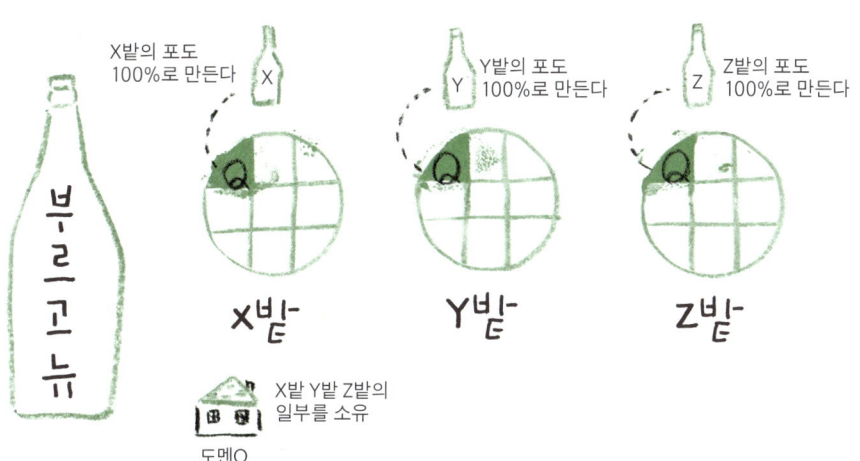

제3장 보르도 지방

〈보르도 지방의 주요 품종〉

청포도	세미용, 소비뇽 블랑, 뮈스카델
적포도	메를로(생산량 최다), 카베르네 소비뇽, 카베르네 프랑, 말벡, 프티 베르도

그럼 이제부터 보르도에서 재배되는 포도 품종을 잠시 살펴볼게요.

청포도는 간단해요. 위의 표에 적힌 이 3종으로 대부분의 보르도 와인을 만든다고 생각해도 됩니다. 먼저 귀부와인을 만들기 위한 세미용. 물론 귀부와인을 만들 때만 쓰는 것은 아니고, 일반적인 드라이 화이트 와인도 세미용으로 양조됩니다. 다음은 소비뇽 블랑이에요. 소비뇽 블랑은 루아르 지방의 대표 품종인데, 보르도의 소비뇽 블랑과 루아르의 소비뇽 블랑은 맛이 전혀 달라서 무척 흥미로워요. 보르도의 소비뇽 블랑은 오크향을 살린 것도 많고 전체적으로 꽉 찬 진한 느낌이에요. 루아르산은 산도의 뉘앙스가 산뜻하고 더 가벼운 인상이고요.

적포도로는 메를로를 들 수 있어요. 프랑스에서 재배되는 포도 품종 중 가장 재배 면적이 넓고, 특히 보르도에서도 생산량이 가장 많아요. 이어서 카베르네 소비뇽과 카베르네 프랑 순입니다.

밭에 등급을 매기는 부르고뉴, 샤토에 등급을 매기는 보르도

저번 시간에 이야기했듯이 부르고뉴에서는 밭 하나하나에 '지방 이름', '마을 이름', '1등급밭(프르미에 크뤼)', '특등급밭(그랑 크뤼)'으로 세세하게 등급을 매겨 놓았어요. 그래서 부르고뉴의 A.O.C. 수는 100개나 있죠. 그에 비해 보르도는 50개예요. 보르도는 부르고뉴처럼 밭 하나하나에 등급을 매기지 않아요. 샤토가 여러 밭을 소유하고 그 여러 밭의 서로 다른 포도를 블렌딩하여 만들기 때문에, 밭 단위로 등급을 매길 이유가 없었어요.

보르도의 A.O.C.는 아래 표와 같은 형태입니다. 가장 아래가 '지방 이름(Générale)' 와인(예를 들어 A.C.보르도), 가운데가 '지구 이름(Régionales)' 와인(예를 들어 A.C.메독), 가장 위가 '마을 이름(Communales)' 와인(예를 들어 A.C.마고)이라는 세 단계예요. 다만 가장 위의 'A.C.○○ 마을' 와인도 생산자(샤토)가 다양하며, 각 샤토는 그 마을에 있는 여러 밭의 포도를 블렌딩하여 와인을 만듭니다. 동일한 'A.C.○○ 마을'이라고 해도 와인의 맛이 제각각이에요. 엄청 좋은 와인도 있는가 하면 그렇지 않은 와인도 있어요.

그래서 보르도 사람들은 그 ○○ 마을에 있는 샤토에 등급을 매겼어요. 부르고뉴에서는 도멘에는 등급을 매기지 않아요. 어디까지나 '밭'에 등급을 부여합니다. 그런데 보르도에서는 '밭'이 아니라 '샤토'에 등급을 매겼어요. 이것 역시 부르고뉴는 '단일 밭 포도 100%'로 만들고 보르도는 '여러 밭의 포도를 섞어' 만드는 양조법의 차이에서 비롯되었죠. 샤토의 등급은 지구마다 매겨졌는데, 다만 모든 지구에서 시행한 것이 아니라 등급이 매겨진 곳은 메독 지구, 그라브

지구, 소테른 바르삭 지구, 생 테밀리옹 지구의 4곳뿐입니다.

본격적으로 등급을 이야기하기 전에 우선 각 지구의 A.O.C.에 대해 이야기해볼게요. 즉 어떤 마을(마을 이름 A.O.C.)이 있는지, 레드, 로제, 화이트, 귀부와인이 어디에서 어떻게 양조되는지, 각 지구의 이미지를 좀 더 확실히 그려보죠.

A.O.C. 메독 지구

먼저 메독①와 오 메독②이에요. 보르도 지방 전체가 해양성 기후여서 위도에 비해서는 온난한 편인데, 이 일대는 대서양에 가깝고 표고가 낮아서 기후가 특히 더 온난해요. 고급 와인은 오 메독에 집중되어 있다고 아까 이야기를 했었죠. 실제로 메독 지구에서 등급이 매겨진 샤토는 모두 오 메독 안에 있어요(한 가지 예외는 나중에 설명할게요).

메독 지구는 자갈이 많은 토양으로 물이 잘 빠져서 좋은 포도가 자라요. 그래서 자갈이 많은 토양을 좋아하는 카베르네 소비뇽이 많이 재배됩니다. A.C.메독과 A.C.오 메독에서 생산 가능한 와인의 색은 오로지 레드뿐이에요. 즉 메독 지구에서는 기본적으로 레드와인만 양조해야 한다고 규정되어 있어요. 화이트와인을 만들었다면 '마을 이름 A.O.C.'도 '지구 이름 A.O.C.'도 내걸 수 없어서, 가장 큰 범위인 'A.C.보르도'로만 라벨에 표기할 수 있죠.

이곳의 주요 품종은 카베르네 소비뇽이에요. 메독 지구의 와인(레드와인)은 카베르네 쇼비뇽이 메인이라는 점을 기억해둡시다. 이 지도에는 없지만 ❸~❽ 이외에도 많은 마을에서 와인이 양조됩니다. 다만 그 마을들에는 '마을 이름 A.O.C.'는 없어요. 메독 지구에서는 6개의 유명한 마을에만 '마을 이름 A.O.C.'가 존재합니다.

따라서 여섯 마을 이외의 마을은 '지구 이름 A.O.C.'(A.C.메독①, A.C.오메독②)를 쓰는데, 이 '지구 이름 A.O.C.'도 사용할 수 있는 '마을'이 정해

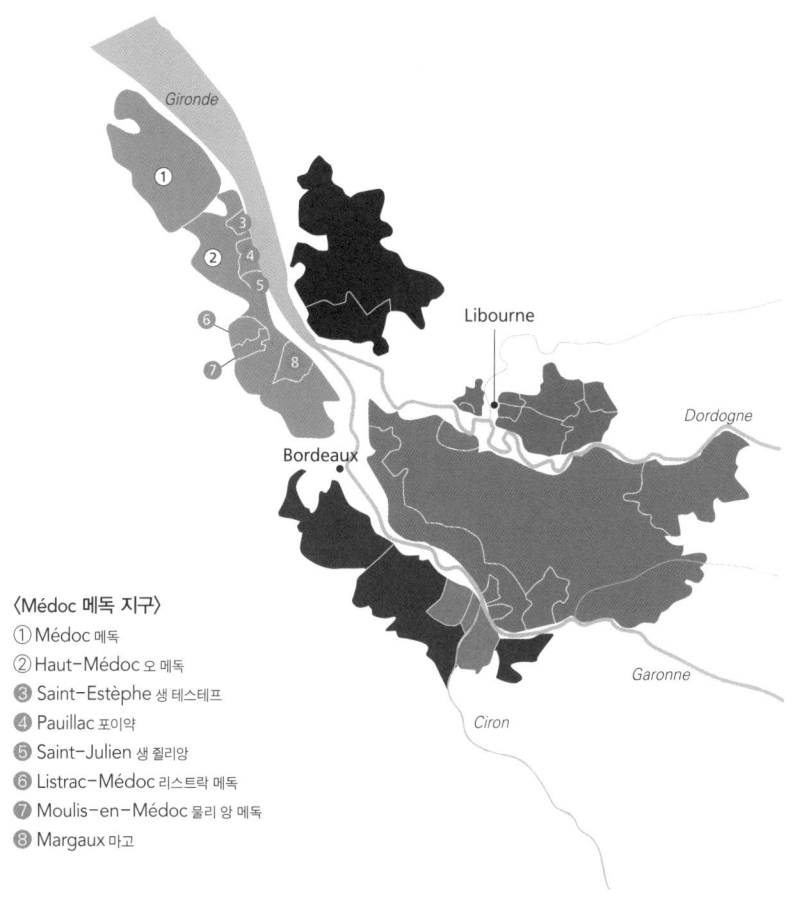

〈Médoc 메독 지구〉
① Médoc 메독
② Haut-Médoc 오 메독
❸ Saint-Estèphe 생 테스테프
❹ Pauillac 포이악
❺ Saint-Julien 생 쥘리앙
❻ Listrac-Médoc 리스트락 메독
❼ Moulis-en-Médoc 물리 앙 메독
❽ Margaux 마고

져 있어요. 'A.C.메독'를 내걸 수 있는 마을은 20개 정도, 'A.C.오 메독'를 내걸 수 있는 마을은 30개 정도예요. 예를 들어 뤼동(Ludon) 마을, 마코 (Macau) 마을, 생 로랑(Saint-Laurent) 마을 등이 있어요.

이들 마을에 각각의 '마을 이름 A.O.C.'를 쓰지 못하게 하고 'A.C.오 메독'를 내걸게 한 이유는 역시 '오 메독'이 수준도 높고 브랜드 영향력이 있기 때문이에요. 이렇게 보르도에서는 마을별로 어느 A.O.C.를 내걸 수 있는지가 명확히 정해져 있답니다.

그리고 보르도 와인을 말할 때 절대로 빼놓을 수 없는, 오 메독 지구에 있는 여섯 마을이 앞서도 언급한 바로 이 마을들입니다.

지구 이름 A.O.C.	마을 이름 A.O.C.	생산 마을	레드 로제 화이트
① Médoc 메독			●
② Haut-Médoc 오 메독			●
		Ludon 뤼동	
		Macau 마코	
		Saint-Laurent 생 로랑	
	❸ Saint-Estèphe 생 테스테프		●
	❹ Pauillac 포이약		●
	❺ Saint-Julien 생 쥘리앙		●
	❻ Listrac-Médoc 리스트락 메독		●
	❼ Moulis-en-Médoc 물리 앙 메독		●
	❽ Margaux 마고		●
		Arsac 아르삭	
		Cantenac 캉트낙	
〈메독 지구〉		Labarde 라바르드	
토양　　　　자갈이 많음(물이 잘 빠짐) 생산 가능한 색　레드만 주요 품종　　적포도: 카베르네 소비뇽		Margaux	
		Soussans 수상	

168

❸ Saint-Estèphe 생 테스테프

❹ Pauillac 포이약

❺ Saint-Julien 생 쥘리앙

❻ Listrac-Médoc 리스트락 메독

❼ Moulis-en-Médoc 물리 앙 메독

❽ Margaux 마고

좋은 보르도 와인을 마실 때는 라벨에 A.O.C.의 마을 이름이, 예를 들

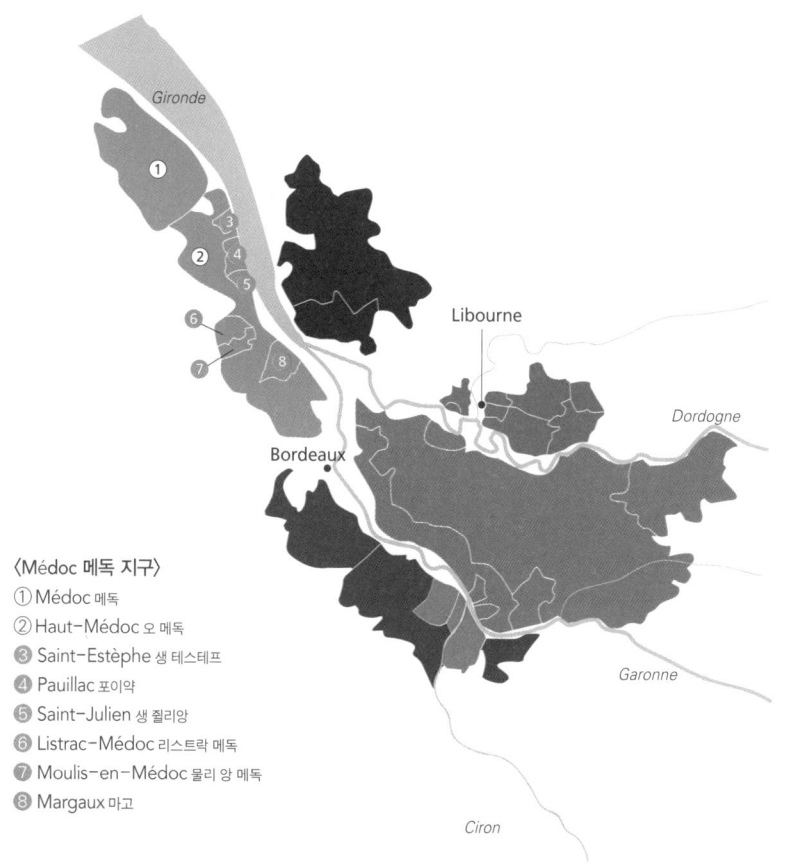

〈Médoc 메독 지구〉
① Médoc 메독
② Haut-Médoc 오 메독
❸ Saint-Estèphe 생 테스테프
❹ Pauillac 포이약
❺ Saint-Julien 생 쥘리앙
❻ Listrac-Médoc 리스트락 메독
❼ Moulis-en-Médoc 물리 앙 메독
❽ Margaux 마고

면 Appellation Saint-Estèphe Contrôlée라는 식으로 쓰여 있을 테니 적어도 이 여섯 마을을 꼭 알아두세요. '아, 생 테스테프 마을의 와인이다' '포이약 마을의 와인이다'라고 마을을 파악한 뒤 그 마을의 어느 샤토를 자신이 좋아하는지 살피면서 마시면, 그 마을(토양)과 각 생산자(샤토)에 따라 같은 카베르네 소비뇽을 메인으로 만든 와인도 맛이 상당히 다르다는 것을 느낄 수 있을 거예요.

마지막의 마고 마을은…… 사실은 'A.C.마고'를 내걸 수 있는 마을은 마고 마을 이외에도 있어요. 마고 마을 옆에 있는 아르삭(Arsac), 캉트낙(Cantenac), 라바르드(Labarde), 수상(Soussans). 이 네 마을은 'A.C.마고'라고 표기할 수 있어요(자기 마을 이름 A.O.C.는 없어요). 와인 업계에서 '마고'의 브랜드 영향력이 엄청나므로, '마고'를 내걸 수 있다면 사실 그러는 편이 좋겠죠(웃음). 대략 이런 형태로 메독 지구가 구성됩니다.

그나저나 여러분 혹시 메독 마라톤을 아시나요? 메독 지구에서 열리는 풀 마라톤인데, 다양한 샤토가 와인을 제공하며 마라톤을 뛰는 사람만 무료로 마실 수 있어요(웃음). 매년 뭔가 테마를 정하고, 그 테마에 맞는 분장을 하고 와인을 마시며 뜁니다. 전야제도 있는데 밤 10시에 시작해요. 이 행사에는 상당히 좋은 와인이 나오기 때문에 당연히 누구든 마시고 싶을 거예요. 다만 밤 10시에 마시고 다음 날 아침에 뛰어야 해요(웃음). 당연히 힘들겠죠. 참고로 이 마라톤 대회의 우승자에게는 본인 체중만큼의 보르도 와인을 선물로 준다고 하네요.

A.O.C. 그라브 지구

메독 지구에서 보르도시를 사이에 두고 남쪽으로 펼쳐져 있는 곳이 그라브 지구입니다. '그라브'는 프랑스어로 작은 돌이나 자갈이라는 뜻인데, 이름대로 자갈이 많은 토양이에요(메독 지구와 동일). 특히 그라브 북부(보르도시 바로 아래)에 있는 페삭 레오냥❾이 우량 산지입니다.

그라브 지구는 메독 지구와는 달리 레드와 화이트 모두 생산 가능해요. 화이트와인도 지구 이름 A.O.C.(A.C.그라브)를 쓸 수 있어요. 주요 품종으로는 적포도는 카베르네 소비뇽과 메를로, 청포도는 소비뇽 블랑과 세미용이 있습니다. 화이트와인의 생산량은 레드와인의 1/4 정도이지만, 다른 지구에 비하면 화이트와인을 많이 양조하는 편이에요.

그라브 지구에서 여러분이 꼭 알아두었으면 하는 마을은 두말할 필요

없이 페삭 레오냥❾이에요. 페삭 레오냥은 페삭 마을과 레오냥 마을, 탈랑스 마을, 마르니약 마을 등 여러 마을의 총칭(마을 이름 A.O.C.)인데, 혹시 라벨에 'A.C.페삭 레오냥(Pessac-Léognan)'이라고 쓰여 있다면 '좋은 레드와인(혹은 화이트와인)이네!'라고 생각하며 와인을 고를 수 있답니다. 보르도 시를 사이에 두고 북부의 마고❽와 남부의 페삭 레오냥❾. 위아래로 있는 이 두 마을의 위치를 꼭 파악해두세요.

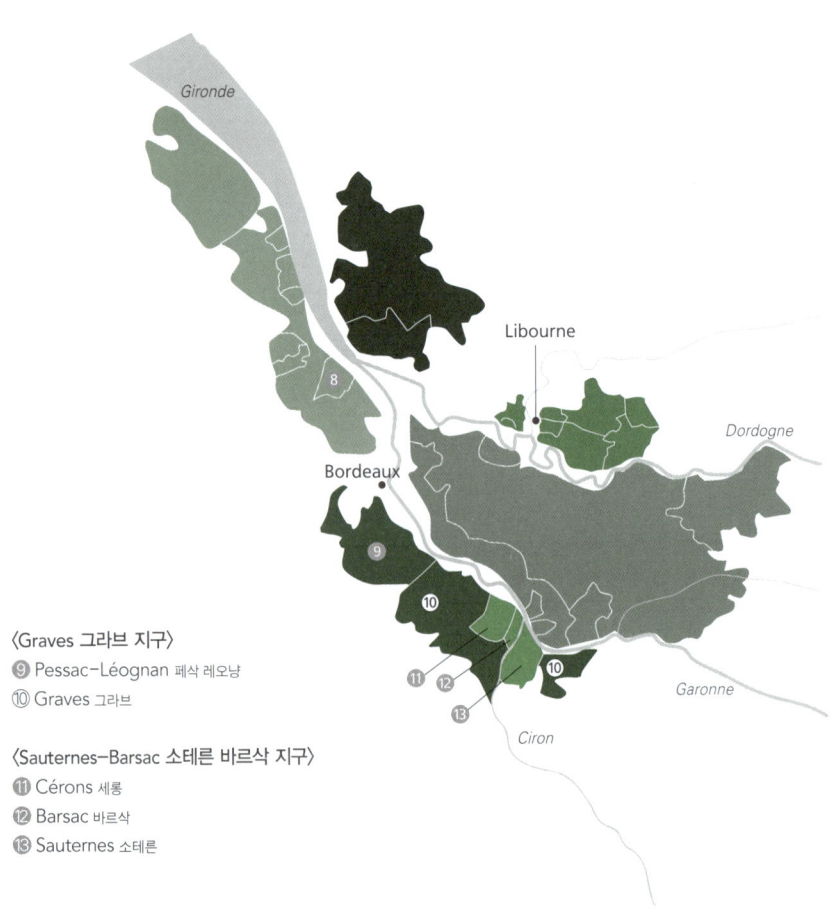

〈Graves 그라브 지구〉
❾ Pessac-Léognan 페삭 레오냥
❿ Graves 그라브

〈Sauternes-Barsac 소테른 바르삭 지구〉
⓫ Cérons 세롱
⓬ Barsac 바르삭
⓭ Sauternes 소테른

A.O.C. 소테른 & 바르삭 지구

그라브 지구 안에 또 하나 중요한 곳이 있는데, 바로 소테른(Sauternes) 마을❸과 바르삭(Barsac) 마을❷(합쳐서 소테른 바르삭 지구)이에요. 시롱강을 끼고 있는 이 일대는 귀부와인의 유명 산지입니다. 시롱강의 영향, 즉 수증기와 일교차 등 몇 가지 자연조건에 의해 강을 따라 있는 밭의 포도(청포도인 세미용)에 귀부균이 쉽게 생겨요. 세미용은 원래 포도 자체의 당도

지구 이름 A.O.C.	마을 이름 A.O.C.	생산 마을	레드	로제	화이트
⑩ Graves 그라브			●		○
Graves Supérieures 그라브 쉬페리외르					○ (세미 스위트)
	❾ Pessac-Léognan 페삭 레오냥		●		○
〈그라브 지구〉		Cadaujac 카도작			
		Léognan 레오냥			
		Martillac 마르티악			
토양: 자갈이 많음 생산 가능한 색: 레드·화이트(드라이·세미 스위트) 주요 품종: 청포도: 소비뇽 블랑, 세미용 / 적포도: 카베르네 소비뇽, 메를로		Pessac 페삭			
		Talence 탈랑스			
		Villenave-d'Ornon 빌나브 도르농			

	마을 이름 A.O.C.	생산 마을	레드	로제	화이트
	⓫ Cérons 세롱				귀부
	⓬ Barsac 바르삭	Barsac*1			귀부
	⓭ Sauternes 소테른				귀부
〈소테른 바르삭 지구〉		Barsac*1			
		Bommes*2 봄			
토양: 자갈이 많음 생산 가능한 색: 화이트(귀부)만 주요 품종: 청포도: 세미용		Fargues*2 파르그			
		Preignac*2 프낙			
		Sauternes			

※1 바르삭 마을은 A.C.Barsac과 A.C.Sauternes 중 하나를 표기할 수 있다.
※2 이 세 마을은 마을 이름 A.O.C.가 존재하지 않아서 A.C.Sauternes을 내걸 수 있다.

도 높은데 귀부화하면서 당도가 더 높은 포도가 되어 천연의 스위트 화이트와인이 완성되죠(대부분의 귀부와인은 세미용을 주로 사용하고 소비뇽 블랑은 아주 약간 들어 있어요).

A.O.C. 블라이 & 부르 지구

다음으로 지롱드강 우안의 블라이 & 부르 지구를 살펴볼게요. 이쪽으로 가면 토양이 점토질을 더 많이 함유하고 있어요. 블라이 & 부르 지구에서는 그라브 지구와 마찬가지로 레드와 화이트와인이 모두 생산됩니

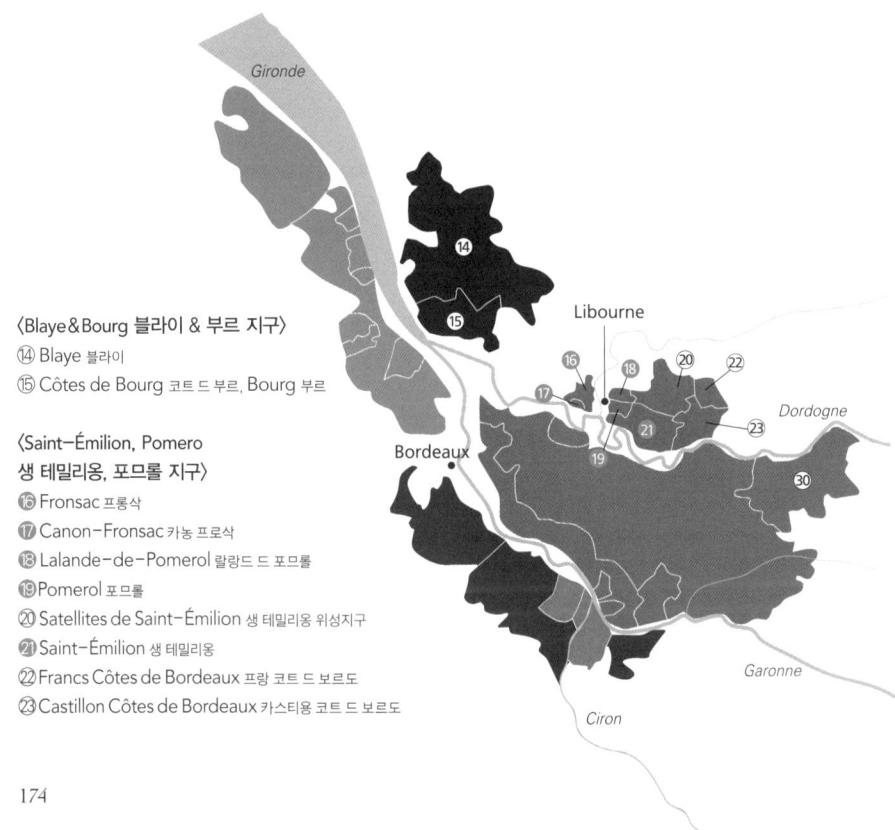

〈Blaye&Bourg 블라이 & 부르 지구〉
⑭ Blaye 블라이
⑮ Côtes de Bourg 코트 드 부르, Bourg 부르

〈Saint-Émilion, Pomero 생 테밀리옹, 포므롤 지구〉
⑯ Fronsac 프롱삭
⑰ Canon-Fronsac 카농 프롱삭
⑱ Lalande-de-Pomerol 랄랑드 드 포므롤
⑲ Pomerol 포므롤
⑳ Satellites de Saint-Émilion 생 테밀리옹 위성지구
㉑ Saint-Émilion 생 테밀리옹
㉒ Francs Côtes de Bordeaux 프랑 코트 드 보르도
㉓ Castillon Côtes de Bordeaux 카스티용 코트 드 보르도

다. 화이트와인은 소비뇽 블랑과 세미용(그라브 지구와 동일)을 쓰는데, 다만 세미용은 귀부와인이 아니라 일반적인 드라이 화이트와인으로 양조돼요. 적포도도 그라브 지구와 마찬가지로 메를로와 카베르네 소비뇽을 씁니다. 다만 순서상 메를로를 먼저 썼듯이 블라이 & 부르 지구에서는 메를로가 메인이에요.

지구/마을 이름	A.O.C.	레드	로제	화이트
Blaye 블라이	⑭ Blaye	●		
	Côtes de Blaye 코트 드 블라이			○
	Blaye Côtes de Bordeaux 블라이 코트 드 보르도	●		○
Bourg 부르	⑮ Côtes de Bourg 코트 드 부르, Bourg 부르	●		○

〈블라이 & 부르 지구〉

토양	점토질, 자갈
생산 가능한 색	레드 · 화이트
주요 품종	청포도: 소비뇽 블랑, 세미용 적포도: 메를로, 카베르네 소비뇽

〈생 테밀리옹 – 포므롤 지구〉

토양	점토석회질(생 테밀리옹) 점토질(포므롤)
생산 가능한 색	레드만
주요 품종	적포도: 메를로

지구/마을 이름	A.O.C.	레드	로제	화이트
㉑ Saint-Émilion 생 테밀리옹	Saint-Émilion	●		
	Saint-Émilion Grand Cru 생 테밀리옹 그랑 크뤼	●		
⑳ Satellites de Saint-Émilion 생 테밀리옹 위성지구	Lussac Saint-Émilion 뤼삭 생 테밀리옹	●		
	Montagne Saint-Émilion 몽타뉴 생 테밀리옹	●		
	Puisseguin Saint-Émilion 퓌스갱 생 테밀리옹	●		
	Saint-Georges Saint-Émilion 생 조르주 생 테밀리옹	●		
Pomerol 포므롤	⑲ Pomerol	●		
	⑱ Lalande-de-Pomerol 랄랑드 드 포므롤	●		
Fronsac 프롱삭	⑯ Fronsac	●		
	⑰ Canon-Fronsac 카농 프롱삭	●		
기타	㉓ Castillon Côtes de Bordeaux 카스티용 코트 드 보르도	●		
	㉒ Francs Côtes de Bordeaux 프랑 코트 드 보르도	●		○ (드라이, 스위트)

블라이 지구와 부르 지구에서는 세세한 마을 이름보다 라벨에 '블라이'라고 쓰여 있으면, '보르도의 저 부근에 있는 지구로, 메를로를 메인으로 사용하고 카베르네 소비뇽이 섞여 있는 레드와인'이라고 판단하면 됩니다.

A.O.C. 생 테밀리옹, 포므롤 지구

이어서 도르도뉴강 상류로 올라가면 우안에 생 테밀리옹(Saint-Émilion)-포므롤(Pomerol) 지구가 나와요. 대서양에서 멀어질수록 표고가 높아지기 때문에 이 근방은 약간 서늘하죠. 이 구역의 대표는 누가 뭐래도 생 테밀리옹(Saint-Émilion) 마을과 포므롤(Pomerol) 마을❶입니다. '보르도의 좋은 와인'이라고 하면 메독과 생 테밀리옹-포므롤이 일반적인 대답인데, 처음에 이야기했듯이 보르도에는 A.O.C.가 마을 이름 등급까지만 있어서 메독과 그라브, 소테른 바르삭, 생 테밀리옹은 스스로 독자적인 등급을 매겼어요. 이 4개 지구에서 정말 좋은 와인을 생산하기 때문이죠.

그런 보르도에서 가장 중요한 지구 중 하나가 생 테밀리옹이에요. 이곳 상류로 올라오면 토양이 주로 점토질입니다(거기에 자갈과 철이 함유되어 있어요). 주요 품종은 메를로, 생산 가능한 와인의 색은 레드뿐이죠.

보르도를 전체적으로 파악해보면 '좌안'은 자갈이 많고, '우안'이 점토질이 많다(덧붙여 말하면 하류가 자갈이 많고 상류로 갈수록 점토질이다)고 할 수 있어요. 물이 잘 빠지는 자갈이 많은 땅에서 잘 자라는 포도가 카베르네 소비뇽. 점토질에서 잘 자라는 포도가 메를로. 이렇게 생각하면 됩니다.

A.O.C.로는 '생 테밀리옹(Saint-Émilion)'이라는 이름이 들어가거나 '포므롤(Pomerol)'이라는 이름이 들어가요. 그리고 '프롱삭(Fronsac)'도 있어요. 오 메독 지구처럼 세세하게 마을 이름이 있지 않아서 라벨을 읽기 쉬울 거예요.

A.O.C. 앙트르 되 메르 지구

마지막으로 앙트르 되 메르 지구입니다. 이곳의 포인트는 도르도뉴강 좌안㉔㉕㉚과 가론강 우안㉖㉗㉘㉙에서 양조되는 와인이 다르다는 점, 그리고 보르도에서 화이트와인을 가장 많이 생산한다는 점이에요. 가볍고 캐주얼한 드라이 화이트와인의 산지입니다.

A.O.C.는 앙트르 되 메르 전역 A.O.C.(지구 이름 A.O.C.)가 있고, 그 안에 가론강 우안 A.O.C.와 도르도뉴강 좌안 A.O.C.가 있어요. 우안과 좌안에서 재배되는 포도 품종이 달라서 생산 가능한 색도 A.O.C.에 따라 상당히 달라요(전역 A.O.C.는 화이트만 해당됩니다). 보르도의 가벼운 느낌의 화이트와인을 양껏 마시고 싶다면, A.C.앙트르 되 메르가 꽤 괜찮은 선택입니다. 실패하는 경우가 적거든요.

루피악(Loupiac) 마을㉗과 생트 크루와 뒤 몽(Sainte-Croix-du-Mont) 마을㉘ 그리고 이 두 마을을 포함한 카디악(Cadillac)㉖은 앞서 말했듯이 가론강의 영향을 받는 일대여서 귀부와인이 양조돼요. 그중에서도 루피악 와인은 소테른 바르삭 지구의 귀부와인에 비해 가격이 적당한 것이 많아요. 따라서 루피악이나 생트 크루아 뒤 몽을 알아두면 합리적인 가격의 맛있는 귀부와인을 맛볼 수 있어요. 그리고 보르도 전역 A.O.C.로는 두말할 필요 없이 'A.C.보르도'가 있죠. 슈퍼마켓이나 편의점에서 파는 저렴한 가격의 보르도 와인은 대부분 이 A.O.C.예요. 많은 A.C.보르도의 레드와인이 앙트르 되 메르 지구에서 생산되고 있어요.

그런데 이렇게나 레드와인을 많이 생산하는 지구인데도 지구 이름

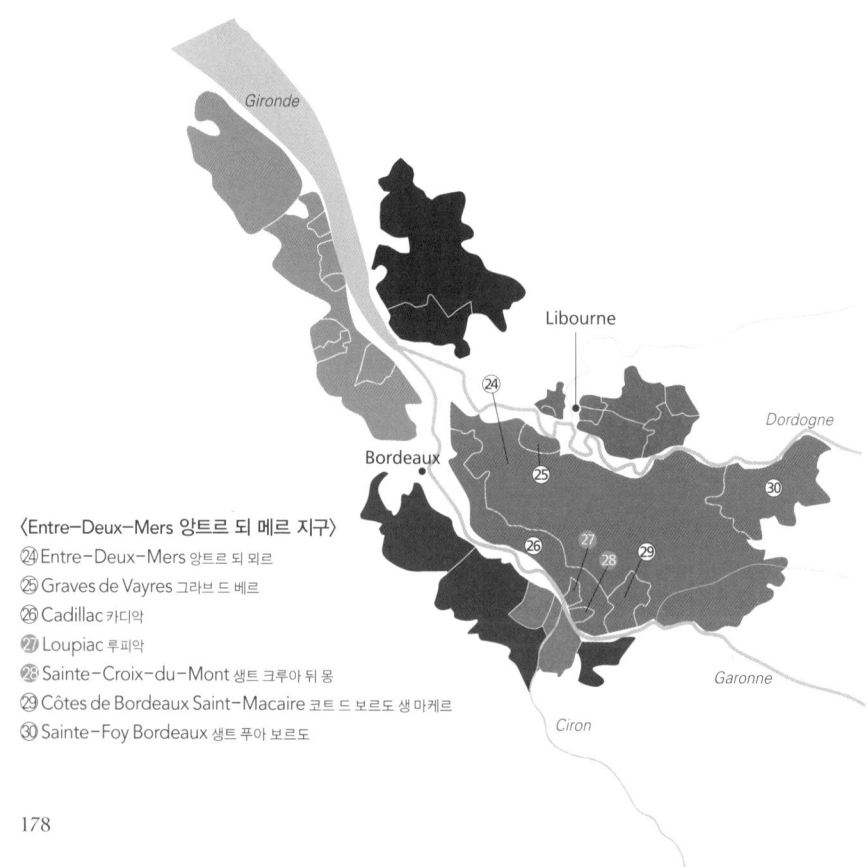

〈Entre-Deux-Mers 앙트르 되 메르 지구〉
㉔ Entre-Deux-Mers 앙트르 되 뫼르
㉕ Graves de Vayres 그라브 드 베르
㉖ Cadillac 카디악
㉗ Loupiac 루피악
㉘ Sainte-Croix-du-Mont 생트 크루아 뒤 몽
㉙ Côtes de Bordeaux Saint-Macaire 코트 드 보르도 생 마케르
㉚ Sainte-Foy Bordeaux 생트 푸아 보르도

A.O.C.로는 화이트와인만 있어요. 따라서 이 지역에서 양조되는 대량의 레드와인은 'A.C.보르도'라고 할 수밖에 없겠죠. 소비자 중에는 '앙트르 되 메르는 뭐지?'라고 의아해할 사람이 많으니 A.O.C. 역시 '보르도'를 내거는 편이 일반인에게는 '프랑스의 레드와인'으로 이해되기 쉬울 테니까요.

A.C.보르도의 레드와인은 아무래도 메독 지구 등의 고급 와인과는 다르지만, 그래도 '보르도의 포도 품종'이라는 개성이 제대로 느껴집니다. A.C.부르고뉴와 A.C.보르도의 가장 큰 차이는 레드와인로 말하자면 피

〈앙트르 되 메르 지구〉

토양	다양
생산 가능한 색	전역: 화이트(드라이~스위트) 가론강 우안: 화이트(귀부·드라이~스위트) 도르도뉴강 좌안: 레드·화이트
주요 품종	청포도: 소비뇽 블랑, 세미용, 뮈스카델 적포도: 메를로

	A.O.C.	레드	로제	화이트
전역	㉔ Entre-Deux-Mers 앙트르 되 메르			○
	Entre-Deux-Mers Haut-Benauge 앙트르 되 메르 오 브노주			○
	Bordeaux Haut-Benauge 보르도 오 브노주			○ (드라이~ 스위트)
Garonne강 우안	㉖ Cadillac 카디악			귀부
	Cadillac Côtes de Bordeau 카디악 코드 드 보르도	●		
	Premières Côtes de Bordeaux 프르미에르 코드 드 보르도			○ (세미스위트, 스위트)
	㉗ Loupiac 루피악			귀부
	㉘ Sainte-Croix-du-Mont 생트 크루아 뒤 몽			귀부
	㉙ Côtes de Bordeaux Saint-Macaire 코트 드 보르도 생 마케르			○ (드라이~ 스위트)
Dordogne강 좌안	㉕ Graves de Vayres 그라브 드 베르	●		○ (드라이~ 스위트)
	㉚ Sainte-Foy Bordeaux 생트 푸아 보르도	●		○ (드라이~ 스위트)

〈지방 이름 A.O.C〉	레드	로제	화이트
Bordeaux 보르도	●	●	○
Bordeaux Supérieur 보르도 쉬페리외르	●		○ (세미 스위트)
Bordeaux Clairet 보르도 클레레		● (클레레)※	
Crémant de Bordeaux 크레망 드 보르도		스파클링	스파클링

※ 클레레(Clairet)란 레드와인과 로제와인의 중간인 진한 색의 로제와인

노 누아로 만들었는가, 아니면 카베르네 소비뇽이나 메를로를 메인으로 만들었는가 하는 부분이죠. 이 품종들은 맛이 전혀 다르기 때문에, 예를 들어 집에서 적당한 가격의 레드와인을 즐길 때나 기름기가 많은 돼지고기 스테이크를 먹을 때는 타닌이 많은 A.C.보르도를 고르고, 닭 꼬치구이 등 가벼운 고기 요리에는 부드러운 맛의 A.C.부르고뉴를 함께하면 좋습니다.

그리고 하나 더, 보르도 전역 A.O.C. 중에 'A.C.보르도 쉬페리외르'라는 것이 있어요. 기본적으로는 A.C.보르도와 마찬가지로 전역 A.O.C.이지만 생산량이 A.C.보르도의 1/3이며 생산 조건도 까다로운 것이 특징입니다.

세미용이 만들어내는 흔치않은 기포: 크레망 드 보르도

보르도 전역 A.O.C. 와인 중에 또 하나 크레망 드 보르도(Crémant de Bordeaux)가 있죠. 여러분 크레망, 기억하시나요? 크레망 드 ○○라고 하면 프랑스의 스파클링와인 중에서도 병내 2차 발효로 양조된 것이었죠. 프랑스 어느 지방이든 '크레망'을 쓸 수 있는 것이 아니라 크레망 드 보르

도와 크레망 드 부르고뉴, 크레망 달자스 등 선정된 지역(8곳)에서만 생산할 수 있어요.

샴페인을 만들 때는 청포도인 샤르도네와 적포도인 피노 누아, 피노 뮈니에를 블렌딩하는 것이 일반적이지만, 크레망 드 ○○는 그 지역의 포도 품종으로 만들어서 맛이 완전히 다릅니다. 크레망 드 보르도의 화이트는 세미용을 주로 사용하는 경우가 많아요. 세미용을 메인으로 한 스파클링와인은 마실 기회가 거의 없으므로(쇼비뇽 블랑이나 뮈스카데도 들어 있긴 하지만) 다양한 지방의 크레망을 비교하며 마셔보면, 그 토양의 개성이 그대로 느껴져서 매우 흥미로워요. 이상이 보르도의 A.O.C.였습니다. 그럼 이제부터 보르도의 '등급'에 대해 이야기해볼게요.

메독 지구의 등급: 61개 샤토를 5등급으로 분류

다시 한번 복습해볼까요? 보르도 지방은 부르고뉴 지방과 달리 밭 이름 등급의 A.O.C.(프르미에 크뤼와 그랑 크뤼)는 존재하지 않아요. A.O.C.는 마을 이름 등급까지죠. 그런데 마을 안에 밭이 여러 개 있고 생산자도 많으니 '우리 샤토는 이렇게 좋은 와인을 만드는데 왜 한마을에 있다는 이유로 다른 샤토와 같은 취급을 받지?'라는 불만이 등장했어요. '마을 이름' 밖에 내걸 수 없으니까요. 그래서 메독, 그라브, 소테른 바르삭, 생 테밀리옹의 4개 지구는 독자적으로 자기 지구 안에 있는 샤토(생산자)에 등급을 매겼어요.

우선 메독에 처음으로 등급 체계가 생겼어요. 지금으로부터 약 160여 년 전인 1855년에 메독 지구에 있는 우수한 샤토를 61개 선정하여 5등급으로 나눴어요. 기본적으로 그때의 등급 체계가 현재까지 이어지고 있죠. 1개의 샤토만 1973년에 2등급에서 1등급으로 승격되었는데, 그 외에는 160년 넘게 바뀌지 않았어요.

메독 지구(와 소테른 지구)는 1855년 파리세계박람회를 계기로 나폴레옹 3세의 지시에 따라 등급이 매겨졌어요. 보르도시 상공회의소가 샤토를 하나하나 평가했죠. 메독 지구 전역에서 61개 샤토가 선정되었고, 이 61개를 1등급에서 5등급까지 나누었어요. 이른바 '5대 샤토'는 1등급에 선정된 5개 샤토를 말합니다.

소믈리에 시험을 보는 사람은 이 61개 샤토를 반드시 암기해야 해요. 그리고 각 샤토의 A.O.C.도요. 즉 그 샤토가 어느 마을에 있는지도 알아야 하는 거죠. 조금 힘들지만 재미있어요. 다만 이 등급은 어디까지나 하나의 기준일 뿐이에요. 예를 들어 2등급과 5등급 중 어느 것이 맛있는지는 솔직히 취향 나름이죠. 5등급인데 맛있게 느껴지는 와인도 있는가 하면, '역시 2등급이구나' 싶을 때도 있어요. 다만 1등급은…… 장기 숙성시킨 5대 샤토는 말이 필요 없을 정도로 정말 맛있습니다.

메독 지구의 등급 〈1등급〉: 와인이 대단하다고 생각한 계기

1등급인 5대 샤토는 꼭 알아두는 편이 좋아요.

샤토 라피트 로칠드(Château Lafite-Rothschild)

샤토 라투르(Château Latour)

샤토 무통 로칠드(Château Mouton-Rothschild)

샤토 마고(Château Margaux)

샤토 오 브리옹(Château Haut-Brion)

앞의 3개 샤토는 A.C.포이약이므로 포이약 마을에 있는 샤토예요. 그만큼 포이약 마을은 토양이 좋다고 할 수 있죠. 그리고 샤토 마고. 물론 마고 마을(A.C.마고)에 있어요. 마지막으로 샤토 오 브리옹은 약간 특이합니다. 샤토 오 브리옹의 A.O.C.를 보면 페삭 레오냥(Pessac-Léognan)이라고 쓰여 있죠. 페삭 레오냥 마을은 메독 지구가 아니라 그라브 지구에 있어요. 그라브 지구에 있는 이 샤토의 와인이 너무도 맛있었기 때문에, 1855년 메독 지구에 등급을 매길 때 예외적으로 포함되었어요. 당시에는 아직 그라브 지구에 등급 체계가 없었거든요. 덧붙이자면 샤토 오 브리옹은 나중에 그라브 지구에서 등급 체계가 시작되었을 때도 선정되었어요. 양쪽에서 등급이 매겨진 샤토는 오 브리옹뿐이에요.

《프르미에 그랑 크뤼(Premiers Grands Crus) 1등급(5)》

명칭	A.O.C.	생산 마을
Château Lafite-Rothschild 라피트 로칠드	❹ Pauillac 포이약	
Château Latour 라투르		
Château Mouton-Rothschild 무통 로칠드		
Château Margaux 마고	❽ Margaux 마고	Margaux
Château Haut-Brion 오 브리옹	❾ Pessac-Léognan 페삭 레오냥	Pessac 페삭(Graves 지구)

제가 처음 레드와인의 맛에 눈뜨게 된 계기가 바로 이 5대 샤토 중 하나인 샤토 무통 로칠드(1978년)예요. 와인을 좋아하던 부모님이 샤토 무통 로칠드를 마시고 있었는데, 그때까지 레드와인을 썩 좋아하지 않았던 저는 "맛있으니 좀 마셔보렴."이라는 말에 살짝 맛을 보게 되었죠. 그 와인의 색은 바랠 대로 바래서 그야말로 완전히 벽돌색이었어요. 맛있는 레드와인이 숙성했을 때 송로버섯이나 부엽토, 무두질한 가죽 향이 난다고들 하는데, 정말로 그런 향이 나서 '와인은 대단하다'고 느낀 계기가 되었어요.

참고로 5대 샤토 중 샤토 무통 로칠드만 1855년에 등급을 매길 때 2등급이었어요. 하지만 1973년에 1등급으로 승격했죠. 따라서 '5대 샤토'라는 표현은 최근 40년 정도 사용한 것이고, 그전까지는 '4대 샤토'였답니다. 여기까지가 메독의 1등급 와인입니다.

메독 지구의 등급 〈2등급〉: 모두가 너무나 유명한 14개 샤토

다음은 2등급이에요. 유명한 샤토가 아주 많은데, 특히 샤토 몽로즈(Château Montrose)는 꼭 알아두었으면 해요. 샤토 피숑 롱그빌 바롱(Château Pichon-Longueville Baron)도 유명하고…… 다들 너무도 유명해서 콕 집어 말할 수는 없지만 샤토 코스 데스투르넬(Château Cos d'Estournel), 샤토 로장 세글라(Château Rauzan-Ségla) 등을 더 꼽을 수 있겠네요. 2등급은 A.C.마고와 A.C.생 쥘리앙이 상당히 많아요. 와인을 선물할 일이 있을 때 이 와인들을 고르면 정말 좋은 선택이 될 수 있죠.

〈되지엠 그랑 크뤼(Deuxièmes Grands Crus) 2등급(14)〉

명칭	A.O.C.	생산 마을
◆ Château Cos d'Estournel 코스 데스투르넬	❸ Saint-Estèphe 생 테스테프	
◆ Château Montrose 몽로즈		
◆ Château Pichon-Longueville Baron 피숑 롱그빌 바롱	❹ Pauillac 포이약	
Château Pichon-Longueville Comtesse de Lalande 피숑 롱그빌 콩테스 드 랄랑드		
Château Ducru-Beaucaillou 뒤크뤼 보카유	❺ Saint-Julien 생 쥘리앙	
Château Gruaud-Larose 그뤼오 라로즈		
Château Léoville-Barton 레오빌 바르통		
Château Léoville-Las Cases 레오빌 라 카즈		
Château Léoville-Poyferré 레오빌 푸아페레		
Château Durfort-Vivens 뒤르포르 비방		
Château Lascombes 라스콩브		
Château Rauzan-Gassies 로장 가시	❽ Margaux 마고	Margaux
◆ Château Rauzan-Ségla 로장 세글라		
Château Brane-Cantenac 브란 캉트낙		Cantenac 캉트낙

메독 지구의 등급 〈3등급〉: 밸런타인데이에 인기 있는 하트 라벨

다음은 3등급이에요. 메독 지구에서 등급이 매겨진 61개 샤토 중 1등급인 '5대 샤토'에 버금가게 유명한 샤토가 바로 3등급에 있는 샤토 팔메(Château Palmer)입니다. 인기가 많아서 가격도 1.5등급일 정도니까요.

그리고 칼롱 세귀르(Château Calon-Ségur)라는 와인을 아시나요? 라벨이 하트 마크여서 밸런타인데이 때 특히 와인숍에 많이 진열되죠. 게다가 메독 3등급인 레드와인이니 선물할 때도 단순히 라벨이 예쁠 뿐 아니라 "메

〈트루아지엠 그랑 크뤼(Troisièmes Grands Crus) 3등급(14)〉

명칭	A.O.C.	생산 마을
◆ Château Calon-Ségur 칼롱 세귀르	❸Saint-Estèphe	
Château Lagrange 라그랑주	❺Saint-Julien	
Château Langoa-Barton 랑고아 바르통		
Château Malescot Saint-Exupéry 말레스코 생텍쥐페리	❽Margaux	Margaux
Château Ferrière 페리에르		
Château Marquis d'Alesme-Becker 마르키 달렘 베케르		
Château Boyd-Cantenac 보이드 캉트낙		Cantenac
Château Cantenac-Brown 캉트낙 브라운		
Château Desmirail 데미라유		
Château d'Issan 디상		
Château Kirwan 키르완		
◆ Château Palmer 팔메		
Château Giscours 지스쿠르		Labarde 라바르드
Château La Lagune 라 라귄	❷Haut-Médoc 오 메독	Ludon 뤼동

독 3등급의 좋은 와인이야."라고 말해준다면 받는 사람이 더 기뻐할 거예요. 3등급인 만큼 좋은 숙성을 하므로, 빈티지가 오래된 것은 더더욱 훌륭합니다. 3등급은 압도적으로 A.C.마고가 많아요.

메독 지구의 등급 〈4등급〉: '포도밭'이 아닌 '생산자'에 매료되다

보르도 1등급이 5개. 2등급과 3등급이 각각 14개씩이고 4등급은 10개예요(5등급이 가장 많은 18개). 4등급 중에서는 샤토 라퐁 로셰(Château Lafon-Rochet) 그리고 샤토 탈보(Château Talbot)가 유명하죠. 제 지인 중에도 탈보를 자주 마시는 분이 있는데 "마고보다 맛있다."고 하더군요. 단순히 'O급이니까 어떻다……'는 게 아니라 이미 그 맛이 취향에 맞고 좋은 거겠죠.

흥미롭게도 보르도 와인을 좋아하는 사람 중에는 등급에 상관없이 좋아하는 샤토가 정해져 있는 경우가 많아요. 물론 맛의 특징은 지구나 마을마다 다르지만, 보르도는 샤토에 따라 포도를 섞는 비율이 다르고 어느 타이밍에 블렌딩하는지도 달라서 샤토마다 맛의 차이가 분명해요. 해마다 블렌딩 비율도 미묘하게 다르고 맛도 다소 다르죠. 다만 오크통을 사용하는 방법이나 양조 기간 등 그 샤토의 특징은 제대로 표현됩니다. 그래서 '이 와인이 좋다'고 느껴지는 와인이 있다면, 맛과 라벨도 포함하여 그 샤토에 매료되는 것이 보르도 와인의 특징이에요. 부르고뉴는 도멘(생산자)으로 선택하기보다 우선 '이 마을이 좋네', '이 밭이 좋네'로 시작해서 그 좋아하는 마을·밭 안에서 여러 생산자의 차이를 즐기는 사람이 많아요. 반면 보르도는 '이 마을이 좋네'로 시작하는 것이 아니라 '이 샤

《카트리엠 그랑 크뤼(Quatrièmes Grands Crus) 4등급(10)》

명칭	A.O.C.	생산 마을
◆ Château Lafon-Rochet 라퐁 로셰	❸Saint-Estèphe	
Château Duhart-Milon Rothschild 뒤아르 밀롱 로칠드	❹Pauillac	
Château Beychevelle 베슈벨	❺Saint-Julien	
Château Branaire-Ducru 브라네르 뒤크뤼		
Château Saint-Pierre 생 피에르		
◆ Château Talbot 탈보		
Château Marquis de Terme 마르키 드 테름	❽Margaux	Margaux
Château Pouget 푸제		Cantenac
Château Prieuré-Lichine 프리외레 리신		
Château La Tour-Carnet 라투르 카르네	❷Haut-Médoc	Saint-Laurent 생 로랑

토가 좋다'고 콕 집어서 특정 샤토에 반하는 느낌이죠. 그래서 뒤에서 다시 나오겠지만 보르도의 각 샤토는 등급이 매겨진 최고급 와인 외에도 세컨드 와인을 만들기도 하므로, 식사를 할 때 그 샤토의 세컨드 와인으로 시작하여 마지막에는 그 샤토를 가장 대표하는 와인으로 즐기는 사람도 많답니다.

와인을 마실 때는 너무 차이 나지 않게 수준을 올린다?

기본적으로 와인은 식사가 진행되면서 점점 품질이나 수준(숙성 기간이나 복합성, 가격 등)을 올려서 마시는 것이 상식인데, 다만 나중이 되면 점점 취기가 돌기 때문에 너무 취했을 때는 아주 좋은 와인을 마시기가 아깝기도 해요(웃음). 프랑스 사람은 술이 세니까 점점 수준을 올릴 수 있어도 해외의 다른 사람들에게는 조금 맞지 않는 방법일지도 모르죠.

다만 점점 와인의 수준을 올린다 해도 극단적으로 올리는 것은 권하지 않아요. 요리의 수준에 따라서도 곁들이는 와인이 달라지겠지만 총 3잔쯤 마신다고 할 때, 첫째 잔과 둘째 잔 그리고 셋째 잔의 차이가 지나치면 와인이 좋은 기억으로 남기 어려워요. 너무 차이가 나면 앞서 마신 와인의 맛이 어땠는지 전혀 떠오르지 않죠(웃음). 하나의 뛰어난 와인에 호화롭게 올인하는 사람도 있지만, 제 생각에는 바로 앞 와인의 이미지를 무너뜨리지 않을 정도로 수준을 올리는 편이 적당한 것 같아요.

메독 지구의 등급 〈5등급〉: 샤토를 재건하다

예전에 제가 보르도에 갔을 때 샤토 마고를 방문한 적이 있어요. 보르도의 샤토는 건물 자체도 워낙 멋있고, 크고 유명한 샤토의 경우 견학 투어도 있어서 일반인이 가도 충분히 즐길 수 있어요. 사전에 방문 신청을 하고 영어나 프랑스어 가이드를 선택하여 정해진 시간에 투어를 시작합니다. 샤토에 따라서는 그 자리에서 유료 테이스팅도 할 수 있답니다.

〈생키엠 그랑 크뤼(Cinquièmes Grands Crus) 5등급(18)〉

명칭	A.O.C.	생산 마을
Château Cos-Labory 코스 라보리	❸ Saint-Estèphe	
Château Batailley 바타예	❹ Pauillac	
Château Haut-Batailley 오 바타예		
Château Clerc-Milon 클레르 밀롱		
Château Croizet-Bages 크루아제 바주		
Château Lynch-Bages 린치 바주		
Château Lynch-Moussas 린치 무사스		
Château Haut-Bages-Libéral 오 바주 리베랄		
Château d'Armailhac 다르마약※		
Château Grand-Puy-Ducasse 그랑 퓌 뒤카스		
Château Grand-Puy-Lacoste 그랑 퓌 라코스트		
Château Pédesclaux 페데클로		
Château Pontet-Canet 퐁테 카네		
Château du Tertre 뒤 테르트르	❽ Margaux	Arsac 아르삭
Château Dauzac 도작		Labarde
◆ Château Belgrave 벨그라브	❷ Haut-Médoc	Saint-Laurent
Château de Camensac 드 카망삭		
Château Cantemerle 캉트메를		Macau 마코

※ 1989년부터 명칭 변경. 옛 이름은 1976년부터 Château Mouton Baronne Philippe 샤토 무통 바론 필리프

부르고뉴의 도멘은 생산 규모가 작은 곳이 많아서 이런 견학 투어는 거의 운영하지 않지만, 보르도의 샤토는 대부분 제대로 이런 시스템을 갖추고 있죠. 샤토 견학은 보통 아침 일찍부터 하는데(되도록 많은 생산지를 돌아보고 싶어서) 아침에 일어나 처음 마시는 것이 레드와인이에요. 샴페인은 아침에 일어나 바로 마셔도 끄떡없지만(웃음), 보르도는 이 점이 힘들죠. 아침부터 진한 레드와인을 테이스팅하기 때문에 술이 상당히 세지 않으면 체력에 무리가 갑니다. 그런 보르도의 샤토를 하루에 여러 군데 방문하는 거죠. 샤토 마고를 간 다음에 2등급인 샤토 몽로즈를 가고, 그다음에는 5등급인 샤토 벨그라브(Château Belgrave)를 갔는데, 역시 샤토마다 와인 맛의 특징이 각각 달랐어요.

1, 2등급 샤토는 회사 규모로 시스템을 잘 갖춘 곳이 많지만, 그 이하의 샤토는 주로 가족 경영을 하다가 상속세 등의 문제로 샤토를 지키지 못하는 경우도 있어요. 그러면 대형 회사가 그 샤토를 매수하는 거예요. 샤토 벨그라브도 2007년에 티에노(Thiénot)라는 샴페인 회사에 팔렸어요. 그 후 깔끔히 정비되어 원래의 자랑스러운 벨그라브로 되살아났

샤토 마고

※ 이 경우 우수한 직원을 스카우트하여 만든 와인을 자신의 브랜드로 판매한다. 그래도 처음 몇 년은 시행착오를 겪은 뒤 10년쯤 후에야 첫 와인을 세상에 내놓는다.

죠. 부르고뉴에서도 가끔 밭이 매물로 나올 때가 있어요. 예전에 그랑 크뤼 몽라셰의 작은 밭이 매물로 나와 결국 중국인이 샀는데 엄청난 고가에 팔렸다고 해요*. 부르고뉴는 한 사람이 소유한 구획이 작으니까 이런 구입이 가능하지만, 보르도는 샤토 전체를 매수해야 해서 대기업 정도는 돼야 살 수 있어요. 1등급에서 5등급까지 등급이 매겨진 61개 샤토 외에도 보르도에는 샤토가 엄청나게 많습니다. 전부 합하면 6,000여 개 정도 되니, 샤토를 존속시키려면 분명 힘든 부분도 많겠죠.

메독 지구의 등급 〈크뤼 부르주아급〉:
1~5등급에 들어 있지 않은 숨은 샤토 250여 개

메독 와인을 마실 때 꼭 알아두었으면 하는 것이 있는데, 라벨의 A.C.메독 아래에 Crus Bourgeois(크뤼 부르주아)라고 쓰여 있는 와인이 있어요. 이 표시는 1855년의 메독 등급과는 다른 새로운 등급이에요. 메독 지구(메독 지구 + 오 메독 지구)에 있는 샤토 약 250개가 선정되었죠. 메독 지구에는 샤토가 1,000여 개 있지만 1855년에 등급이 매겨진 샤토는 단 60개(남은 하나는 페삭 레오냥 지구)에 불과했어요. 그때 등급이 매겨지지 않은 다수의 샤토는 당연히 분개했죠. 물론 항의도 했지만 등급은 그리 쉽게 뒤집히지 않았어요. 그래서 그 샤토의 오너들이 중심이 되어 자신들의 와인에 새로운 등급을 매기려고 만든 것이 크뤼 부르주아예요.

우여곡절 끝에 크뤼 부르주아 체계를 1932년에 일단 완성합니다(그때는 관청의 허가를 받은 등급이 아니었어요). 그 후 1990년대에 정부의 인증을 받자는 움직임이 일어나 2003년에 드디어 프랑스 농무성이 크뤼 부르주아를 공식 등급으로 발표했어요.

하지만 이 역시 갈등이 있었죠. 지인인 보르도 와인 사업가의 이야기로는 이 공식 등급 체계에도 불만을 가진 사람들이 소송을 제기하여 결국 2007년에 일단 무효가 되었다고 해요. 정말 자신 있는 샤토는 크뤼 부르주아가 아니라 61개 그랑 크뤼에 들어가길 원했고, 크뤼 부르주아라도 좋으니 일단 들어가고 싶은데 그러지 못한 샤토도 수긍하지 않아 전혀 결론이 안 났다고 해요. 하지만 2009년부터 등급의 의미가 아니라 품질을 보증한다는 의미로 크뤼 부르주아의 인증이 정식으로 인정되었어요. 다행인 일이죠.

저도 보르도 와인을 마실 때는 크뤼 부르주아를 자주 골라요. 보르도의 샤토 이름을 전부 알지는 못하니까 일단 '크뤼 부르주아'라고 쓰여 있는지를 봐요. 부르고뉴 와인에 프르미에 크뤼라고 쓰여 있으면 '상당히 좋은 밭'으로 여기듯이, 보르도에서 '꽤 좋은 샤토'라고 생각할 수 있

크뤼 부르주아의 A.O.C.는 지구 이름('A.C.메독' 'A.C.오 브리옹' 2개)과 마을 이름('A.C.마고' 등 6개)을 합쳐 총 8개다. 'A.C. 보르도'는 없다.

는 표시라고 할 수 있죠. 여러분이 와인을 고를 때도 이 정도, 즉 높은 등급의 와인도 아니고 저렴한 A.C.보르도도 아닌 이 정도를 기준으로 마시면, 보르도의 와인을 꽤 맛있고 폭넓게 배울 수 있을 거예요.

160년 전에 비하면 요즘은 와인 양조 기술 자체도 크게 향상되어 기본적으로 대부분의 와인이 맛있어졌어요. 스테인리스 탱크, 당도계, 언제쯤 수확하면 포도의 상태가 가장 좋은지 등 재배 기술이나 양조 기술도 큰 폭으로 진화했기 때문에 새로운 평가가 나오는 것도 당연하다고 봅니다.

메독 지구의 등급 〈세컨드 와인〉: 각 샤토의 또 하나의 라인업

다음으로 소개할 와인은 '스콩 뱅(Second Vin)', 영어로는 세컨드 와인이에요. 그 샤토를 대표하는 와인은 아니지만 샤토의 개성이 확실히 반영된 양질의 합리적인 세컨드라인 와인이죠. 기본적으로 그 샤토가 소유한 밭 중 가장 좋은 곳에서 수확한 포도는 샤토의 대표 와인에 사용하고 그 양쪽 밭은 세컨드 와인에 쓴다거나, 또는 어린나무에서 딴 포도로 만든 와인은 세컨드 와인으로 만든다거나, 양조 초기의 숙성 단계에서 어떻게 와인을 나누어 만들지 정하는 등 제조법은 제각각이에요. 보르도에서는 다양한 세컨드 와인이 생산되므로, 자신이 좋아하는 샤토의 세컨드 와인 이름을 잘 알아두면 도움이 됩니다.

⟨5대 샤토의 세컨드 와인⟩

Château Lafite-Rothschild 샤토 라피트 로칠드	→	Carruades de Lafite 카뤼아드 드 라피트
Château Latour 샤토 라투르	→	Les Forts de Latour 레 포르 드 라투르
Château Mouton-Rothschild 샤토 무통 로칠드	→	Le Petit Mouton de Mouton Rothschild 르 프티 무통 드 무통 로칠드
Château Margaux 샤토 마고	→	Pavillon Rouge du Château Margaux 파비용 루주 뒤 샤토 마고
Château Haut-Brion 샤토 오 브리옹	→	Le Clarence de Haut-Brion 르 클라랑스 드 오 브리옹

소테른 바르삭 지구의 등급: 샤토 디켐이 늘어선 런던의 와인숍

다음으로 소테른 바르삭 지구의 등급을 소개할게요. 모두 귀부와인입니다. 누가 뭐라 해도 소테른에서 가장 먼저 알아두어야 할 와인은 바로 샤토 디켐이에요. 세계에서 제일 유명한 귀부와인이죠.

예전에 런던에서 가장 크다는 와인숍에 간 적이 있어요. 그 가게의 한쪽에 있는 샤토 디켐 코너가 '세계 최고의 라인업'이라고 하는데, 디켐이 생산된 거의 모든 해의 빈티지가 있었어요. 압권이었죠. 매그넘 보틀도 있는가 하면 하프 보틀도 있고 정말로 현존하는 샤토 디켐을 거의 다 갖추고 있었답니다. 물론 가격도 눈이 튀어나올 정도로 비쌌어요(웃음). 그 정도로 전 세계인이 사랑해 마지않는 귀부와인이 샤토 디켐이에요. 그리고 역시 정말 맛있어요.

소테른 바르삭 지구도 메독 지구와 마찬가지로 1855년에 등급을 매기기 시작했어요. 샤토 디켐만이 특1급(프르미에 크뤼 쉬페리외르 Premier Cru

Supérieur)이며, 그 아래에 프르미에 크뤼(Premier Cru)가 11개 샤토, 되지엠 크뤼(Deuxièmes Crus)가 15개 샤토예요. 프르미에 크뤼 중에는 샤토 클리망(Château Climens), 샤토 쿠테(Château Coutet), 샤토 기로(Château Guiraud) 등을 자주 볼 수 있죠.

 귀부와인은 드라이 화이트와인에 비하면 각 와인 맛의 차이가 잘 느껴지지 않을 수도 있어요. 물론 익숙해지면 그 차이를 점점 알게 되는데, 귀부와인을 마실 때 맛의 포인트는 단맛이 느껴지는 방식이에요. 좋은 귀부와인일수록 복잡하면서도 지나치게 달지 않은, 깔끔한 달콤함이 느껴집니다.

〈Sauternes–Barsac 소테른 바르삭 지구〉
⑪ Cérons 세롱
⑫ Barsac 바르삭
⑬ Sauternes 소테른

〈소테른 바르삭 지구의 등급〉

명칭	A.O.C.(생산 마을)
Premier Cru Supérieur 프르미에 크뤼 쉬페리외르(1)	
Château d'Yquem 샤토 디켐	⑬ Sauternes
Premier Cru 프르미에 크뤼(11)	
◆ Château Climens 샤토 클리망	⑬ Barsac
◆ Château Coutet 샤토 쿠테	
Château Clos-Haut-Peyraguey 샤토 클로 오 페라게	⑬ Sauternes(Bommes 봄)
Château de Rayne Vigneau 샤토 드 렌 비뇨	
Château Lafaurie-Peyraguey 샤토 라포리 페라게	
Château La Tour Blanche 샤토 라 투르 블랑슈	
Château Rabaud-Promis 샤토 라보 프로미	
Château Sigalas Rabaud 샤토 시갈라 라보	
Château Rieussec 샤토 리외섹	⑬ Sauternes(Fargues 파르그)
Château Suduiraut 샤토 쉬뒤이로	⑬ Sauternes(Preignac 프레냑)
◆ Château Guiraud 샤토 기로	⑬ Sauternes
Deuxièmes Crus 되지엠 크뤼(15)	
Château Caillou 샤토 카유	⑬ Sauternes(Barsac)
Château de Myrat 샤토 드 미라	
Château Doisy Daëne 샤토 두아지 다앤	
Château Doisy-Védrines 샤토 두아지 베드린	
Château Suau 샤토 쉬오	
Château Broustet 샤토 브루스테	⑫ Barsac
Château Doisy-Dubroca 샤토 두아지 뒤브로카	
Château Nairac 샤토 네락	
Château Romer 샤토 로메르	⑬ Sauternes(Fargues)
Château Romer du Hayot 샤토 로메르 뒤 아요	
Château de Malle 샤토 드 말	⑬ Sauternes(Preignac)
Château d'Arche 샤토 다르슈	⑬ Sauternes
Château Filhot 샤토 필로	
Château Lamothe 샤토 라모트	
Château Lamothe-Guignard 샤토 라모트 기냐르	

※ ( )안은 A.O.C.이름과 생산 마을 이름이 다를 때의 생산 마을 이름

그라브 지구의 등급(1953년, 59년): 레드냐 화이트냐, 등급이 매겨졌느냐 아니냐

다음은 그라브 지구의 등급입니다. 메독에 첫 등급 체계가 생긴 지 거의 100년 뒤인 1953년에야 비로소 그라브에 등급 체계가 생겼어요. 위의 제목을 보시면 연도가 두 개 쓰여 있는데, 첫 등급 체계에 여러 불만이 제기된 탓에 재판을 거쳐 59년에 수정된 결과, 가까스로 그라브의 등급 체계가 잡혔다고 해요. 1855년에 등급 체계가 생겼을 때는 별로 큰 갈등이 없었던 듯해요. 하지만 그로부터 100여 년이 지나 와인 유통도 점점 확대되고 돈의 움직임도 커지면서 갈등도 생겼겠죠(가장 두드러진 곳이 다음에 이야기할 생 테밀리옹 지구예요).

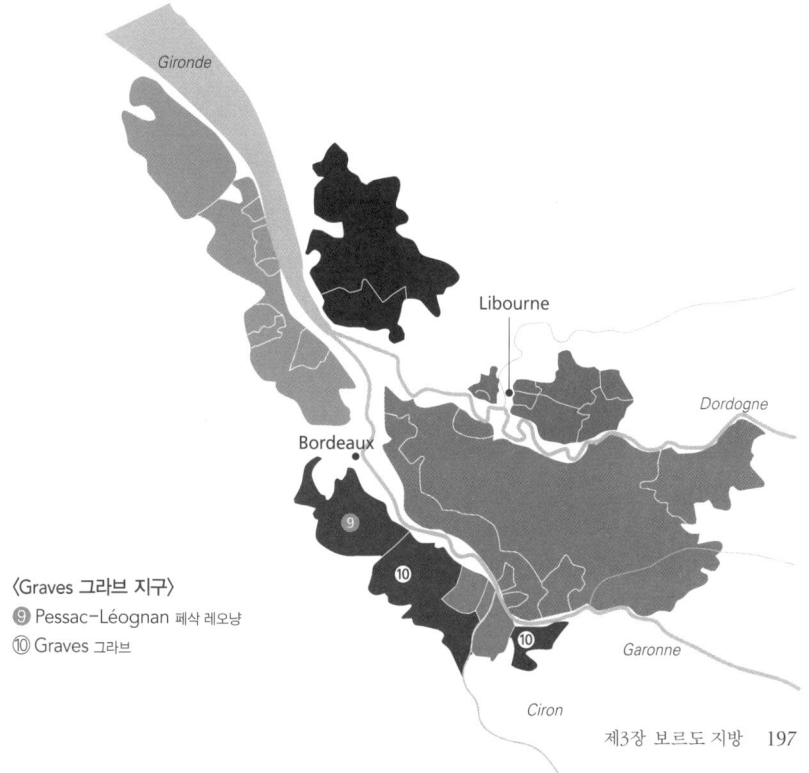

⟨Graves 그라브 지구⟩
⑨ Pessac-Léognan 페삭 레오냥
⑩ Graves 그라브

메독 지구의 등급을 설명할 때, 그라브 지구(페삭 레오냥)의 샤토 오 브리옹이 그라브 지구에 있는데도 메독 지구의 1등급으로 선정되었다고 했죠. 오브리옹은 1953년 그라브 지구의 등급 체계에서도 선정되어 양쪽 지구에서 등급이 매겨졌어요. 그라브 등급 체계의 특징은 메독처럼 특정 등급이냐가 아니라 등급이 매겨져 있느냐 아니냐로만 구분돼요. 레드와 화이트를 모두 양조하는데도 레드와인에만 등급이 매겨져 있거나, 화이트와인에만 등급이 매겨져 있거나, 레드와 화이트 모두 등급이 매겨져 있는 등 세세하게 나뉩니다.

예를 들어 샤토 오 브리옹은 화이트와인도 매우 맛있어요. 빈티지에

〈그라브 지구의 등급〉

명칭	와인 타입	생산 마을
Château de Fieuzal 드 피외잘	레드	Léognan 레오냥
Château Haut-Bailly 오 바이	레드	
◆ Château Haut-Brion 오 브리옹	레드	Pessac 페삭
Château La Mission-Haut-Brion 라 미숑 오 브리옹	레드	Talence 탈랑스
Château La Tour-Haut-Brion 라 투르 오 브리옹	레드	
Château Pape Clément 파프 클레망	레드	Pessac
Château Smith-Haut-Lafitte 스미트 오 라피트	레드	Martillac 마르티약
Château Bouscaut 부스코	레드 · 화이트	Cadaujac 카도작
◆ Château Carbonnieux 카르보니외	레드 · 화이트	Léognan
Château Latour Martillac 라투르 마르티약	레드 · 화이트	Martillac
Château Malartic-Lagravière 말라르티크 라그라비에르	레드 · 화이트	Léognan
Château Olivier 올리비에	레드 · 화이트	
Domaine de Chevalier 도멘 드 슈발리에	레드 · 화이트	
Château Couhins 쿠앵	화이트	Villenave-d'Ornon 빌나브 도르농
Château Couhins-Lurton 쿠앵 뤼르통	화이트	
Château Laville Haut-Brion 라빌 오 브리옹	화이트	Talence

* A.O.C. 이름은 모두 Pessac-Léognan 페삭 레오냥❾이다.

따라서는 1병에 100만 원 이상 하는 것도 있죠. 그런데도 화이트와인에는 등급이 없어요. 레드와인에만 등급이 매겨져 있어요. 또 유명한 곳으로는 샤토 카르보뉴(Château Carbonnieux) 등이 있어요.

생 테밀리옹의 등급(1955, 69, 86, 96, 06, 12년): 10년마다 시끌시끌

다음은 생 테밀리옹이에요. 그라브의 등급 체계보다 2년 늦게, 메독 등급 체계가 생긴 지 딱 100년 뒤인 1955년에 생 테밀리옹의 등급 체계가 생겼어요. 기본적으로 '10년마다 재심사한다'는 규정이 있어서 제목에 연도가 늘어서 있지만, 정확하게 10년 간격은 아니에요. 실은 거의 매번 재판이 열리고 다투다 수정하기를 반복했기 때문이죠. 최신 등급이 2006년인데 이때도 재판이 몇 차례나 열려서 결국 그 전인 '96년의 등급 체계'가 적용되었어요. 거기에 더하여 새로이 승격한 샤토가 추가되었죠. 즉 떨어진 사람들이 아우성을 친 결과, 떨어진 사람을 떨어뜨리지 않고 올라갈 사람만 올렸어요. 등급의 재심사를 생 테밀리옹 사람들이 하니까 현재의 시세라든가 권리 등이 얽히겠죠. 등급이 매겨졌느냐 여부로 와인 판매가가 완전히 달라지고, 수출량도 달라지고, 생활이 걸려 있으니 다들 필사적이에요.

그런 점에서 최초로 등급을 매긴 메독 지역은 평화롭다면 평화로워요. 기본적으로 정해진 등급은 이제 흔들 수가 없다고 모두가 받아들였죠(사실 받아들일 수밖에 없어요). 그래서 대안으로 크뤼 부르주아 같은 것이 생겼지만요. 부르고뉴의 프르미에 크뤼도 '최근에는 프르미에 크뤼가 아닌 그 옆에 있는 밭이 완성도가 더 좋다'는 경우도 있을지도 몰라요. 그렇지만 '저긴 1등급(프르미에 크뤼)이고 여긴 등급이 없다'고 모두가 받아들이고 있어요. 아주 예전에 정해진 것이라 수긍하는 것이겠죠.

생 테밀리옹 지구는 도르도뉴강 우안입니다. 그래서 메를로를 메인으로 레드와인을 만들어요. 생 테밀리옹의 등급 중 프르미에 그랑 크뤼 클라세(Premiers Grand Cru Classé)(A)라고 불리는, 가장 좋은 특급에 매겨지는 4개 와인은 고급 와인으로도 유명하니 꼭 알아두었으면 합니다.

먼저 가장 유명한 것이 샤토 슈발 블랑(Château Cheval Blanc)이에요. 생

〈생 테밀리옹 지구의 등급〉

프르미에 그랑 크뤼 클라세(A)(Premiers Grand Cru Classé A)(4)

Château Angélus※ 앙젤뤼스	Château Ausone 오존
Château Cheval Blanc 슈발 블랑	Château Pavie※ 파비

※ 이 두 샤토는 2012년에 클레세(B)에서 클라세(A)로 승격했다

프르미에 그랑 크뤼 클라세(B)(Premiers Grand Cru Classé B)(14)

Grands Crus Classés(그랑 크뤼 클라세)(64)

테밀리옹 지구는 메를로를 주로 사용하지만, 슈발 블랑만 카베르네 프랑이 메인이에요. 카베르네 프랑다운 풍미, 즉 피망이나 나무줄기 느낌 + 카베르네 소비뇽보다 약간 부드러운 타닌의 뉘앙스가 특징이에요. 슈발 블랑은 가격도 엄청나서 좀처럼 마실 기회가 없어요. 다음은 샤토 오존(Château Ausone). 메를로가 메인 품종이에요. 샤토 앙젤뤼스(Château Angélus)와 샤토 파비(Château Pavie)는 2012년에 클라세(A)로 승격되었어요. 그때까지 클라세(A)에는 줄곧 슈발 블랑과 오존밖에 없었죠.

보르도 와인 애호가는 카베르네 소비뇽을 좋아하는 사람(=메독 애호가)과 메를로를 좋아하는 사람(=생 테밀리옹, 포므롤 애호가)으로 나뉘죠. 저는 어느 쪽이냐면 메를로를 주로 사용한 와인을 좋아해서 평소 메독보다는 생 테밀리옹이나 포므롤을 즐겨 마셔요.

굳이 등급을 매기지 않는다: 포므롤 지구의 우량 와인

자, 마지막으로 포므롤(Pomerol) 지구입니다. 이 지구는 굳이 스스로 등급을 매기지 않았어요. 10년마다 갈등을 겪는 생 테밀리옹과는 달리 품

위 있는 지구죠(웃음). 그리고 세계적으로 매우 유명한 와인이 많아요. 혹시 페트뤼스(Pétrus)라고 들어본 적이 있나요? 연간 3만 병만 생산되는 희소 와인으로, 1병에 수백만 원이나 하는데 등급 같은 것이 전혀 없어요. 참고로 페트뤼스는 로버트 파커가 100점 만점을 가장 많이 준 와인으로도 유명해요*.

포므롤은 페트뤼스를 비롯해 르 팽(Le Pin), 샤토 트로타누아(Château Trotanoy) 등 유명 와인이 많은 우량 산지예요. 여기서도 생 테밀리옹과

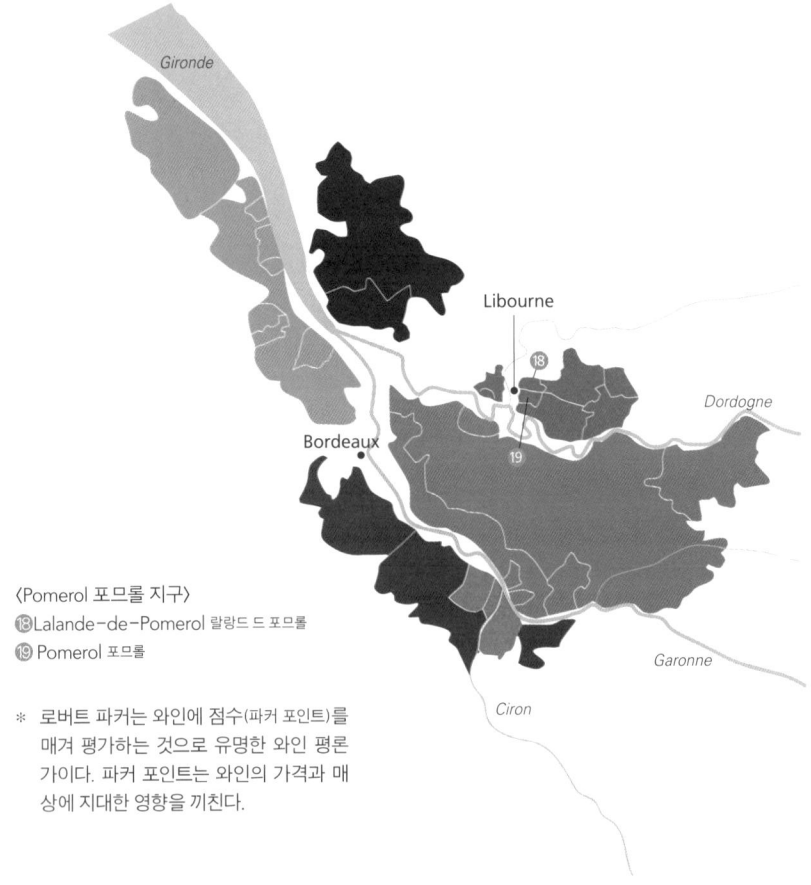

〈Pomerol 포므롤 지구〉
⑱Lalande-de-Pomerol 랄랑드 드 포므롤
⑲ Pomerol 포므롤

* 로버트 파커는 와인에 점수(파커 포인트)를 매겨 평가하는 것으로 유명한 와인 평론가이다. 파커 포인트는 와인의 가격과 매상에 지대한 영향을 끼친다.

마찬가지로 메를로를 주로 사용합니다. 그래서 맛의 경향도 비슷해요.

보르도 와인 중에서도 메를로로 양조된 레드와인이 부드러운 느낌을 주죠. 테이스팅 수업에서 자주 이야기를 하지만, 이 지역의 와인은 약간 자욱한 뉘앙스가 있어요. 카베르네 소비뇽은 강한 타닌, 산미의 뉘앙스, 풋내, 스파이시함(시라만큼 스파이시하지는 않지만) 등의 향이 하나하나 일어나는데, 메를로는 하나하나가 뚜렷하지 않고 전체가 섞여 있는 느낌이어서 어딘가 자욱해요. 그런 의미에서 부드럽죠. 이것이 메를로다움입니다.

메를로는 샤르도네와 마찬가지로 그 품종다움을 표현하기가 어려운 포도라서, 시라나 카베르네 소비뇽에 비해 '개성이 강하지 않다'는 말을 자주 들어요. 다만 방금 말한 유명 샤토의 오래된 빈티지 와인은 숙성이 잘 되었을 때 풍기는 송로버섯 향이나 부엽토 향이 아름답게 표현돼요. 은근한 느낌이 들면서도 역시 보르도 품종만의 강렬함도 남아 있는 것이 포므롤과 생 테미밀리옹 메를로의 매력이에요.

⟨포므롤 지구의 대표적인 와인⟩

Château Certan-de-May 샤토 세르탕 드 메	Château la Conseillante 샤토 라 콩세양트
Château l'Évangile 샤토 레방질	Château la Fleur-Pétrus 샤토 라 플뢰르 페트뤼스
Château Gazin 샤토 가쟁	Château Lafleur 샤토 라플뢰르
Château Latour à Pomerol 샤토 라투르 아 포므롤	Château Nénin 샤토 네냉
Château Petit-Village 샤토 프티 빌라주	◆ Pétrus 페트뤼스
◆ Château Trotanoy 샤토 트로타누아	Château de Sales 샤토 드 살
Domaine de l'Église 도멘 드 레글리스	◆ Le Pin 르 팽
Vieux Château Certan 비외 샤토 세르탕	

덧붙여서 5대 샤토 역시 숙성이 진행된 와인은 현격하게 맛있어져요. 중심은 강렬하면서도 전체적으로 힘이 빠지고 부드러워져서 감추고 있던 와인의 품위와 매력적인 우아함이 드러납니다. 여기까지가 보르도 와인이었습니다.

카베르네와 궁합이 좋은 등심 스테이크, 메를로와 어울리는 안심 스테이크

마지막으로 보르도 지방의 요리를 잠깐 살펴볼까요. 전통적인 보르도 요리를 파는 가게에 가면 보르도풍 칠성장어(Lamproie à la Bordelaise)라는 요리가 있어요. 칠성장어는 보르도에서 자주 잡히는 장어인데, 눈 옆에 아가미구멍이 7개 있어서 마치 눈이 8개로 보여요. 이 장어를 레드와인으로 푹 끓입니다. 지방이 많은 생선이라 화이트와인이 아닌 레드와인으로 끓여도 맛이 좋은데, 다만 역시 생선이다보니 레드와인 중에서도 카베르네 소비뇽처럼 산미와 타닌이 풍부하고 진한 와인보다는 부드러운 메를로가 더 잘 맞아요. 자갈이 많은 토양에서 자란 포도(카베르네 소비뇽)는 파워풀한 느낌이고 점토질에서 자란 포도(메를로)는 부드러운 느낌이랄까요? 이런 식으로 토양의 이미지와 와인의 맛은 상관 관계가 있어요. 따라서 칠성장어 요리에는 생 테밀리옹이나 포므롤의 메를로 레드와인이 좋을 듯해요. 요리의 모양새가 약간 그로테스크하지만요.

그리고 혹시 카눌레(Cannelé)라는 과자를 아시나요? 카눌레는 원래 보르도의 전통 과자예요. 레드와인을 만들 때 청징 과정에서 계란 흰자를 사용하는데, 보르도에서는 대부분 레드와인을 양조하므로 다량의 노른자가 남아요. 이를 이용하여 만든 것이 카눌레라고 합니다. 프랑스 각 지방의 과자도 와인 양조와 더불어 여러 가지 고민 끝에 탄생했다는 점이 흥미롭네요.

보르도 와인은 평소 레스토랑에 가도 마실 기회가 많고, 앞서 말한 크뤼 부르주아를 알아두는 것만으로 선택의 범위가 한층 넓어지는 데다, 각 지구의 주요 품종을 알아두면(카베르네 소비뇽이 메인인지 메를로가 메인인지) 원하는 와인을 다양하게 고를 수 있어요.

집에서 요리와 함께 와인을 마실 때, 예를 들어 보르도의 화이트와인은 가다랑어포를 뿌린 피망과 꽈리고추 구이 같은 전채 요리와 잘 맞아요. 피망이 지닌 풋내의 뉘앙스와 채소를 구웠을 때 느껴지는 고소함, 그리고 가다랑이포의 훈연향이 보르도 화이트와인의 특징인 산뜻한 초록잎 허브향이나 오크통에서 오는 구수함에 잘 맞거든요.

보르도의 레드와인에는 역시 고기가 잘 어울립니다. 예를 들어 스테이크, 그중에서도 기름기가 있는 등심에는 메독나 오 메독의 카베르네 소비뇽을 사용한 와인이 어울리죠. 카베르네의 힘 있는 바디감과 기름진 고기의 감칠맛이 잘 맞고, 와인의 타닌이 입안에 남은 기름기를 씻어주기 때문에 다음 한입이 또 맛있어져요. 반면 기름기가 없고 섬세한 안심 스테이크라면 생 테밀리옹이나 포므롤의 메를로를 사용한 와인이 최고예요. 품위 있고 응축된 안심의 감칠맛과 향이 두드러지지 않고 부드러우며 입에 닿는 느낌이 농후한 메를로의 풍미가 입안에서 서로 녹아들죠. 정말 맛있답니다.

지난 시간에는 부르고뉴, 이번 시간에는 보르도를 공부했는데 어떠셨나요? 보르도와 부르고뉴는 다른 나라라고 해도 될 정도로 와인을 파악하는 방법도 양조법도 A.O.C.의 분류법도 달라요. 이러한 점이 프랑스 와인의 흥미로운 점이에요.

제 4 장

루아르 지방, 론 지방

오늘은 루아르 지방과 론 지방으로 가보죠. 루아르와 론은 프랑스를 대표하는 루아르강과 론강을 따라 펼쳐진 와인 생산지입니다. 루아르강은 동에서 서로, 론강은 북에서 남으로 흐르는데 와인의 맛도 대조적이에요. 루아르는 산뜻한 화이트와인이 메인이고, 론은 진한 레드와인이 메인이죠. 오늘 수업은 맛이 점점 진해지는 흐름으로 진행해볼게요.

루아르 지방

먼저 루아르 지방입니다. 프랑스에서 가장 큰 강인 루아르강을 따라 펼쳐진 일대로, 크게 4개 지구로 나뉩니다. 이 4개 지구는 각각 기후도, 재

배되는 포도 품종도 다르다는 것이 루아르의 가장 큰 특징이에요. 프랑스에서도 상당히 북쪽에 있는 지역으로, 대서양의 멕시코 만류 덕분에 겨울에도 혹한이 없어서 포도 재배에 알맞은 기후예요.

여행 회사의 팸플릿을 보면 루아르는 '고성 투어'로도 유명해요. 11~15세기에 세워진 고성이 여기저기에 100개 이상 있어서, 아름다운 풍광 때문에 '프랑스의 정원(Jardin de la France)'으로도 불려요. 정말 깜짝 놀랄 정도로 아름다운 성이 많아서 역사를 느낄 수 있고, 옛 귀족의 휴양 장소로서 상당히 다채로운 풍경을 지니고 있어요. 의외로 알려지지 않은 사실은, 레오나르도 다 빈치가 만년에 이탈리아를 떠나 이곳 루아르에서 생을 마감했다는 거예요. 투르(Tours)에서 약간 동쪽에 있는 앙부아즈(Amboise)의 클로 뤼세 성(Château du Clos Lucé)에서 그가 모나리자를 계속 그렸다고 해요. 그럼 이제부터 구체적으로 5개 지구를 살펴볼까요?

5개 지구에서 재배되는 포도가 다르다

먼저 루아르강의 가장 하류, 낭트(Nantes)시를 중심으로 펼쳐지는 곳이 페이 낭테(Pays Nantais) 지구예요. 여기에서는 청포도인 뮈스카데가 재배돼요. '페이 낭테' 하면 '뮈스카데'라고 바로 답할 정도로 뮈스카데를 꼭 기억해두세요. 실제로 몇 년 전까지 뮈스카데로 양조된 화이트와인만 A.O.C.로 인정됐어요.

뮈스카데는 품종 고유의 향이 약한 포도로, 샤르도네보다 더 특유의 향이 없는 부드러운 품종이어서 '쉬르 리'하여(찌꺼기의 감칠맛을 더하여) 양조될 때가 많아요. 테이스팅 수업에서 뮈스카데와 샤블리를 혼동하는 사람이 꽤 있는데요, 그도 그럴 것이 실은 뮈스카데와 샤르도네는 형제예요(부모는 피노 누아와 구애 블랑). 뮈스카데와 샤블리를 비교하며 마실 때 느껴지는 가장 큰 차이점은 바로 입에 닿는 감촉이에요. 두 가지 다 미네랄 느낌과 산뜻한 산미가 특징인 화이트와인이지만, 뮈스카데는 입에 머금

〈루아르 지방 개요〉

| 재배 면적 | 약 5.8만ha(84%가 A.O.C.와인의 재배 면적) |
| 연간 생산량 | 약 242만hl(레드·로제와인: 48%, 화이트와인: 52%) |

생산 지구	기후	토양	청포도	적포도	와인 타입
Pays Nantais 페이 낭테	해양성	화성암, 변성암	뮈스카데	가메, 카베르네 프랑	드라이 화이트, 로제·레드
Anjou-Saumur 앙주 소뮈르	해양성	석회질※	슈냉 블랑	카베르네 프랑, 카베르네 소비뇽, 가메, 그롤로	드라이~스위트 화이트, 귀부, 로제·레드
Touraine 투렌	해양성 대륙성	석회암	슈냉 블랑, 소비뇽 블랑	카베르네 프랑, 가메, 그롤로	드라이~스위트 화이트, 로제·레드
Centre Nivernais 상트르 니베르네	대륙성	석회암, 점토질	소비뇽 블랑	피노 누아, 가메	드라이 화이트, 로제·레드

※ 석회질 토양은 부르고뉴의 샤블리 지구에서는 키메리지앙, 루아르에서는 튀포(Tuffeau)로 불린다.

으면 물처럼 깔끔하고 가벼워요. 반면 샤블리는 입에 머금었을 때 좀 더 걸쭉한 느낌이고, 뮈스카데에 비해 감칠맛도 약간 느껴지죠. 꼭 한번 비교해서 마셔보세요. 페이 낭테 지구에서는 청포도인 뮈스카데 외에 적포도(가메나 카베르네 프랑)도 소량 재배합니다.

다음은 앙주 소뮈르 지구(Anjou-Saumur) 지구입니다. 이 지구의 가장 큰 특징은 토양에 석회질이 많이 함유되어 있다는 점이에요. 그래서 미네랄이 풍부한 포도가 자라죠. 청포도는 슈냉 블랑(Chenin Blanc)이라는 품종이 재배돼요. 이 포도는 원래 당도가 높은 포도여서 과숙시켜(귀부균이 붙으면) 귀부 포도가 되기도 해요. 따라서 이 지역에서는 슈냉 블랑으로 드라이부터 스위트, 귀부와인까지 다양한 화이트와인이 양조돼요. 적포도는 카베르네 프랑, 카베르네 소비뇽을 주로 사용하고(루아르 지방의 적포도 중에서 가장 많이 재배되는 것이 카베르네 프랑이에요) 가메나 그롤로(Grolleau)라는 품종도 재배됩니다.

더 상류로 가면 투렌(Touraine) 지구예요. 투르(Tours)와 오를레앙(Orléans,

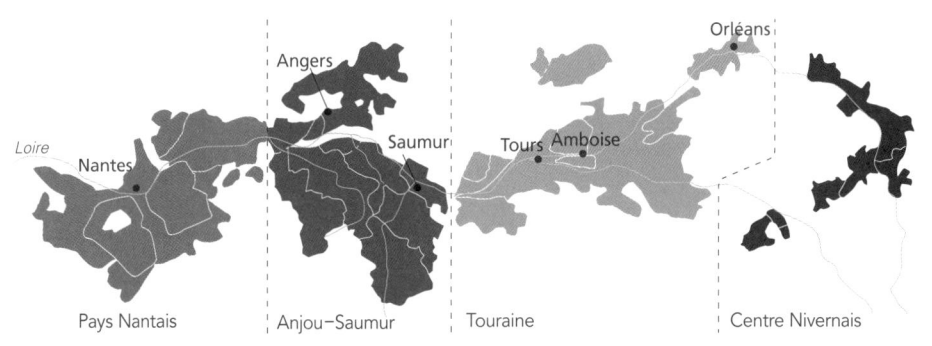

오를레앙은 중세에 파리와 함께 프랑스에서 가장 번성한 도시)이라는 커다란 두 도시가 있어요. 파리에서 TGV로 1시간 정도이니 방문하기도 쉽죠. 그렇다고 해도 루아르강의 전체 길이가 1,000㎞나 되므로 루아르의 끝에서 끝까지 이동하기는 상당히 힘들어요. 앙주 소뮈르 지구와의 경계(서쪽)는 페이 낭테 지구와 마찬가지로 해양성 기후이지만, 점차 내륙으로 들어가면 대륙성 기후(부르고뉴와 동일)예요. 재배되는 품종은 슈냉 블랑과 소비뇽 블랑. 둘 다 제1아로마(품종의 고유 향기)가 상당히 강한 청포도 품종이에요. 적포도는 카베르네 프랑, 가메, 그롤로가 재배돼요.

다음으로 상트르 니베르네(Centre Nivernais) 지구예요. 상트르(Centre)는 '센터'라는 뜻이고 니베르네(Nivernais)는 옛 지방 이름인데, 지도를 보면 알 수 있듯이 '프랑스의 중앙'에 있어요. 주로 재배되는 청포도는 소비뇽 블랑이에요. '루아르 지방의 소비뇽 블랑'은 기본적으로 이 상트르 니베르 지구의 품종을 말해요. 적포도는 부르고뉴와 똑같이 피노 누아와 가메가 재배돼요. 이 지역의 동쪽이 바로 부르고뉴죠. 마지막으로 중앙고원지구가 있어요. 이 지구는 지도에 실려 있지 않은데, 상트르 니베르네의 남쪽에 펼쳐져 있는 산지예요. 중앙공원지구의 동쪽이 부르고뉴의 남부이고 재배되는 청포도는 샤르도네, 적포도는 가메예요. 보졸레의 품종과 똑같죠!

이처럼 루아르 지방은 5개 지구에서 재배되는 포도 품종이 각각 다르며, 각 포도 품종을 보면 알 수 있듯이 장기 숙성형보다는 산뜻하게 마실 수 있는 과일향의 조기 소비형이 많아요. 그리고 프랑스 A.O.C.와인의 생산량으로는 보르도와 이다음에 이야기할 론에 이어 3위를 차지해요.

비율로는 레드와 로제가 48%, 화이트가 52%로 거의 반반이죠.

싱그러운 풋내가 부드러운 소비뇽 블랑

루아르 지방의 포도에 대해 조금 더 이야기해볼게요. 청포도인 뮈스카데의 시노님(별명)은 믈롱 드 부르고뉴(Melon de Bourgogne, 부르고뉴의 멜론) 또는 믈롱 블랑(Melon Blanc)이라고 해요. 부르고뉴가 원산지이며 샤르도네, 알리고테 등과 형제인 품종이에요. 루아르 지방의 포도는 별명이 많아서 슈냉 블랑이 피노 드 라 루아르(Pineau de la Loire), 소비뇽 블랑이 블랑 퓌메(Blanc Fumé), 카베르네 프랑이 브르통(Breton)이라고 불려요. 이들 품종은 마실 기회도 많을 테니 꼭 기억해두세요.

뮈스카데는 앞서 이야기했듯이 맛이 산뜻해서 깔끔한 음식에 잘 어울려요. 가격도 적당하니까 집에서 시원하게 냉장해두고 생선회나 나물 반찬 등과 함께하면 정말 좋아요.

슈냉 블랑은 남아프리카와 오스트레일리아에서도 재배되는데 원산지는 루아르예요. 그래서 프랑스에서는 루아르에서 가장 많이 재배돼요. 모과나 꿀 같은 단맛이 느껴지는 향과 꽉 찬 산미가 특징으로, 스위트에

〈루아르 지방의 주요 품종〉

청포도	뮈스카데 = 믈롱 드 부르고뉴, 슈냉 블랑 = 피노 드 라 루아르, 소비뇽 블랑 = 블랑 퓌메, 므뉘 피노(Menu Pineau) = 아르부아(Arbois), 샤르도네, 샤슬라(Chasselas)
적포도	카베르네 프랑 = 브르통, 가메, 그롤로, 말백(Malbec) = 코(Cot), 피노 도니(Pineau d'Aunis), 피노 누아, 카베르네 소비뇽

서 드라이까지 다양한 타입의 화이트와인이 양조돼요.

소비뇽 블랑은 앞서 보르도에서도 다뤘죠. 다만 루아르가 석회질이 더 많은 토양이어서 이곳의 소비뇽 블랑은 산과 미네랄이 풍부해요. 그리고 감귤류 중에서도 자몽 향이 들어있는 우아한 소비뇽 블랑이에요. 이른바 소비뇽 블랑의 톡 쏘는 허브의 뉘앙스나 풋내 느낌(보르도나 뉴질랜드의 소비뇽 블랑 같은)을 별로 안 좋아하는 사람도 루아르의 소비뇽 블랑은 맛있게 마실 수 있을 거예요. 기본적으로 소비뇽 블랑의 풋내는 아스파라거스나 허브향이 나는 요리와 잘 어울려요. 하지만 루아르의 소비뇽 블랑은 좀 더 부드러운 느낌이어서, 뮈스카데와 마찬가지로 일반적인 가정 요리와도 이질감 없이 잘 어울려요.

소믈리에 시험 직전에 학생들과 테이스팅 수업을 해보면, 보르도나 뉴질랜드의 소비뇽 블랑은 특징이 분명해서 그런지 다들 바로 답을 맞춰요. 반면 루아르의 소비뇽 블랑은 풋내가 적어서 그 살짝 나는 풋내를 알아채지 못하고, 산과 미네랄의 뉘앙스로 '샤르도네' 혹은 '알자스 리슬링'이라고 답하는 사람이 의외로 많죠. 독일의 리슬링에 비해 알자스 리슬링은 산미가 꽉 차 있고 감귤 향도 조금 나서 헷갈리기 쉽거든요.

페이 낭테 지구의 A.O.C.: 루아르강 하류의 뮈스카데

지금부터는 루아르의 A.O.C.를 페이 낭테 지구부터 순서대로 살펴보죠. 앞서 말했듯 페이 낭테 지구는 뮈스카데로 만든 드라이 화이트와인의 산지예요. 예전에는 드라이 화이트와인만의 A.O.C.가 4개 있었지만, 2011년부터 레드·로제·화이트와인의 새로운 A.O.C.가 인정되었어요. 이

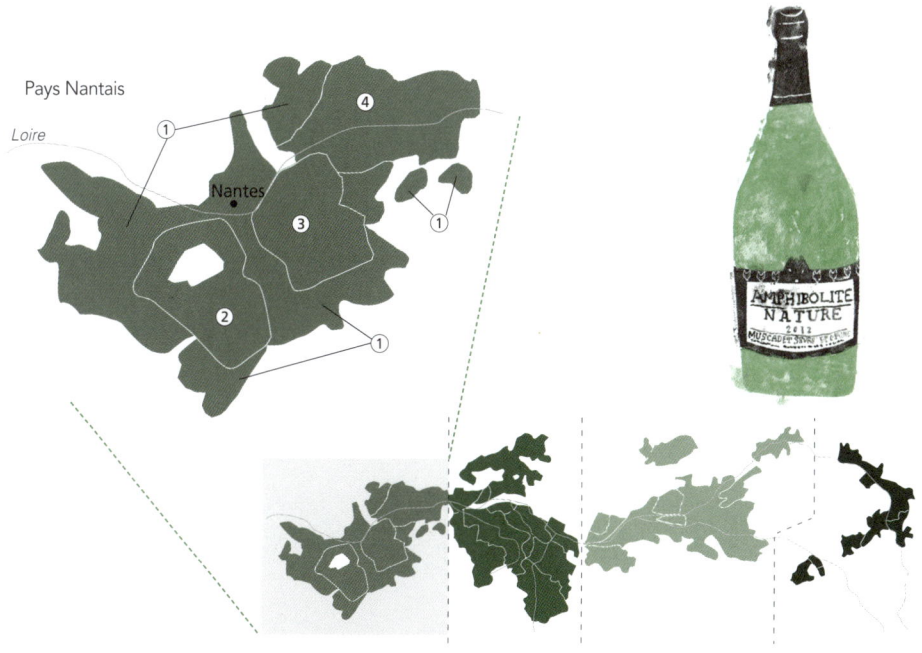

〈페이 낭테 지구의 A.O.C〉

지역/지구 이름 A.O.C.	소지구/마을 이름 A.O.C.	레드	로제	화이트
① Muscadet 뮈스카데				○
	② Muscadet-Côtes de Grandlieu 뮈스카데 코트 드 그랑리유			○
	③ Muscadet-de Sèvre et Maine 뮈스카데 드 세브르 에 멘			○
	④ Muscadet-Coteaux de la Loire 뮈스카데 코토 드 라 루아르			○
	Gros Plant du Pays Nantais 그로 플랑 뒤 페이 낭테			○
	Fiefs Vendéens Brem 피에프 방데앙 브렘	●	●	○
	Fiefs Vendéens Chantonnay 피에프 방데앙 샹토네	●	●	○
	Fiefs Vendéens Mareuil 피에프 방데앙 마뢰이	●	●	○
	Fiefs Vendéens Pissotte 피에프 방데앙 피소트	●	●	○
	Fiefs Vendéens Vix 피에프 방데앙 빅스	●	●	○
	Coteaux d'Ancenis 코토 당스니	●	●	○

곳에서 예전부터 레드와 로제도 만들긴 했지만, 생산량이 적거나 여러 기준을 충족하지 못해서 A.O.C.로는 인정받지 못했죠. 현재는 양조 기술도 발달하고 품질도 높아져서 A.O.C.를 내걸 수 있게 되었어요.

원래 있던 4개의 A.O.C. 이름에는 '뮈스카데(Muscadet)'라는 품종명이 들어가 있어요. 이는 매우 드문 경우로 프랑스에서 A.O.C. 이름에 품종명이 들어간 사례는 달리 없어요. '뮈스카데'라는 지명이 있는 것이 아니라, 뮈스카데를 재배하는 생산 지역을 '뮈스카데 무엇무엇'이라고 A.O.C.로 인정하고 있죠. 흔히 볼 수 있는 루아르의 A.O.C.는 재배 면적이 가장 큰 뮈스카데 드 세브르 에 멘(Muscadet-de Sèvre et Maine)③일 거예요. 쉬르 리한 와인이 많아서 라벨 어딘가에 'Sur Lie'라고 쓰여 있을 텐데요, 쓰여 있지 않더라도 마시면 바로 알 수 있어요. 쉬르 리한 와인은 효모 찌꺼기의 감칠맛이 녹아들어서 이스트향 같은, 은은하면서 부드럽고 고소한 향이 나기 때문이죠.

앙주 소뮈르 지구의 A.O.C.:
레스토랑에서 화이트와인을 딱 1병만 고를 수 있다면

다음은 앙주 소뮈르 지구입니다. 앙제(Angers)시 주변부터 소뮈르(Saumur)시 주변에 펼쳐진 지구로, 정말 다양한 토양에서 여러 포도 품종이 재배되고 레드, 로제, 화이트(드라이~스위트, 귀부), 스파클링와인까지 각종 타입의 와인이 양조돼요. 이곳에는 여러 A.O.C.가 있는데, 화이트와인(슈냉 블랑)은 사브니에르(Savennières)⑦를 꼭 알아두세요. 슈냉 블랑을 주로 사용하여 드라이에서 스위트까지 양조되는 화이트와인으로 유명합니다. 하나의 A.O.C.인데 드라이에서 스위트까지 다양한 스타일의 와인이 나오죠.

사브니에르 마을 안에는 쿨레 드 세랑(Coulée-de-Serrant)이라는 7ha짜리 밭이 있어요. 원래 A.O.C.는 사브니에르뿐이어서 쿨레 드 세랑은 거기에 밭 이름을 추가로 쓰는 형태였는데, 2011년에 'A.C.쿨레 드 세랑'으로 독립했어요. 쿨레 드 세랑은 니콜라 졸리(Nicolas Joly)라는 사람의 모노폴이에요. 니콜라 졸리는 비오디나미(부르고뉴 수업 때 이야기한 궁극의 유기농법)의 일인자예요. 루아르 지방을 대표하는 고급 화이트와인으로, 레스토랑의 와인 리스트에서 쿨레 드 세랑을 발견하면 기분이 좋아져요. 예를 들어 레스토랑에 가서 어떤 와인을 마실지 고민이 될 때가 있죠. 애피타이저부터 고기 요리 직전까지 화이트와인을 마시고 싶을 때는 슈냉 블랑으로 만든 와인이 가장 적합해요. 뮈스카데는 뭔가 좀 아쉬울 수 있는데, 슈냉 블랑은 맛도 탄탄해서 가벼운 고기 요리까지 커버할 수 있어요. 슈냉 블랑을 1병 따고 마지막으로 글라스 레드와인을 한 잔 더 하는 식으

로 마실 수 있죠. 최근에는 남아프리카의 슈냉 블랑도 인기인데, 상당히 폭넓은 요리에 어울린다는 점이 이 품종의 인기 이유 중 하나일 거예요.

   참고로 여러분은 레스토랑에서 와인을 주문할 때 얼마를 기준으로 하나요? 보통 때라면 5만 원, 조금 좋은 와인을 마실까 할 때는 10만 원 정도 예산일까요. 부르고뉴의 화이트와인은 좋은 생산자가 만든 좋은 밭의 와인이라면 적어도 20만 원 정도죠. 더군다나 좋은 빈티지나 숙성이 진행된 와인은 가격이 그 이상이고요. 그래서 적당한 예산으로 좋은 느낌의 화이트와인을 마시고 싶을 때 사브니에르를 노리면 좋아요. 저도 식당

〈앙주 소뮈르 지구의 A.O.C.〉

지역/지구 이름 A.O.C.	소지구/마을 이름 A.O.C.	레드	로제	화이트
⑥ Anjou 앙주		●		○ (드라이~스위트)
Anjou Gamay 앙주 가메		●		
⑤ Anjou Coteaux de la Loire 앙주 코토 드 라 루아르				○ (세미스위트·스위트)
	Anjou Villages 앙주 빌라주	●		
	⑧ Anjou Villages Brissac 앙주 빌라주 브리삭	●		
	⑧ Coteaux de l'Aubance 코트 드 로방스			○ (스위트)
⑨ Coteaux du Layon 코토 뒤 레용				○ (스위트)
	Coteaux du Layon+Commune 코토 뒤 레용 + 코뮌			○ (스위트)
	Coteaux du Layon premier cru Chaume 코토 뒤 레용 프르미에 크뤼 숌			○ (스위트)
	Quarts de Chaume 카르 드 숌			○ (스위트)
	Bonnezeaux 본느조			○ (스위트)
	⑦ Savennières 사브니에르			○ (드라이~스위트)
	Coulée-de-Serrant 쿨레 드 세랑			○ (드라이~스위트)
	Savennières Roche-aux-Moines 사브니에르 로슈 오 무안			○ (드라이~스위트)

의 와인 리스트를 보면 사브니에르가 있는지 반드시 체크하거든요. 대부분 비싸지 않은 가격에 마실 수 있고, 90년대 후반에 생산된 숙성이 잘 진행된 사브니에르는 지금이 시음 최적기예요. 그 이상 숙성하면 시음 적기가 지나기 때문에, 90년대 후반의 사브니에르를 발견한다면 꼭 한번 마셔보세요. 이런 느낌으로 다양하게 골라 마실 수 있는 것이 바로 슈냉 블랑이라는 청포도예요.

사브니에르와 함께 앙주 소뮈르 지구에서 추천할 만한 레드와인과 로제와인의 A.O.C.가 있어요. 먼저 레드와인. 소뮈르 샹피니(Saumur Champigny)⑩는 카베르네 프랑을 주로 사용한 A.O.C.인데, 루아르강 유역

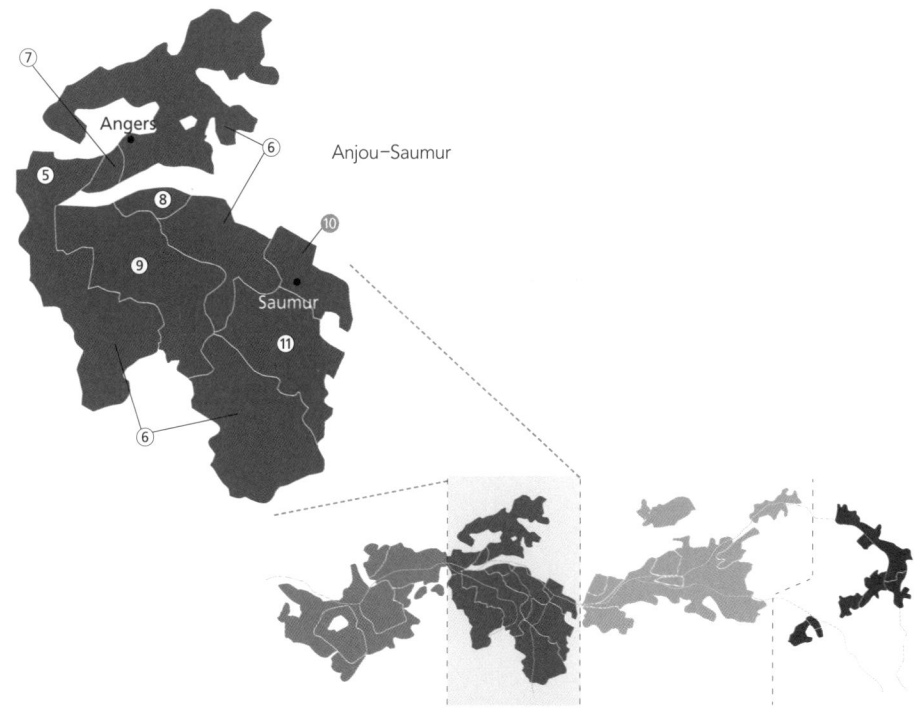

의 고급 레드와인 중 하나로 꼽혀요.

다른 하나는 로제 당주(앙주의 로제)라는 세미 스위트 A.O.C.예요. 그롤로라는 이 지방 고유의 적포도를 주로 사용하여 만들어요. 가격도 루아르의 A.O.C. 중에 적당하고, 부드러운 단맛이 특징이어서 인기가 많은 로제와인이에요.

그 외에도 크레망 드 루아르(Crémant de Loire)가 있어요. 루아르의 크레망은 주로 소뮈르 지구에서 양조되는데, 슈냉 블랑과 샤르도네를 주로 사용해요. 샤르도네를 메인으로 양조되는 크레망 드 부르고뉴에 비해 슈냉 블랑이 들어 있는 만큼 과일맛이 나는 부드러운 풍미로 완성돼죠.

〈앙주 소뮈르 지구의 A.O.C.〉

마을 이름 A.O.C.	Premier Cru A.O.C.	레드	로제	화이트
⑪ Saumur 소뮈르		●		○
	Saumur Puy-Notre-Dame 소뮈르 퓌 노트르 담	●		
	⑩ Saumur Champigny 소뮈르 샹피니	●		
	Coteaux de Saumur 코토 드 소뮈르	●		○ (스위트)
Crémant de Loire 크레망 드 루아르			스파클링	스파클링
Anjou Mousseux 앙주 무쇠			스파클링	스파클링
Saumur Mousseux 소뮈르 무쇠			스파클링	스파클링
Rosé de Loire 로제 드 루아르			●	
Rosé d'Anjou 로제 당주			● (세미 스위트)	
Cabernet d'Anjou 카베르네 당주			● (세미 스위트)	
Cabernet de Saumur 카베르네 드 소뮈르			●	

투렌 지구의 A.O.C.:
루아르를 대표하는 레드와인 시농과 화이트와인 부브레

다음은 투렌 지구네요. 투렌시를 중심으로 펼쳐져 있으며, 이 지역도 토양이 다양하게 분포되어 있어요. 여러 포도 품종이 재배되어 화이트와인도 드라이부터 스위트, 귀부까지 양조되고, 레드와 로제, 스파클링와인도 생산돼요.

그중에서도 알아두었으면 하는 A.O.C.가 2개 있어요. 먼저 시농(Chinon)⑭입니다. A.C.시농의 생산 가능한 와인의 색은 레드·로제·화이트인데, 카베르네 프랑을 주로 사용하여 만드는 레드와인이 특히 유명해요. 카베르네 프랑이라는 포도 품종은 카베르네계 특유의 풋내(카베르네 소비뇽에도 나타나는 공통적인 특징)와 함께 산과 타닌을 지니고 있지만, 카베르네 소비뇽만큼 강하지는 않아요. 예전에 루아르의 미슐랭 2스타 레스토랑에서 식사를 했을 때, 메인인 고기 요리(쇠고기 안심)에 맞추어 소믈리에가 시농을 권했어요. 역시 자기 고장의 와인에 자부심이 있다고 느꼈

죠. 시농도 앞서 이야기한 소뮈르 샹피니와 마찬가지로 고급 레드와인 중 하나로 유명해요.

또 하나의 A.O.C.는 슈냉 블랑을 주로 사용한 화이트와인 A.C.부브레 (Vouvray)⑯예요. 부브레도 (사브니에르와 마찬가지로) 드라이부터 스위트까지 있어요. 부브레는 와인숍에서도 자주 볼 수 있고, 저도 데일리로 마실 때 자주 고르는 화이트와인이에요. 해외의 프렌치 레스토랑에서도 루아르의 와인이라면 레드는 시농, 화이트는 부브레를 리스트에 올리는 곳이 꽤 많아요.

⟨투렌 지구의 A.O.C⟩

마을 이름 A.O.C.	Premier Cru A.O.C.	레드	로제	화이트
⑮ Touraine 투렌		●	●	○
Touraine Gamay 투렌 가메		●		
Touraine Amboise 투렌 앙부아즈		●	● (드라이·세미 스위트)	○ (드라이·세미 스위트)
Touraine Mesland 투렌 메슬랑		●	● (드라이·세미 스위트)	○ (드라이·세미 스위트)
Touraine Noble-Joué 투렌 노블 주에			●	
Touraine Chenonceaux 투렌 슈농소		●		○
Touraine Oisly 투렌 우알리				○
Touraine Azay-le-Rideau 투렌 아제 르 리도			●	○ (드라이·세미 스위트)
⑳ Orléans 오를레앙		●	●	○
Orléans-Cléry 오를레앙 클레리		●		
	⑫ Saint-Nicolas-de-Bourgueil 생 니콜라 드 부르게이	●	●	
	⑬ Bourgueil 부르게이	●	●	
	⑭ Chinon 시농	●	●	○
	⑯ Vouvray 부브레			○ (드라이-스위트)
	⑰ Montlouis-sur-Loire 몽루이 쉬르 루아르			○ (드라이-스위트)
⑱ Cheverny 슈베르니		●	●	○
⑱ Cour-Cheverny 쿠르 슈베르니				○
⑲ Valençay 발랑세		●	●	○
Coteaux du Loire 코토 뒤 루아르		●	●	○
㉑ Jasnières 자니에르				○
㉒ Coteaux du Vendômois 코토 뒤 방도무아		●	● (그리)※	○
Crémant de Loire 크레망 드 루아르			스파클링	스파클링
Touraine Mousseux 투렌 무쇠			스파클링	스파클링
Vouvray Mousseux 부브레 무쇠				스파클링
Vouvray Pétillant 부브레 페티양				스파클링
Montlouis-sur-Loire Mousseux 몽루이 쉬르 루아르 무쇠				스파클링
Montlouis-sur-Loire Pétillant 몽루이 쉬르 루아르 페티양				스파클링
Rosé de Loire 로제 드 루아르			●	

※ 그리(Gris): 옅은 색의 로제 와인

상트르 니베르네 지구의 A.O.C.:
맑고 또렷한 소비뇽 블랑을 즐길 수 있다

마지막으로 상트르 니베르네(Centre Nivernais) 지구를 살펴볼게요. 이 지역은 소비뇽 블랑으로 양조한 드라이 화이트와인이 대표적으로, 그중에서도 다음의 세 A.O.C.는 꼭 알아두었으면 해요.

우선 푸이 퓌메(Pouilly Fumé)❷❽입니다. 소비뇽 블랑 100%로 양조되는 화이트와인 A.O.C.예요. 캥시(Quincy)❷❹는 소비뇽 블랑을 주로 사용하여 양조돼요. 100%인 것도 많지만 주 품종으로 사용하여 만드는 것이 A.O.C. 규정이에요.

〈상트르 니베르네 지구의 A.O.C.〉

소지구/마을 이름 A.O.C.	레드	로제	화이트
㉑ Coteaux du Giennois 코토 뒤 지에누아	●	●	○
㉒ Châteaumeillant 샤토메양	●	●(그리)	
㉓ Pouilly Fumé 푸이 퓌메			○
㉓ Pouilly-sur-Loire 푸이 쉬르 루아르			○
㉓ Reuilly 뢰이	●	●	○
㉔ Quincy 캥시			○
㉕ Menetou-Salon 므느투 살롱	●	●	○
㉖ Sancerre 상세르	●	●	○

 그리고 상세르(Sancerre)㉖. 여러분이 루아르 와인 중에서 아마도 가장 볼 기회가 많은 것이 이 상세르(혹은 푸이 퓌메)일 텐데요. 상세르의 생산 가능한 와인 색은 3가지이며 레드와 로제와인은 피노 누아 100%, 화이트와인은 소비뇽 블랑 100%로 양조됩니다. 상세르의 토양은 석회질이 많아서 이곳의 화이트와인은 미네랄이 풍부해요. 소비뇽 블랑은 프랑스의 다양한 지방에서 재배되지만, 저는 그중에서도 상세르를 자주 마셔요. 다른 지방의 소비뇽 블랑에 비해 산미도 풍부하고 미네랄도 가득한 느낌으로, 맑고 또렷한 점이 좋아서 집에서도 샐러드나 채소찜 등과 함께 즐깁니다.

장어 양념구이와 타르트 타탕

 루아르 지방은 전통 요리도 독특해요. 루아르강을 따라 늘어선 지역인 만큼 민물고기인 노던 파이크, 장어, 잉어 등이 유명하죠. 그 중에 카르

페 아 라 샹보르(Carpe à la Chambord) 즉 '샹보르풍 잉어(잉어 레드와인 조림)'라는 요리가 있어요. 샹보르성이라는 커다란 성이 오를레앙에서 투르를 향하는 길에 있는데, 그 지역의 요리라서 '샹보르풍'이죠. 샹보르성이 투렌 지구에 있으므로, 앞서 소개한 레드와인인 '시농'을 함께하면 좋아요.

마틀로트 당기유(Matelote d'Anguille 장어 레드와인 조림)라는 요리도 잉어와 마찬가지로 기름기가 많고 묵직한 맛이어서 시농의 레드와인이 딱 맞아요. 기회가 된다면 장어 양념구이에 시농의 레드와인을 꼭 함께 매칭해보세요. 카베르네 프랑의 풋내와 산초 향의 궁합이 훌륭해서 뭐라 표현할 길이 없어요. 물론 시농의 레드와인은 생선 요리뿐 아니라 고기 요리에도 잘 어울린답니다.

루아르는 아스파라거스의 유명 산지이기도 해서, 간단히 데친 아스파라거스에는 소비뇽 블랑이 잘 맞아요. '아스파라거스 소스 무슬린(Asperges Sauce Mousseline, 거품을 낸 크림 타입의 소스)'에는 슈냉 블랑이 어울리고요. 슈냉 블랑을 주로 사용한 부브레 무쇠(기포)라는 스파클링와인이나 소뮈르 무쇠(Saumur Mousseux, 이것 역시 슈냉 블랑이 메인)도 아스파라거스 요리와 잘 어울려요. 그리고 부브레 무알뢰(Vouvray Moelleux)라는 세미 스위트, 옅은 스위트 풍미의 화이트와인은 크림의 뉘앙스와 잘 어울리죠.* 물론 어디까지나 취향의 문제라서 소비뇽 블랑 역시 크림의 풍미와 잘 맞아요.

그리고 프랑스의 유명한 사과 디저트인 타르트 타탕(Tarte Tatin)도 사실

---

* 무알뢰는 A.O.C.이름이 아니라 세미 스위트 당도의 표현이다. '무알뢰 맛' = 옅은 단맛이라는 뜻.

은 루아르의 전통 과자예요. 이런 달콤한 과자에도 부브레 무알뢰가 아주 잘 어울려요. 이렇게 루아르 지방의 요리와 와인을 함께하는 법을 알아봤어요.

  루아르는 북쪽에 있어서 산미가 뚜렷한 느낌의 화이트와인이 많다는 인상인데요, 레드와인도 A.C.시농처럼 카베르네 프랑을 주로 사용한, 무겁지 않은 레드와인이 주로 생산됩니다. 게다가 루아르는 비오디나미 농법의 본고장이라고 해도 될 정도예요. 프랑스에서 처음으로 비오디나미로 와인 양조를 성공한 사브니에르의 니콜라 졸리를 비롯하여, 푸이 퓌메의 디디에 다그노(Didier Daguneau), 부브레의 위에(Huet), 소뮈르 샹피니의 클로 루자르(Clos Rougeard) 등 유명 생산자가 줄을 잇고 있죠. 덧붙여 요즘 파리에서 인기 있는 비스트로의 와인 리스트는 대개 내추럴 와인을 중심으로 라인업이 되어 있고, 그런 가게에 가면 특히 루아르 와인이 보기 좋게 진열되어 있어요.

  그에 비해 이제부터 공부할 론 지방은 프랑스에서도 남쪽에 있고, 남

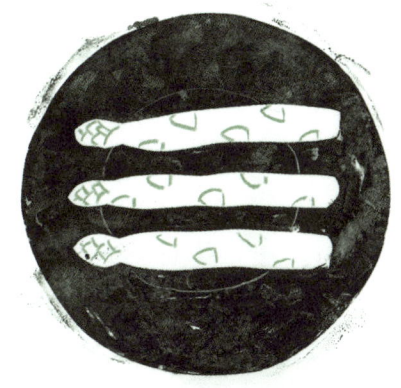

쪽으로 갈수록 일조량이 많아서 재배되는 포도도 적포도가 많아요. 태양을 듬뿍 받으며 익기 때문에 과일맛이 나는 강렬한 레드와인이 생산되죠. 자, 그럼 이제 론으로 가볼까요.

론 지방

로마 시대에 교통의 요지로 번성했던 비엔(Vienne)에서 아비뇽(Avignon)까지 남북으로 약 200km에 걸쳐 론강 양안에 펼쳐진 일대가 론 지방이에요. 아비뇽은 세계사에서 배운 지명인데 혹시 기억하시나요? 14세기 교황청이 로마에서 아비뇽으로 옮겨졌죠(아비뇽 유수 사건).

론 지방의 포도밭은 보시는 것처럼 북부와 남부로 뚜렷이 나뉘어 있어요. 북부와 남부에서 재배되는 포도 품종이 다른데 북부에서는 시라, 남

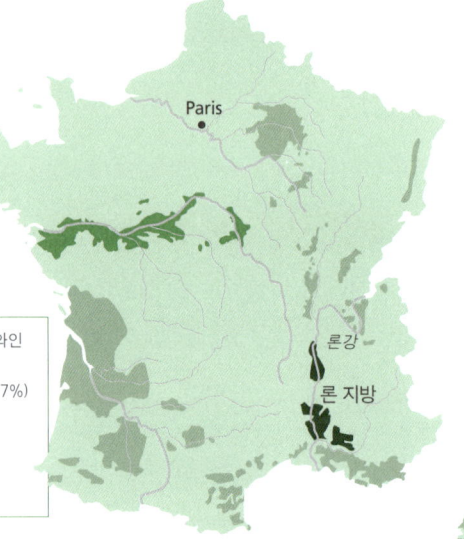

〈론 지방 개요〉

재배 면적	7만ha(생산량과 면적 모두 A.O.C.와인만의 수치)
연간 생산량	250만hl(레드·로제 93%, 화이트 7%)
기후	북부: 대륙성 기후 남부: 지중해성 기후
토양	북부: 화강암질, 편암질 남부: 점토, 모래, 석회암

228

부에서는 그르나슈를 키워요. 이 두 가지만 알아두어도 된다고 할 정도로 중요한 부분이에요. 론의 가장 큰 특징이죠. 그럼 북부와 남부는 각각 어떻게 다른지 구체적으로 살펴볼게요.

론은 북부와 남부를 합쳐 A.O.C.와인 생산량이 보르도에 이어 2위, I.G.P.와인 생산량도 2위(1위는 랑그독-루시용)인 대규모 산지예요. 생산량은 레드와 로제가 93%, 화이트가 7%로 90% 이상이 레드와 로제와인이에요. 북부와 남부는 기후도 토양도 다른데, 북부는 대륙성 기후, 남부는 지중해에 가까워서 지중해성 기후예요. 북부는 급경사면이 많으며 그 가운데 일조량이 많은 곳에서만 포도를 재배하고, 남부는 완만한 구릉

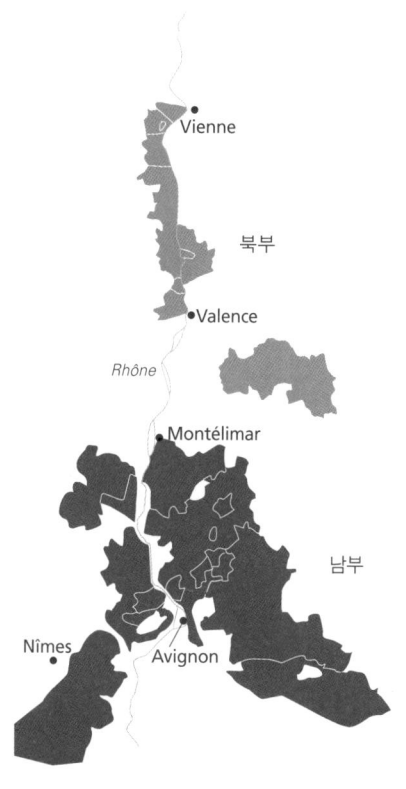

〈론 북부의 주요 품종〉

청포도	비오니에(Viognier), 루산(Roussanne), 마르산(Marsanne)
적포도	시라 = 세램(Serein)

※ 비오니에는 시라와 마찬가지로 론이 원산지인 포도 품종인데, 현재 피노 누아의 증손이며 시라와 형제로 추정된다.

지대 전체에서 포도가 재배돼요. 정말 대조적이죠. 게다가 북부의 와인은 단일 품종으로 양조되는 것이 많은 데 비해, 남부는 여러 품종을 블렌딩하여 만들어요. 론 남부의 와인 중에 가장 유명한 샤토뇌프 뒤 파프(Châteauneuf-du-Pape)는 (나중에 자세히 이야기하겠지만) 최대 13종을 블렌딩하여 양조됩니다.

론 북부 우안의 A.O.C.: 불타는 언덕과 불타는 대지

먼저 북부부터 살펴보죠. 론강을 따라 비엔(Vienne)에서 발랑스(Valence)까지 60여km의 급경사면과 약간 떨어져 있는 디(Die) 지구로 구성되어 있어요. 레드와인의 주요 품종은 시라. 시라의 특징은 뭐니 뭐니해도 강렬함과 스파이시함이죠. 산미와 타닌이 엄청 많아요. 입안에서 느껴지는 성분 하나하나의 함유량이 많아서 상당히 박력 있는 맛이에요. 사람이든 포도든 개성이 지나치게 강하면 힘들죠(웃음). 그래서 프랑스에서는 드물게 적포도의 강렬함을 부드럽게 만들기 위해 청포도를 섞는 것이 인정됩니다.

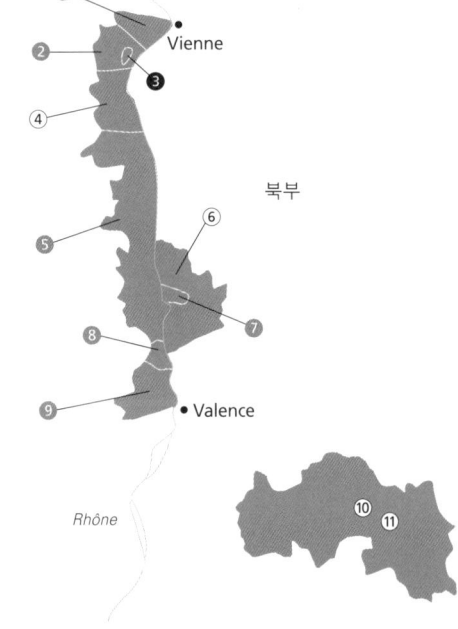

그리고 론강의 우안과 좌안으로 마을이 뚜렷이 나뉘어 있는 것도 론 지방의 특징이에요(양안에 걸쳐 있는 마을은 없어요). ❶의 코트 로티(Côte-Rôtie)는 프랑스어로 '불타는 언덕'이라는 뜻인데, 그 정도로 햇살이 강해서 포도가 잘 익어요. 토양이 좋아서 주변 밭에 비해 미네랄 느낌이 있는 우아한 와인이 양조됩니다. A.C.코트 로티는 기본적으로 시라가 80% 이상이며, 나머지는 비오니에라는 청포도 품종을 섞는 것이 인정돼요. 시라 100%인 코트 로티도 있고, 비오니에를 더한 것도 있죠. 북부에서 시라에 비오니에를 섞어서 양조할 수 있는 A.O.C는 코트 로티가 유일해요.

그 아래 ❷의 콩드리외(Condrieu). 이 와인도 앞으로 와인 리스트에서 보게 될 A.O.C일 텐데요. 비오니에 100%로 양조되는 화이트와인입니다. 복숭아 같은 과일맛과 꽃다발 같은 화려한 향이 특징인 품종이죠. 이 콩드리외 안에 조그맣게 ❸이 있는 것 보이시나요? 샤토 그리에(Château Grillet)라고 하는 3.5ha에 불과한, 론에서 가장 면적이 작은 A.O.C예

⟨론 북부의 A.O.C⟩

강안	지구/소지구/마을 이름 A.O.C.	레드	로제	화이트
전역	Côtes du Rhône 코트 뒤 론	●	●	○
우안	❶ Côte-Rôtie 코트 로티	●		
	❷ Condrieu 콩드리외(④에서도 생산)			○
	❸ Château-Grillet 샤토 그리에			○
	❺ Saint-Joseph 생 조제프(④에서도 생산)	●		○
	❽ Cornas 코르나스	●		
	❾ Saint-Péray 생 페레			○
	Saint-Péray Mousseux 생 페레 무쇠			스파클링
좌안	❻ Crozes-Hermitage 크로즈 에르미타주	●		○
	❼ Hermitage 에르미타주	●		○

요. 샤토 그리에도 비오니에 100%인 화이트와인으로, 네레 가셰(Neyret Gachet)라는 사람의 모노폴이었는데 (1827년부터 가족이 대대로 경영해왔으나) 2011년에 샤토 라투르의 오너에게 매각되었어요. '론의 몽라셰'로 불리기도 하는 샤토 그리에는 레스토랑의 와인 리스트를 보면 알 수 있겠지만, 론 와인 중에서도 상당히 비싸요. 하지만 역시 맛있는 와인이죠.

다음으로 아주 큰 A.O.C.가 생 조제프(Saint-Joseph)❺. 레드와 화이트 모두 생산이 인정됩니다. 그 아래 ❽의 코르나스(Cornas)는 켈트어로 '불탄 대지'라는 뜻인데, 글자 그대로 태양이 내리쬐는 급경사면에 포도밭이 계단식으로 펼쳐져 있어요. 시라 100%로 만드는 고급 레드와인 A.O.C.로 유명하며, 청포도를 섞지 않아서 파워풀하며 골격이 단단한 풍미로 완성됩니다. 론 북부의 우안에서는 일단 이 정도로 A.O.C.를 파악해 두세요.

〈론 북부의 A.O.C〉

강안	지구/소지구/마을 이름 A.O.C.	레드	로제	화이트
좌안	Hermitage(Vin de Paille)			스위트
	⑩ Clairette de Die 클레레트 드 디			스파클링 (드라이-스위트)
	Crémant de Die 크레망 드 디 스파클링			스파클링
	Coteaux de Die 코토 드 디			○
	⑪ Châtillon-en-Diois 샤티용 앙 디우아	●	●	○

론 북부 좌안의 A.O.C.: 진한 시라를 화이트와인으로 희석한다

좌안은 누가 뭐래도 에르미타주(Hermitage)❼가 유명하죠. 혹시 '에르미타주'라는 말을 들어본 적 있나요*? 이곳에서는 레드와 화이트와인이 모두 생산되는데 레드와인이 특히 유명하며 시라를 85% 이상 사용해요. 여기에 마르산과 루산이라는 두 가지 청포도를 혼합해도 됩니다. 앞서 이야기한 코트 로티는 시라 80%에 비오니에라는 청포도를 섞을 수 있고, 생 조제프는 에르미타주와 마찬가지로 시라에 마르산과 루산을 혼합하여 만들 수 있어요. 역시 청포도를 섞지 않으면 시라의 풍미가 지나치게 강하기 때문이죠.

에르미타주도 생 조제프도 화이트와인은 마르산과 루산으로만 양조돼요. 마르산과 루산은 비오니에처럼 향이 진한 청포도인데, 이 두 품종은 섞어서 양조될 때가 많아요. 에르미타주의 또 하나의 특징은 뱅 드 파유(Vin de Paille, 짚와인)를 소량 만든다는 거예요. 뱅 드 파유는 포도를 짚 위에서 응달 건조하여 당도를 높인 뒤 만드는 스위트 와인으로, 다음 시간에 이야기할 쥐라 지방 외에는 거의 만들지 않아요. 하지만 에르미타주에서 소량 생산된다는 점을 기억해두세요(자세한 내용은 다음 시간에 이야기할게요).

그리고 에르미타주 주위를 둘러싸듯이 있는 ⑥의 크로즈 에르미타주. 맛은 에르미타주에 비해 전체적으로 약간 가벼워요. 지금 말한 A.O.C.를

---

* '에르미타주'는 '숨어 있는 집'이라는 뜻으로, 13세기에 십자군인 은자가 이 땅에 숨어 살며 와인 양조를 시작한 데서 유래했다고 한다.

잘 알아두면 론 북부의 A.O.C.는 충분합니다. 론 와인은 레스토랑에서 적당한 가격에 맛있게 즐길 수 있는 와인으로 리스트에 다양하게 갖추어져 있어요. 론 와인을 좋아하는 사람 중에서는 골격이 단단한 레드와인을 좋아하는 사람이 많은 것 같아요. 저 역시 무게감 있는 레드와인을 추천해달라는 말을 들으면 시라를 메인으로 한 레드와인을 추천할 때가 많답니다. A.C.에르미타주는 가격대가 좀 있지만, A.C.크로즈 에르미타주나 A.C.코트 뒤 론 등은 가격이 적당해요.

A.C.코트 뒤 론은 론 전체 생산량의 50%를 차지합니다. 하나의 A.O.C.가 그 지방 생산량의 절반이나 차지하는 것은 A.C.코트 뒤 론뿐이에요. 생산 가능한 색은 3가지로 레드와인의 비율이 대부분을 차지하는

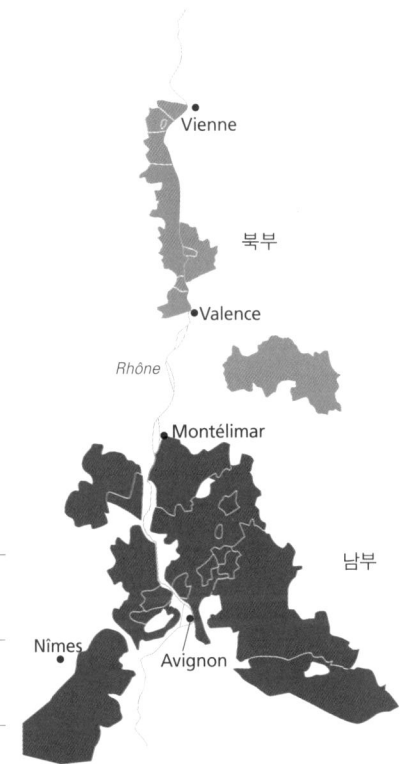

⟨론 남부의 주요 품종⟩

청포도	그르나슈 블랑, 루산, 마르산, 클레레트(Clairette), 부르블랭(Bourboulenc), 피크풀(Picpoul), 위니 블랑
적포도	그르나슈, 시라, 무르베드르(Mourvèdre), 생소(Cinsault or Cinsaut), 카리냥, 테레 누아(Terret noir)

데, 북부에서는 시라, 남부에서는 그르나슈를 주로 사용하여 만들어요.

다음은 남부로 가볼게요. 북부 끝에서 포도밭이 없는 구간이 60km 정도 이어진 뒤, 몽텔리마르(Montélimar)에서 아비뇽(Avignon)까지 약 80km에 이르는 구릉 지대에 포도밭이 펼쳐져 있어요. 북부와의 가장 큰 차이점은 여러 적포도 품종을 혼합하여 양조한다는 점과(그르나슈를 주로 사용) 레드·로제·화이트와인 외에 주정강화와인인 뱅 두 나튀렐(Vin Doux Naturel V.D.N.)을 만든다는 점이에요. 프랑스의 남부 지역에서는 주정강화와인이 양조됩니다. 론 남부의 A.O.C.로 가기 전에 우선 주정강화와인에 대해 간단히 이야기해둘게요. 주정강화와인은 주로 랑그독-루시용 지방(자세한 내용은 다음 시간에 이야기할게요)을 중심으로 프랑스 남부에서 양조되는데, 마실 기회는 드물지만 한번 마시면 좋아하는 사람이 많은 와인이에요.

달고 맛있는 주정강화와인

프랑스의 주정강화와인은 뱅 두 나튀렐(V.D.N.)과 뱅 드 리쾨르(Vins de Liqueurs V.D.L)라는 두 가지 타입으로 나뉘어요. 뱅 두 나튀렐은 '천연 스위트 와인'으로 번역하는데, 알코올 발효 도중에 브랜디 등 포도증류주(강한 알코올)를 첨가하여 발효를 중단시켜요. 발효가 멈추면 알코올 발효를 하기 위한 당분이 그대로 남아서 와인의 단맛이 됩니다. 이렇게 완성되는 스위트 와인이에요.

뱅 두 나튀렐이 중간까지 발효시킨 뒤 포도증류주를 첨가하는 데 반해, 뱅 드 리쾨르는 전혀 발효시키지 않고 포도증류주를 첨가해요. 즉 포

⟨뱅 두 나튀렐(V.D.N.)의 A.O.C.⟩

지방	A.O.C.	레드	로제	화이트	품종
Rhône 론	Muscat de Beaumes de Venise 뮈스카 드 보메 드 브니즈			○	화이트: Muscat à Petits Grains
	Rasteau 라스토 Rasteau Rancio 라스토 랑시오[*1] Rasteau hors d'âge[*2] 라스토 오르다주	●	●	○	레드·로제·화이트: Grenache 블렌딩
Corse 코르스	Muscat du Cap Corse 뮈스카 뒤 카프 코르스			○	화이트: Muscat à Petits Grains Blanc
Languedoc 랑그독	Muscat de Lunel 뮈스카 드 뤼넬			○	화이트: Muscat à Petits Grains Blanc
	Muscat de Mireval 뮈스카 드 미르발			○	화이트: Muscat à Petits Grains Blanc
	Frontignan 프롱티냥 Muscat de Frontignan 뮈스카 드 프롱티냥 Vin de Frontignan 뱅 드 프롱티냥			○	화이트: Muscat à Petits Grains Blanc • V.D.L.도 있다 • 유일하게 둘 다 있는 A.O.C.
	Muscat de Saint-Jean de Minervois 뮈스카 드 생 장 드 미네르부아			○	화이트: Muscat à Petits Grains Blanc
Roussillon 루시용	[*3]⑪ Maury 모리 Maury Rancio[*1] Maury hors d'âge[*2]	●		○	레드·화이트: Grenache Noir 75% 이상
	[*3]⑫ Banyuls 바니울스 Banyuls Rancio[*1] Banyuls hors d'âge[*2]	●	●	○	레드·로제·화이트: Grenache Noir 50% 이상
	Banyuls Grand Cru 바니울스 그랑 크뤼 Banyuls Grand Cru Rancio[*1] Banyuls Grand Cru hors d'âge[*2]	●			레드: Grenache Noir 75% 이상 • 나무통에서 30개월 이상 숙성
	[*3]⑩ Rivesaltes 리브잘트 Rivesaltes Rancio[*1]	●		○	
	[*3]⑩ Muscat de Rivesaltes 뮈스카 드 리브잘트			○	
	Grand Roussillon 그랑 루시용	●	●	○	
	Grand Roussillon Rancio[*1]	●	●	○	

*1 랑시오(Rancio)란 햇볕에 말린 나무통이나 병 안에서 장기 숙성시켜, 산화 작용으로 특유의 색과 풍미를 지니게 된 와인과 그 향을 뜻한다. 랑시오 향은 셰리(Sherry)나 마데이라(Madeira) 혹은 오랜 숙성을 거친 아르마냑(Armagnac) 등에서 느낄 수 있다.

*2 오르다주(hors d'âge)는 수확하고 나서 최소 5년 후 9월 1일까지 숙성시켜야 한다.

*3 ⑩~⑫는 p.280 루시용 지방을 참조.

도즙과 브랜디를 섞은 것뿐이라 할 수 있죠. 하지만 그 후에 나무통에서 숙성하므로 전체적으로 맛이 녹아들어 부드러운 느낌의 와인이 됩니다. 이때 첨가하는 증류주은 지방에 따라 다른데 코냑, 아르마냑, 마르(Marc) 등 다양한 포도증류주가 사용돼요.

뱅 두 나튀렐과 뱅 드 리쾨르에는 각각 여러 A.O.C.가 있어요. 우선 뱅 두 나튀렐 중 자주 보이는 것이 뮈스카 드 보메 드 브니즈(Muscat de Beaumes de Venise)예요. 론 남부에서 양조되는 와인입니다. 론 남부에서는 그 외에 라스토(Rasteau)라는 레드와인(스틸와인)만의 A.O.C.가 있는데, 라스토가 뱅 두 나튀렐이 되면 생산 가능한 색이 3가지(레드, 로제, 화이트)로 바뀌어요). 또 하나의 드문 A.O.C.가 랑그독의 프롱티냥(Frontignan)이에요. 프랑스에서 뱅 두 나튀렐과 뱅 드 리쾨르를 모두 생산할 수 있는 유일한 A.O.C.죠.

다음으로 뱅 드 리쾨르의 A.O.C.를 살펴볼게요. 코냑 지방의 피노 데 샤랑트(Pineau des Charentes)와 아르마냑 지방의 플로크 드 가스코뉴(Floc de Gascogne)는 제가 정말 좋아하는 A.O.C.예요. 예전에 프랑스에서 자동차를 타고 갈 때 라디오에서 피노 데 샤랑트의 광고가 나온 적이 있어요. 최근 프랑스에서는 주정강화와인이 식사 중에도 식후에도 좋다며 대대적으로 선전을 하는 듯해요. 일반적으로는 차게 해서 스트레이트로 마시지만, 소다수에 섞어 마시면 달콤하면서도 산뜻해서 아주 맛있답니다. 그리 비싸지 않은 가격인데다 알코올 도수가 높은 만큼 일반적인 와인에 비해 병을 딴 뒤에도 오래 보존할 수 있어서, 조금씩 마시며 즐길 수 있으니 꼭 한번 마셔보세요.

론 남부의 A.O.C.: 13품종을 블렌딩할 수 있는 '교황의 와인'

이제부터 론 남부의 A.O.C.로 가볼게요. 그중에서 유명한 것이 우선 타벨(Tavel)㉒이에요. 론 지방에서 유일하게 '로제만'의 A.O.C.입니다. 그르나슈를 주로 사용해서 향기롭고 맛이 좋아요. 프랑스의 로제 A.O.C. 중에서 가장 먼저 인정된(1936년) 유서 깊은 술이에요. 타벨 로제는 레드와인에 가깝게 향이 진하지만, 역시 로제이기 때문에 가벼운 풍미가 있어요. 지나치게 산뜻하지 않아서 인기가 있습니다.

그리고 론 남부의 대표 와인은 누가 뭐래도 A.C.샤토뇌프 뒤 파프(Châteauneuf-du-Pape)⑳예요. '교황의 새로운 성'이라는 뜻으로 14세기

〈뱅 드 리쾨르(V.D.L.)의 A.O.C.〉

지방	A.O.C.	레드	로제	화이트	품종
Jura 쥐라	Macvin du Jura 마크뱅 뒤 쥐라	●	●	○	레드·로제: Poulsards 외, 화이트: Chardonnay 외
Languedoc 랑그독	Clairette du Languedoc 클레레트 뒤 랑그독			○	화이트: Clairette 100% • Rancio도 있다
	Frontignan 프롱티냥 Muscat de Frontignan 뮈스카 드 프롱티냥 Vin de Frontignan 뱅 드 프롱티냥			○	화이트: Muscat à Petits Grains Blanc • V.D.N.도 있다 • 유일하게 둘 다 있는 A.O.C.
Cognac 코냑	Pineau des Charentes 피노 데 샤랑트	●	●	○	레드·로제: CS, CF 외, 화이트: Ugni Blanc 외
Armagnac 아르마냑	Floc de Gascogne 플로크 드 가스코뉴	●	●	○	레드·로제: CS, CF 외, 화이트: Colombard, Gros Manseng Ugni Blanc을 주로 사용

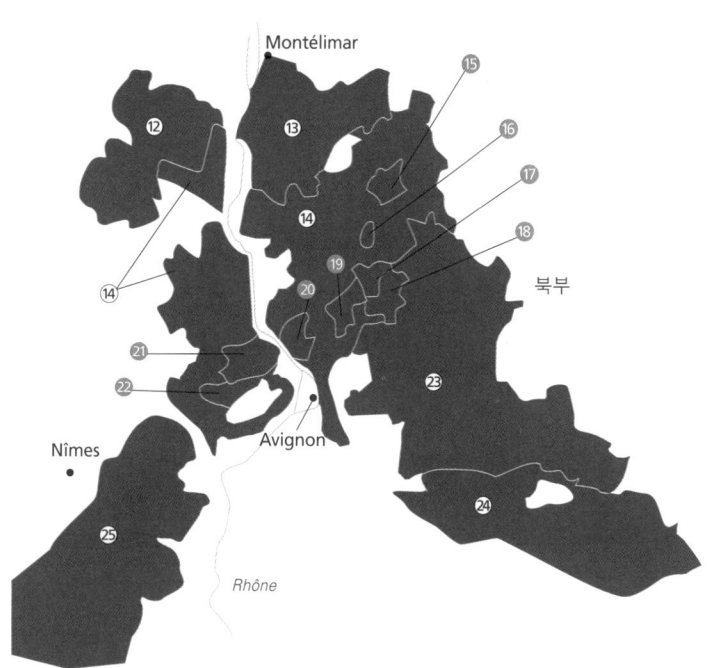

〈론 남부의 A.O.C.〉

강안	지구/소지구/마을 이름 A.O.C.	레드	로제	화이트
전역	Côtes du Rhône 코트 뒤 론	●	●	○
전역	⑭ Côtes du Rhône Villages 코트 뒤 론 빌라주	●	●	○
우안	⑫ Côtes du Vivarais 코트 뒤 비바레	●	●	○
우안	㉑ Lirac 리라크	●	●	○
우안	㉒ Tavel 타벨		●	
우안	㉕ Costières de Nîmes 코스티에르 드 님			○
좌안	⑬ Grignan-les-Adhémar 그리냥 레 자데마르	●	●	○
좌안	⑮ Vinsobres 뱅소브르	●	●	
좌안	⑯ Rasteau 라스토	●		
좌안	⑯ Rasteau(V.D.N.)	●(스위트)	●(스위트)	○(스위트)
좌안	⑰ Gigondas 지공다스	●	●	
좌안	⑲ Vacqueyras 바케라스	●	●	○
좌안	⑱ Beaumes de Venise 보메 드 브니즈	●		
좌안	⑱ Muscat de Beaumes de Venise 뮈스카 드 보메 드 브니즈(V.D.N.)			○(스위트)
좌안	⑳ Châteauneuf-du-Pape 샤토뇌프 뒤 파프	●		○
좌안	㉓ Ventoux 방투	●	●	○
좌안	㉔ Lubéron 뤼베롱	●	●	○

아비뇽에 교황청이 있었을 때 로마 교황에게 헌상한 '교황의 와인', 그야말로 전통 있는 고급 와인이에요. 샤토뇌프 뒤 파프가 있는 아비뇽의 바로 북쪽은 론강변이어서 주먹만 한 커다란 돌이 잔뜩 흩어져 있어요. 그래서 남부의 뜨거운 햇살을 받아 낮 동안 돌에 열이 모여요. 그 열이 밤에 발산되어 포도나무를 따뜻하게 해주는 덕분에 완숙한 포도가 자라 향기로운 와인이 완성된다고 해요.

샤토뇌프 뒤 파프는 매우 복잡하게 완성되는데, 사용해도 된다고 허가된 포도 품종이 13종이나 있어요. 프랑스의 A.O.C에서 '○○를 주로 사용하고 2~3품종의 블렌딩이 가능'한 것은 많지만, 13품종이나 인정되는 와인은 이 외에는 없어요. 생산자들은 고유의 맛을 내기 위해 13품종 중 몇 종류를 혼합하여 양조해요. 따라서 생산자에 따라 맛이 상당히 다르죠. 다만 어느 와인이든 은근하고 깊은 맛이 나요. 소믈리에 시험에서는 샤토뇌프 뒤 파프를 만드는 데 '허가되지 않은 품종'을 고르는 문제가 나오곤 해요. 론 남부에서 많이 재배되는 품종 중에서도 샤토뇌프 뒤 파프에는 사용하면 안 되는 품종이 있거든요[2].

샤토뇌프 뒤 파프는 지도에서 보면 정말 작지만 특별하게 느껴져요. 아무래도 '우리는 론에서도 가장 좋은 와인을 만들고 있지'라는 프라이

〈샤토뇌프 뒤 파프에 사용해도 되는 13종〉

청·적포도[1](2종)	그르나슈, 피크풀
청포도(4종)	부르블랑, 클레레트, 피카르뎅(Picardin), 루산
적포도(7종)	생소, 쿠누아즈(Counoise), 무르베드르, 뮈스카르뎅(Muscardin), 시라, 테레 누아, 바카레즈(Vaccarese)

[1] 보통 그르나슈는 적포도, 피크풀은 청포도인데 청포도인 그르나슈, 적포도인 피크풀도 있다.
[2] 유명한 품종 중 청포도는 마르산과 비오니에, 적포도는 카리냥을 사용하면 안 된다.

드가 있는 것 같죠. 샤토뇌프 뒤 파프의 와인 병에는 교황청의 로고 마크가 새겨져 있어서 비교적 알아보기 쉬워요. 가격도 상당히 괜찮은 것이 많고요.

 마지막으로 론 지방의 향토 요리를 살펴볼게요. 우선 나바랭 다뇨(Navarin d'Agneau)라는 양고기 스튜가 있어요. 다른 지방에서도 만드는 요리이긴 하지만, 론에는 진한 맛의 레드와인이 많아서 양념이 진하게 밴 스튜나 지비에(Gibier) 같은 특유의 향이 나는 수렵육 요리와 와인의 궁합이 좋아요. 기본적으로 현지 와인을 요리에도 사용하기 때문에 그 지방의 와인이 당연히 잘 맞을 수밖에 없죠. 론의 레드와인을 집에서 먹을 때 양고기나 지비에를 먹기는 쉽지 않으니, 어느 요리에 맞을까 생각해보면 곱창된장조림이 좋을 듯해요. 레드와인의 스파이시함과 곱창 기름의 감칠맛, 조린 된장의 풍미가 잘 맞을 것 같네요. 그럼 이쯤에서 오늘의 수업을 마치겠습니다.

제5장

알자스 지방,
쥐라 사부아 지방,
프로방스 지방,
랑그독-루시용 지방,
남서 지방

자, 오늘이 벌써 마지막 수업이에요. 알자스 지방❸부터 그 아래의 쥐라 사부아 지방❺, 프로방스 지방⓬, 랑그독-루시용 지방❿, 남서 지방(쉬드 웨스트)❽ 순으로, 프랑스 국경을 따라 시계 방향으로 하나씩 살펴보겠습니다.

알자스 지방

먼저 알자스 지방하면 어떤 이미지가 떠오르나요? 저는 '알자스'라는 지명을 학창시절 '독일과의 국경에 접해 있는 공업지대'로 처음 접했어요.

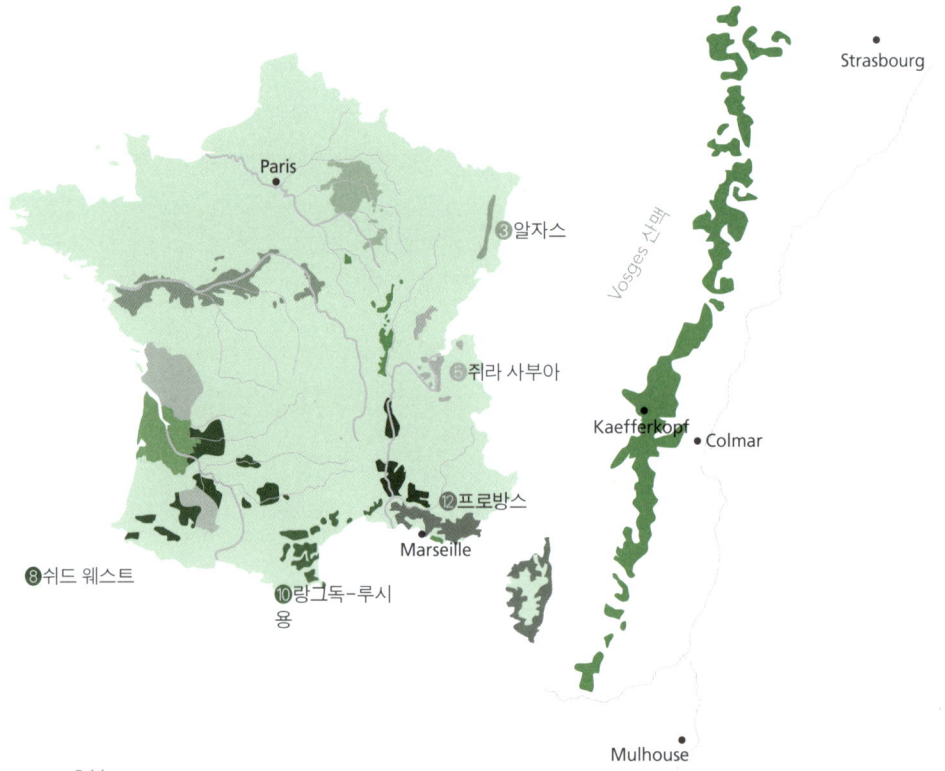

실제로 알자스에 가보니 '여긴 프랑스가 아니구나.'라는 생각이 들었죠. 프랑스의 다른 와인 생산지와는 풍경이 전혀 달라요.

가장 북쪽에 스트라스부르(Strasbourg)라는 큰 도시가 있는데 파리에서 TGV로 2시간 반 걸려요. 스트라스부르 대학이라는 유서 깊은 대학이 있고, 전 세계의 여러 기업과 연구소가 모여 있어요. 상당히 번화한 곳이에요. 이 스트라스부르에서 가장 남쪽의 뮐루즈(Mulhouse)까지 남북으로 100㎞에 이르는 좁고 긴 일대에 포도밭이 펼쳐져 있어요.

스트라스부르에서 남쪽으로 약 60㎞ 떨어진 곳에 콜마르(Colmar)라는 마을이 있는데, 여기가 알자스 와인의 중심지예요. 부르고뉴의 본과 비슷하죠. 콜마르는 황새 마을로 불려서 걷다 보면 황새와 관련된 것이 가득한 귀여운 마을이에요. 건물 벽은 달걀색이고, 나무틀 창문이 있고, 눈

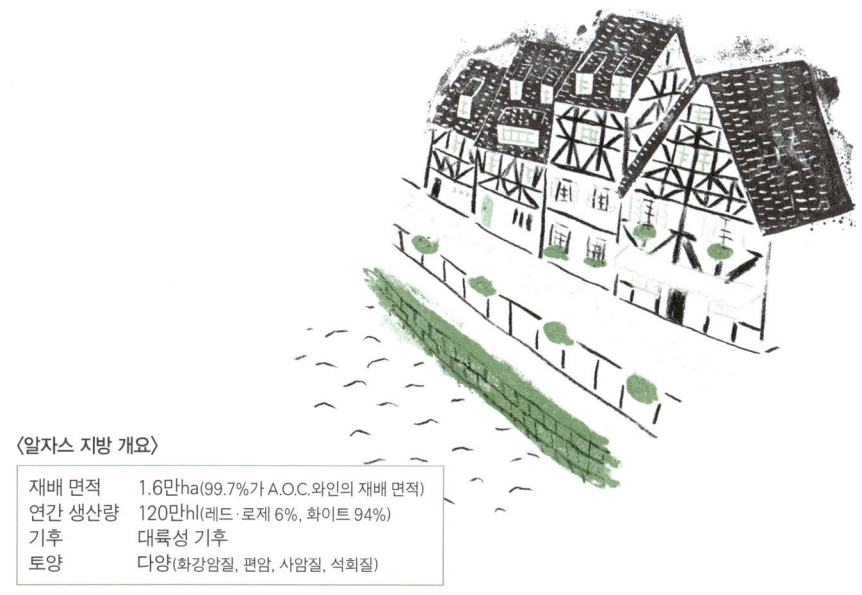

〈알자스 지방 개요〉

재배 면적	1.6만ha(99.7%가 A.O.C.와인의 재배 면적)
연간 생산량	120만hl(레드·로제 6%, 화이트 94%)
기후	대륙성 기후
토양	다양(화강암질, 편암, 사암질, 석회질)

이 많이 와서 지붕이 급경사인 점도 정말 독일과 비슷해요. 하지만 그렇게 말하면 알자스 사람은 화를 낸답니다(웃음). 본인들은 독일인도 프랑스인도 아닌 '알자시안(Alsacien)' 즉 '알자스 사람'이라고 자주 말하곤 해요. 그래도 역시 독일과 국경을 맞대고 있는 만큼 마을 분위기뿐 아니라 재배되는 포도 품종도 와인 맛도 독일과 가까워요. 이런 알자스의 이미지를 대략 파악하고 나서 본론으로 들어가겠습니다.

라벨에 포도 품종이 적혀 있어서 알기 쉽다

'연간 생산량'을 보면 알 수 있듯이 90% 이상이 화이트와인이에요. '알자스 와인'이라고 하면 다들 '리슬링'이라는 포도 품종을 떠올릴 텐데요. 리슬링뿐 아니라 뮈스카 달자스(Muscat d'Alsace), 게뷔르츠트라미너(Gewürztraminer), 피노 그리(Pinot Gris). 이 4가지 품종이 알자스의 대표적인 포도 품종이에요.

게뷔르츠트라미너라고 혹시 들어본 적 있으신가요? 게뷔르츠(Gewürz)는 독일어로 '스파이시한'이라는 뜻이에요. 트라미너는 북이탈리아의 트렌티노알토아디제주(州)에 있는 '트라민(Tramin)'이라는 마을 이름에서 유

〈알자스 지방의 주요 품종〉

청포도	피노 블랑 = 클레브네르(Klevner), 리슬링※(★), 뮈스카 달자스(★), 게뷔르츠트라미너(★), 피노 그리(★), 실바네르, 샤슬라 = 구테델(Gutedel)
적포도	피노 누아

★이 4품종을 상급 지정 4품종이라 한다
※ 재배 면적이 가장 넓다

래했다고 해요. '스파이시'라고 해도 흑후추나 커민(cumin) 같은 강한 향신료가 아니라 백후추의 뉘앙스가 느껴질 정도이고, 그보다 열대과일인 '리치'나 '백장미' 같은 화려한 향이 특징이에요. 게뷔르츠트라미너는 포도 껍질도 두껍고 청포도인데도 껍질 색이 진해요.

알자스 와인은 기본적으로 단일 품종 즉, 리슬링으로만 혹은 게뷔르츠트라미너로만 양조되는데, 간혹 3~4품종을 섞어서 양조할 때도 있어요. 그렇게 블렌딩된 와인은 에델츠비커(Edelzwicker) 혹은 장티(Gentil)라고 표기되기도 해요. 라벨에 Gentil라고 쓰여 있으면 '몇 가지 포도 품종을 섞어 만든 것'이라는 것을 알 수 있죠.

알자스 지방은 반대륙성 기후예요. 보주(Vosges)산맥 덕분에 대서양으로부터 불어오는 습한 공기가 차단되어, 프랑스의 와인 생산지 중에서도 가장 강수량이 적은 지방이에요. 보주산맥의 동쪽 사면에 있는 알자스 지방은 낮 동안에 태양을 충분히 받아 여름에는 기온이 30도 정도까지 올라가기 때문에, 위도에 비해 포도가 잘 익고 당도가 높아요.

앞부분에서 이야기했는데, 프랑스 와인은 기본적으로 라벨에 포도 품종이 쓰여 있지 않아요(뒷면에 적혀 있는 것도 있지만). 부르고뉴의 화이트와인이고 마을 이름이 '샤사뉴 몽라셰'라면 '이건 샤르도네구나'라고 스스로 알아채야 해요. 보르도 와인인데 '메독'이라고 쓰여 있으면 '카베르네 소비뇽을 주로 사용했다'고 스스로 판단하는 거죠. 그런데 알자스 와인은 라벨에 포도의 품종명이 표기되어 있어요. 예를 들어 A.C.알자스라면 앞서 이야기한 리슬링, 뮈스카 달자스, 게뷔르츠트라미너, 피노 그리의 주요 4품종과 피노 블랑(Pinot Blanc), 실바네르(Sylvaner), 샤슬라 중에 뭐든 사용해도 되기 때문이에요. 'A.C.알자스' 아래에 반드시 포도의 품종명이 있다는 것, 이 또한 알자스 와인의 특징 중 하나예요.

프랑스인에게 가장 친근한 스파클링와인, 크레망 달자스

알자스의 A.O.C.는 매우 심플해요. A.C.알자스(Alsace), A.C.알자스 그랑 크뤼(Alsace Grand Cru), A.C.크레망 달자스(Crémant d'Alsace) 3개뿐이에요. 부르고뉴는 100개, 보르도는 50개인데 알자스는 단 3개······. 지금은 법률이 바뀌어 늘었으나 (나중에 다시 이야기하겠지만) 기본적으로는 이 3개뿐이에요.

크레망은 샴페인 방식(병내 2차 발효)으로 양조되는 스파클링와인이죠. 크레망이라고 내걸어도 되는 생산 지역이 정해져 있고, 알자스가 그중 하나예요. 사실 크레망 달자스는 프랑스 국내에서 스파클링와인 소비량 1위를 자랑합니다. 알자스에서 만드는 와인의 약 20%를 크레망이 차지하고 있어서, 상당한 양의 스파클링와인이 양조된다는 사실을 알 수 있어요. 레드와 로제와인의 6% 중에 로제 크레망도 포함되어 있으니, 스틸와

〈알자스 지방의 A.O.C.〉

	레드	로제	화이트
Alsace	●	●	○
Alsace Grand Cru			○
Crémant d'Alsace		스파클링	스파클링

인인 레드와 로제는 거의 없는 셈이죠. 알자스는 대부분이 화이트와인이며 그중 20%가 스파클링(화이트와 로제)이라는 이미지로 기억하면 됩니다.

샴페인은 고급 와인이니까 아무래도 특별한 날에 마시고, 보통은 뱅 무쇠나 크레망을 주로 마실 때가 많아요. 뱅 무쇠나 크레망은 각 지방의 포도 품종으로 만들기 때문에 그 지방의 풍미로 완성되죠. 화려하고 우아한 샴페인과는 약간 다르지만, 그 점이 바로 크레망의 흥미로운 부분이기도 해요. 알자스의 포도 품종은 어느 것이든 원래 지닌 고유의 향이 개성적이고 강하며 포도 자체의 당도가 높아요. 하지만 알자스의 서늘한 기후에서 자라 산미도 제대로 들어 있기 때문에, 알자스에서 양조되는 크레망은 샴페인에 미치지는 못해도 산뜻한 맛으로 완성돼요. 그런 이유로 크레망 달자스는 프랑스에서 인기를 누리고 있죠. 다음으로 또 하나의 A.O.C.인 A.C.알자스 그랑 크뤼에 대해 이야기해볼게요.

프랑스인보다 독일인에 가까운 사고방식

A.C.알자스 그랑 크뤼에서 사용이 허가된 품종은 극히 일부 예외를 제외하면 리슬링, 뮈스카 달자스, 게뷔르츠트라미너, 피노 그리의 청포도 4품종뿐이에요. 포도는 반드시 손으로 따서 수확해야 해요. 생산량은 알자스 와인 전체 생산량의 불과 3%로, 상당히 적죠.

A.C.알자스 그랑 크뤼를 내걸 수 있는 리우 디(Lieux Dits 소구획)는 51개 있어요. '리우 디'란 '작은 구획', '밭 구획'이라는 뜻인데, '구획'이라 해도

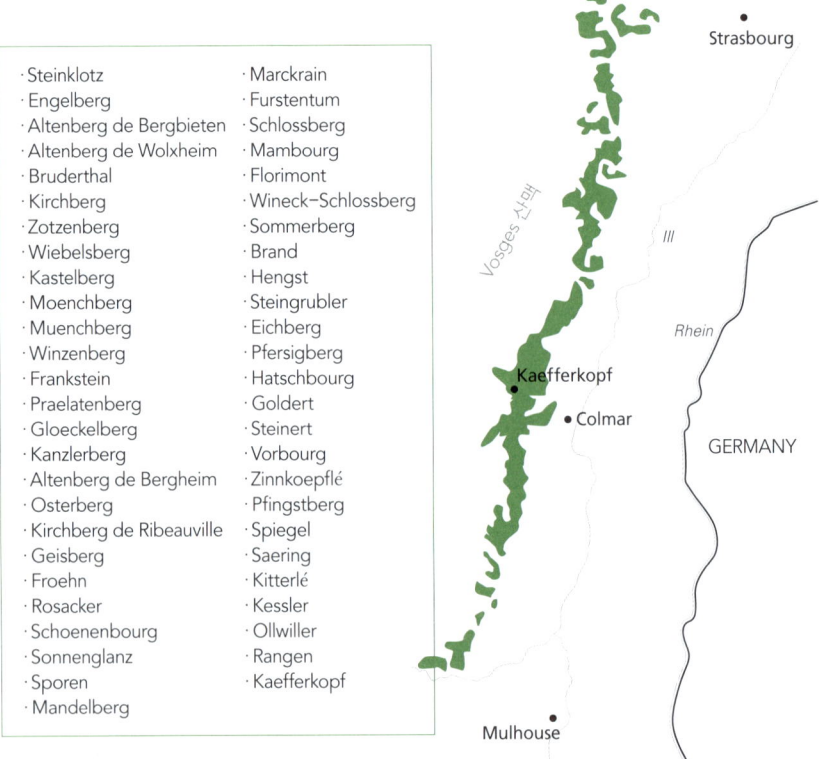

· Steinklotz
· Engelberg
· Altenberg de Bergbieten
· Altenberg de Wolxheim
· Bruderthal
· Kirchberg
· Zotzenberg
· Wiebelsberg
· Kastelberg
· Moenchberg
· Muenchberg
· Winzenberg
· Frankstein
· Praelatenberg
· Gloeckelberg
· Kanzlerberg
· Altenberg de Bergheim
· Osterberg
· Kirchberg de Ribeauville
· Geisberg
· Froehn
· Rosacker
· Schoenenbourg
· Sonnenglanz
· Sporen
· Mandelberg
· Marckrain
· Furstentum
· Schlossberg
· Mambourg
· Florimont
· Wineck-Schlossberg
· Sommerberg
· Brand
· Hengst
· Steingrubler
· Eichberg
· Pfersigberg
· Hatschbourg
· Goldert
· Steinert
· Vorbourg
· Zinnkoepflé
· Pfingstberg
· Spiegel
· Saering
· Kitterlé
· Kessler
· Ollwiller
· Rangen
· Kaefferkopf

크기가 제각각이어서 작은 것은 3ha, 큰 것은 80ha에 이릅니다. 앞서 알자스의 A.O.C.는 3개뿐이라고 했는데, 최근 법률이 바뀌어 51개 리우 디 하나하나가 모두 단일 A.O.C.로 인정되었어요. 즉 지금까지 '알자스 그랑 크뤼'는 하나의 A.O.C.였지만 51개 각각이 독립된 A.O.C.가 되었죠. 알자스의 A.O.C. 수가 3개에서 갑자기 53개로 늘어났어요.

하지만 라벨 표기는 전혀 달라지지 않고 A.C.알자스 그랑 크뤼 아래에 '리우 디 이름'이 추가되는 형식이며, 사용한 포도의 품종명도 자세히 쓰여 있어요. 따라서 그랑 크뤼 이름을 따로 외우지 않아도 와인을 고르기가 쉬워요. 깔끔하게 정보를 정리하여 라벨에 표기하는 점 또한 독일과 비슷해요.

덧붙이자면 전 세계의 와인 라벨 중에 독일의 와인 라벨이 가장 정보량이 많아요. 프랑스의 A.O.C. 등급에 해당하는 독일의 와인에는 공인검사번호가 적혀 있어서, 번호를 보면 생산 지역, 검사장, 생산자, 검사 연도 등을 전부 알 수 있어요. 모든 와인을 번호로 관리한다니 역시 독일인

GRAND CRU ROSACKER

이네요.(웃음). 예를 들어 등급을 보면, 보르도 지방의 메독은 독자적인 등급이 1등급에서 5등급까지 있지만, 독일은 각 생산 지역의 공통 등급과 더불어 독자적으로 다양한 등급이 있어요. 프랑스의 A.O.C.나 I.G.P.에 해당하는 등급이 쓰여 있고, 여기에 더해지는 것이 각 지역이 소속되어 있는 독자적인 협회…… 그것도 여러 협회에 소속되어 있죠. 하나의 라벨에 이들 정보가 전부 쓰여 있어요. 따라서 라벨 읽는 법만 알면 안심하고 와인을 살 수 있다는 점이 독일 와인의 흥미로운 부분이에요. 프랑스와 같은 피라미드형 '등급'과는 달리, 동등하게 여러 정보가 담겨 있는 이미지죠.

대량 생산을 멈추고 알자스다운 와인 양조로 복귀

예전에 콜마르 근교의 생산자를 방문했을 때, 그분이 "알자스 와인은 아직도 파리에서 인기가 없다."고 이야기를 했어요. 1980년대에는 프랑스 내에서 알자스 와인의 인기가 많았어요. 그때 알자스의 생산자들이 대량 생산에 몰두해 포도나무에 열매를 한가득 맺게 했죠. 그러자 알맹이 하나하나에 영양분이 고루 미치지 못해서 알자스다운 풍미가 사라졌고, 인위적으로 당분을 보충하여 단맛만 나는 와인이 되고 말았어요.

본래 알자스 리슬링은 이웃인 독일의 리슬링에 비해 과일맛과 응축감이 달라요. 알자스가 일조량이 많고 비가 적은 기후여서 포도가 잘 익기 때문에, 와인의 바디가 두텁고 알코올 도수도 높아요. 거기에 진한 산미가 함유되어 목 넘김이 좋고 우아한 풍미로 완성되죠*. 유감스럽게도 한

때 이 알자스다움이 사라진 적이 있었어요. 이에 알자스의 생산자들이 반성을 하면서 '본래의 와인 양조로 돌아가자', '알자스다운 풍미를 되찾자'며 품질을 회복했지만, 그때의 나쁜 인상이 아직 프랑스 내에서 완전히 없어지지 않은 듯해요. 그래서 알자스의 와이너리를 방문했을 때 생산자들이 "해외에서 오신 분들이 와인이 맛있다고 하면 정말 기뻐요. 부디 해외에도 알자스 와인의 맛을 잘 전해주세요."라고 이야기하기도 해요. 그 생산자뿐 아니라 여러 와이너리에 갈 때마다 매번 다들 그렇게 말하는 것을 보고 알자스 와인 생산자들의 절실함이 느껴졌어요.

알자스에서는 많은 생산자가 작게 가족 경영을 해서, 보르도의 샤토나 샹파뉴의 그랑 메종 같은 단위가 아니라 부르고뉴의 도멘에 가까워요. 가족 전원이 일하고 때때로 이웃이 돕는 아담한 형태여서 생산자끼리 연대감도 강하고, 다들 '알자스다운 와인을 만들자, 알자시안의 혼을 담아 와인을 만들자'는 마음가짐인 듯해요. "요즘 알자스 와인 맛있죠?"라는 이야기를 최근에 많이 듣는데, 확실히 맛있어요. 그리고 앞으로 더더욱 맛있어질 것 같아요.

참고로 도멘 트라페(Domaine Trapet)라는 생산자가 있는데, 원래 이 도멘은 대대로 부르고뉴의 제브레 샹베르탱의 생산자예요. 현재 오너인 장 루이 트라페의 부인이 알자스 와인 생산자의 딸이어서 알자스의 밭도 물려받았다고 해요. 거의 매주 알자스와 부르고뉴를 왕복한다고 하는데,

---

* '우아하다'는 표현은 미네랄을 많이 함유한 산의 뉘앙스가 깔끔하게 표현되어, 경쾌하고 목 넘김이 좋은 와인에 사용한다. 리슬링 이외의 다른 포도 품종도 마찬가지다.

차로 가도 편도로 3시간 정도 걸리니 무척 힘들 것 같아요. 장 루이 트라페의 제브레 샹베르탱은 원래 자주 마시고 좋아하는 와인이지만, 요전에 알자스 리슬링도 마셔봤더니 제가 좋아하는 페트롤향(석유 냄새)도 확실히 느껴지고 정말 맛있었어요.

늦게 딴 포도로 만든 와인과 골라 딴 포도로 만든 귀부와인

알자스 와인의 라벨을 볼 때 추가로 알아두었으면 하는 것이 있어요. 당도가 높은 와인의 독자적인 표기가 있거든요. 늦게 따서 과숙한 포도로 만든 와인을 방당주 타르디브(Vendanges Tardives)라고 해요. 수확(Vendanges)을 늦게 했다(Tardives)는 뜻이에요.

그리고 셀렉시옹 드 그랭 노블(Sélection de Grains Nobles)은 귀부와인을 말해요. 소테른의 귀부와인은 세미용을 주로 사용하지만, 셀렉시옹 드 그랭 노블은 지정된 4품종* 중 하나로 만들어요. 라벨에서 이들 표기를

VENDANGES TARDIVES

※ 리슬링, 뮈스카 달자스, 게뷔르츠트라미너, 피노 그리.

보면 스위트 와인으로 완성되었다고 판단할 수 있어요.

소믈리에 시험에서는 1ℓ 중 최소 당도, 즉 당이 몇 g 들어있는지도 묻지만 거기까지 알 필요는 없어요. 늦은 수확(방당주 타르디브)이나 귀부(셀렉시옹 드 그랭 노블)에 의해 스위트한 디저트 와인이 완성된다는 점만 알아두세요.

수고를 들여 만드는 고급 스위트 와인인 만큼 알자스에서는 푸아그라와 함께 자주 마셔요. '좀 달콤한 와인이 마시고 싶다'는 생각이 들 때는 방당주 타르디브를 추천합니다. 이런 게 와인을 고르는 즐거움이지요.

알자스 요리는 가정식에 가깝다

알자스는 프랑스 안에서도 요리가 독특한데, 뭐랄까 따스하게 맛있다고 할까요. 종종 집에서 먹는 음식에 어떤 와인을 매칭하느냐는 질문을 받는데요, 알자스 요리 자체가 비교적 가정식과 비슷한 것이 많아서 다양한 음식과 알자스 와인의 궁합이 좋은 것 같아요. 친구 집에 가져갈 와인으로도 알자스 와인은 상당히 괜찮은 선택이에요. 다양한 요리와 맞추기 쉽거든요.

대표적인 알자스 요리로는 베코프(Baeckeoffe)가 있어요. '고기야채찜'으로 할 수 있는, 서양풍 고기감자조림 같은 요리예요. 이 요리에는 재미있는 일화가 있어요. 알자스 거리를 걸으면 곳곳에서 쿠글로프(kouglof)나 프레츨(pretzel) 같은 전통 빵이나 과자가 보여요. 그만큼 빵집이 많은 지역이죠. 아침부터 가마에 장작을 태워 빵을 굽는데, 근처 주민이 빵이 다 구워질 무렵을 가늠해서 르크루제나 스타우브 같은 냄비를 안고 와요. 냄비 안에는 감자와 당근, 소금에 절인 돼지고기(간혹 토끼고기 등)가 층층이 담겨 있고 마지막으로 리슬링을 뿌리죠. 그러면 빵집에서 남은 빵 반죽으로 냄비와 뚜껑을 밀봉하여 아직 여열로 따뜻한 가마에 넣어줍니다. 그로부터 5시간 정도 지나 점심 무렵이 되면 아주 맛있는 서양풍 고기감자조림이 완성돼요. 이 베코프는 리슬링과 최고로 궁합이 잘 맞아요. 그러니 고기와 감자를 넣고 조린 음식이 있다면 꼭 한번 함께 드셔보세요.

타르트 플랑베, 슈크루트와 아사쿠사바시의 '장티'

알자스의 또다른 명물 음식으로 타르트 플랑베(Tarte Flambée)라는 매우 얇고 바삭바삭한 피자가 있어요. 피자라고 할 수 없을 정도로 얇고 가벼운 빵이지만, 이 또한 알자스의 전통 요리로 콜마르 마을에는 타르트 플랑베 가게가 여기저기 있답니다. 타르트 플랑베 중 가장 일반적인 것

이 반죽에 프로마주 블랑이라는 생치즈를 바르고, 그 위에 양파와 라돈(lardon, 소금에 절인 베이컨)을 흩뿌려 구운 것이에요. 여기에는 리슬링이든 피노 그리든 알자스의 화이트와인은 뭐든 잘 어울리죠.

그리고 묑스테르(Munster)라는 알자스 지방의 치즈가 있는데, 타르트 플랑베에 이 치즈를 얹고 커민이라는 향신료를 뿌려서 구운 요리에는 게뷔르츠트라미너가 잘 어울려요. 묑스테르 치즈의 짭짤함과 게뷔르츠트라미너의 단맛, 스파이시한 커민 향과 역시 스파이시한 게뷔르츠트라미너의 화려한 향이 최고의 마리아주를 만든답니다.

또 하나 유명한 요리로는 누가 뭐래도 슈크루트(Choucroute), 발효 양배추를 들 수 있어요. 돼지고기찜이나 소시지, 베이컨 등과 함께 나오는데, 독일의 사워크라우트(Sauerkraut)라고 하면 이해하기 쉬울 것 같아요. 발효한 양배추와 돼지고기를 함께 먹으면 발효 양배추의 산미와 돼지고기 비계의 단맛이 입안에 함께 퍼져서, 역시 산미와 단맛을 모두 지닌 알자스의 리슬링이나 피노 그리가 마시고 싶어지죠.

참고로 도쿄의 아사쿠사바시에 가면 장티(Gentil)라는 이름의 알자스 요리점이 있어요. 이곳의 타르트 플랑베나 슈크루트가 무척 맛있어요. 와인도 전부 알자스 와인으로 갖추고 있어서 손쉽게 알자스 요리나 와인을 체험하기에 안성맞춤인 가게예요. 알자스 요리는 소스가 적고 재료의 맛을 살린 심플한 것이 많아요. 알자스 와인은 아직 많이 알려져 있진 않지만,

한번 알아두면 꽤 마음에 들어 자꾸 찾게 되는 와인이에요. 지금까지 알자스 지방이었습니다.

쥐라 사부아 지방

다음으로 쥐라 사부아(Jura-Savoie) 지방으로 가볼게요. 쥐라 사부아 지방은 매우 독특한 지역인데, 지도를 보면 레만 호수가 있고 스위스와 국경을 접하고 있죠. 즉 알프스산맥의 구릉 지대에 있어서 표고가 높아요.

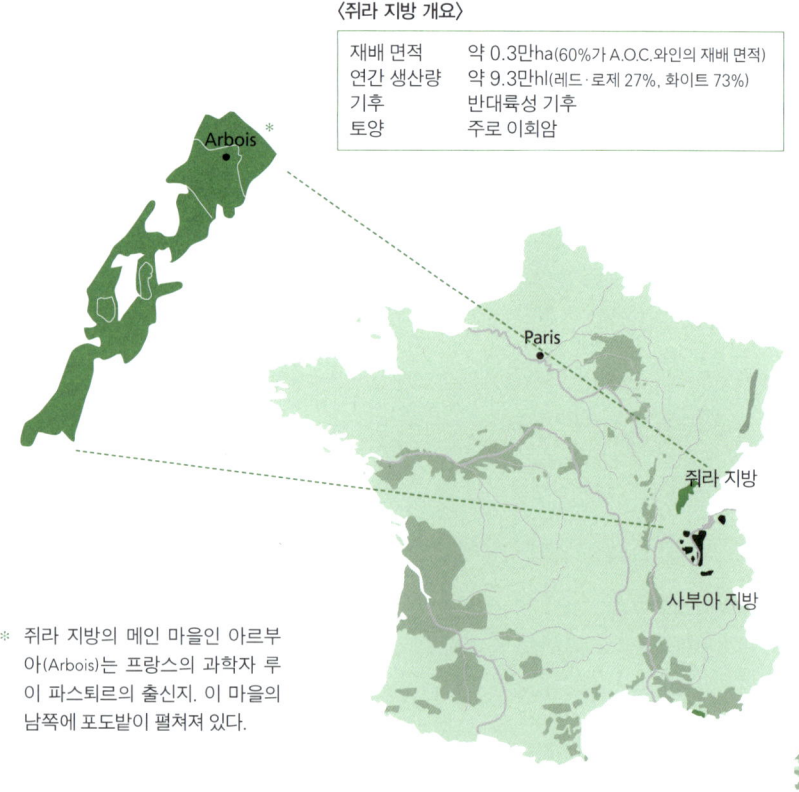

〈쥐라 지방 개요〉

재배 면적	약 0.3만ha(60%가 A.O.C.와인의 재배 면적)
연간 생산량	약 9.3만hl(레드·로제 27%, 화이트 73%)
기후	반대륙성 기후
토양	주로 이회암

※ 쥐라 지방의 메인 마을인 아르부아(Arbois)는 프랑스의 과학자 루이 파스퇴르의 출신지. 이 마을의 남쪽에 포도밭이 펼쳐져 있다.

매우 서늘하죠. 반대륙성 기후이지만, 평균 기온이 낮은 포도 산지예요.

쥐라 지방은 양조되는 와인이 매우 독특해요. 보통은 레드와인, 로제와인, 화이트와인의 3종류인데, 쥐라에서는 그 외에 옐로와인과 짚와인이라는 다른 데서는 들어본 적 없는 타입의 와인이 양조돼요. 총 5종류의 스틸와인이 만들어진다는 점이 쥐라의 가장 큰 특징이에요. 이 옐로와인과 짚와인이 무엇인지부터 알아보죠.

쥐라 지방 A.O.C.: 사바냥으로 양조되는 노란 와인은?

옐로와인은 프랑스어로 뱅 존(Vin Jaune)이라 불리는데, 이름 그대로 와인(뱅)의 색이 노란색(존)인 데서 그런 이름이 지어졌다고 해요. 짚와인은 프랑스어로 뱅 드 파유(Vin de Paille)예요. 파유(Paille)가 짚이라는 뜻인데, 통풍이 잘되는 짚 위에서 말린 포도로 양조한 와인이라는 데서 유래했어요. 색깔은 주정강화와인인 셰리처럼 호박색이에요.

생산 가능한 A.O.C. 와인의 색도 다른 생산지는 레드·로제·화이트의 3가지인데, 쥐라 지방에서는 거기에 옐로와인과 짚와인이 더해져 모두 5가지 색이 양조돼요. 5색 모두 만들어도 된다고 허가된 마을도 있는가 하면, 옐로와인(뱅 존)만 만들어야 하는 마을도 있는 등 마을에 따라 생산 가능한 색이 달라요.

쥐라에서 재배되는 포도 품종은 지도를 보면 알 수 있듯이 부르고뉴 지방의 바로 옆이죠. 그래서 샤르도네, 피노 누아도 재배해요. 그 외에 알자스에서도 재배되는 피노 블랑도 있고요. 하지만 누가 뭐래도 주 품종은 사바냥(Savagnin)이라는 청포도예요. 뱅 존은 전부 사바냥으로 만들어요. 그럼 이제부터 뱅 존은 어떻게 만들어지는지, 일반적인 화이트와인과 무엇이 다른지 이 이야기를 해보겠습니다.

처음에는 화이트와인의 제조법과 같아요. 알코올 발효 후 오크통 혹은 스테인리스 탱크에 옮겨 숙성을 시키는데, 뱅 존은 숙성을 반드시 오크통에서 해요. 일반적으로 와인은 오크통에서 숙성되는 동안 조금씩 증발합니다. 보통은 줄어든 분량을 보충하여 항상 꽉 채워두지만, 뱅 존은 그대로 두고 전혀 더하면 안 돼요. 게다가 처음 와인을 나무통에 넣을 때부터 꽉 채우지 않고 2/3 정도 넣어서 공기와 접촉하는 면을 많이 만들어요. 보통은 와인이 공기에 닿는 면을 되도록 적게 하여 산화되지 않도

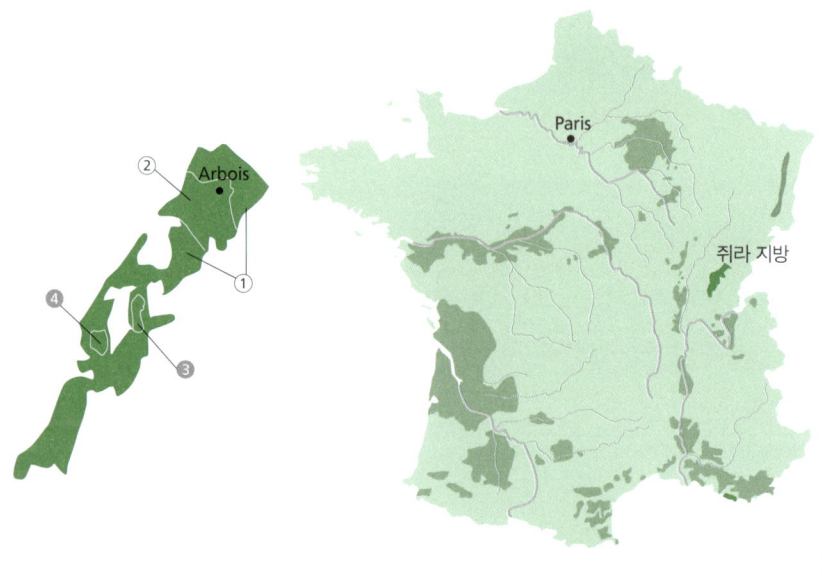

록 액체를 보충하고 꽉 채워서 숙성시키는데, 옐로와인은 반대로 와인을 일부러 공기에 노출하여 숙성시켜요. 그렇게 하면 와인 표면에 피막이 생기고, 그 피막(산막 효모에 의해 생긴 피막)의 맛이 와인에 점점 스며들어요. 꽉 채워 넣지 않고 그대로 놔둔 채 아무것도 하지 않고 숙성된다. 이런 방법으로 양조되는 것이 옐로와인, 즉 뱅 존이에요.

와인을 오크통에 어느 정도 놔두어야 하냐면 최소 6년이에요. '6년'은 프랑스 와인의 '숙성 기간' 중에서 가장 길어요. 보통은 1~2년 정도죠. 산화 숙성시키기 때문에 와인 색이 점점 노래지고 그와 더불어 셰리와 비슷한 향―'노란 풍미'(구 드

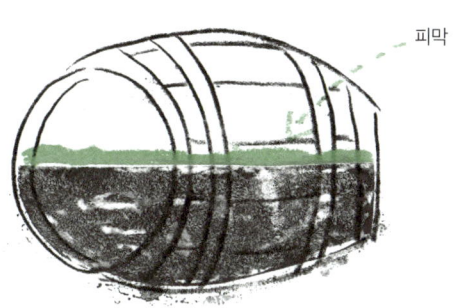

피막

〈쥐라 지방의 A.O.C.〉

	레드	로제	화이트	노랑	짚
② Arbois 아르부아	●	●	○	○	○
Arbois Pupillin 아르부아 퓌필랑	●	●	○	○	○
① Côtes du Jura 코트 뒤 쥐라	●	●	○	○	○
④ L'Étoile 레투알			○	○	○
③ Château-Chalon 샤토 샬롱				○	
Crémant du Jura 크레망 뒤 쥐라			스파클링	스파클링	
Macvin du Jura 마크뱅 뒤 쥐라	●(스위트)	●(스위트)	○(스위트)		

〈쥐라 지방의 주요 품종〉

청포도	사바냥 = 나튀레(Naturé), 샤르도네* = 믈롱 다르부아, 피노 블랑
적포도	풀사르(Poulsard), 트루소(Trousseau), 피노 누아 = 그로 누아리앵(Gros Noirien)

* 쥐라 지방 재배 면적의 50%를 차지하는, 가장 많이 재배되는 품종.

존, Goût de Jaune)라고 해요—의 뉘앙스가 생겨요. 이러한 독특한 특징 때문에 뱅 존은 꼭 한번 향을 맡아보면 좋은데, 가격도 비싸고 해외에 수출되는 양도 적어요. 예전에 파리에서 와인 수업을 했을 때 샤토 샬롱(Château Chalon)이라고 하는, 뱅 존만 양조하는 A.O.C.의 최고 생산자의 뱅 존을 손에 넣었어요. 엄청나게 맛있더라고요. 오크통의 구수함, 호두나 아몬드를 태운 듯한 뉘앙스도 느껴졌어요. 뱅 존은 일반적인 와인과는 다르게 셰리 같은 독특한 뉘앙스가 있어서 호불호가 갈리는 와인이에요.

뱅 존은 병도 특이한데, 보통의 와인 병은 750㎖가 기본이지만 뱅 존은 클라블랭(Clavelin)이라 불리는 620㎖짜리 병을 써요. 왜 이런 크기가 되었냐면 6년 동안 와인 양이 줄어드는 만큼 병도 작아졌다고 해요(웃음). 그리고 프렌치 레스토랑에서 흔히 말하는 '뱅 존풍'이라는 것은 뱅 존을 사용한 소스를 말해요. 일반적인 화이트와인 소스보다 맛이 진해서 소스에 감칠맛을 더 내고 싶을 때는 뱅 존으로 만들면 닭고기와 아주 잘 어울려요. 따라서 메뉴에 '뱅 존풍'이라고 쓰여 있으면, 와인도 뱅 존을 주

귀부 포도는 나무에 달린 상태에서 말린다.
건포도는 딴 뒤에 완전히 말린다.

문해서 함께 마시면 좋아요. 뱅 존은 꽤 비주류인 와인이지만 제가 무척 좋아하는 와인 중 하나예요.

말린 포도로 만드는 스위트한 짚와인

마지막으로 짚와인, 뱅 드 파유(Vin de Paille)를 살펴볼게요. 뱅 드 파유는 늦게 수확한 당도 높은 포도를 통풍이 잘되는 짚 위에 놓고 건포도처럼 만들어 양조하는 스위트 와인이에요. 지난 수업에서 론 지방 북부의 에르미타주에서도 소량 생산된다고 했는데, 메인은 바로 이곳 쥐라 지방이에요*.

앞서 말한 뱅 존은 사바냥 100%여야 하지만, 뱅 드 파유는 사바냥 100%가 아니라 샤르도네 등도 사용할 수 있어요. 숙성 기간은 뱅 존만큼 길지 않고 약 2~5년인데, 이 기간 중에 '나무통에서 18개월 이상 숙성시켜야 한다'는 규정이 있어요. 뱅 존에 비해 뱅 드 파유가 맛의 이미지를 그리기가 더 쉬울지도 몰라요. 당도 높은 건포도로 양조되는 응축감 있는 스위트 와인이에요.

---

* 전통적으로 짚 위에서 말렸기 때문에 '짚와인'이라고 하는데, 요즘은 보통 응달에서 말리는 생산자가 많다고 한다.

샤슬라, 자케르, 알테스: 사부아 지방의 포도

다음은 사부아 지방이에요. 솔직히 해외에서 사부아 지방의 와인을 마실 기회는 적을 거예요. 물론 수입되기는 하지만, A.O.C.를 봐도 사부아 지방이라는 것을 모르고 마시는 사람도 꽤 있죠.

사부아의 메인 품종으로는 청포도인 샤슬라를 들 수 있어요. 샤슬라의 특징은 약간 꽃과 같은 향기도 나고 가벼운 이미지에 산미도 적당해요. 서늘한 곳에서 자라기 때문에 과일맛도 그리 강하지 않아요. 그래서 산뜻하고 가볍게 마실 수 있는 화이트와인으로 완성돼요. 스위스에서 주로 재배되는 포도로, 알자스가 독일과 포도 품종(리슬링)이 같은 것처럼 스위스와 국경을 접하고 있는 사부아에서는 스위스와 같은 포도 품종(샤슬라)을 재배해요.

또 하나 자케르(Jacquère)라는 포도가 있는데, 이것도 사부아에서 널리 재배되는 품종으로 맛은 샤슬라와 비슷해요. 알테스(Altesse)는 그리스의 키프로스 섬에서 들어왔다고 하는데, 샤슬라에 비해 꽃향기도 강하고 과일맛도 풍부해서 산미와 함께 감칠맛 있는 화이트와인으로 완성돼요.

〈사부아 지방 개요〉

재배 면적	0.2만ha
연간 생산량	13만hl(레드·로제 29%, 화이트 71%)
기후	해양성 기후
토양	다양

※ 쥐라 지방과 사부아 지방 모두 화이트와인이 생산량의 70%에 육박한다.

치즈 퐁듀에 어울리는 와인, 스키야키에 어울리는 와인

사부아 지방의 와인은 저도 마실 기회가 별로 없지만, 보시다시피 놀랄 정도로 A.O.C.가 많아요. 해외에서 그나마 볼 기회가 가장 많은 것은 세셀(Seyssel)❼일 거예요. 그리고 루세트(Roussette) 무엇무엇. 지도에서 보면 제네바가 있고, 거기에서 론강이 시작되어 론 지방을 관통해 지중해까지 죽 내려가죠. 이 론강에 걸쳐 있는 곳이 세셀 마을이에요.

참고로 세부아 지방은 치즈 퐁듀의 발상지라고 해요. 스위스에 접해 있는 이 부근은 알프스산맥이 있어서 추우므로, 치즈에 사부아 화이트 와인을 섞어서 녹인 다음 빵이나 감자를 찍어 먹어요. 그때 이 고장의 화

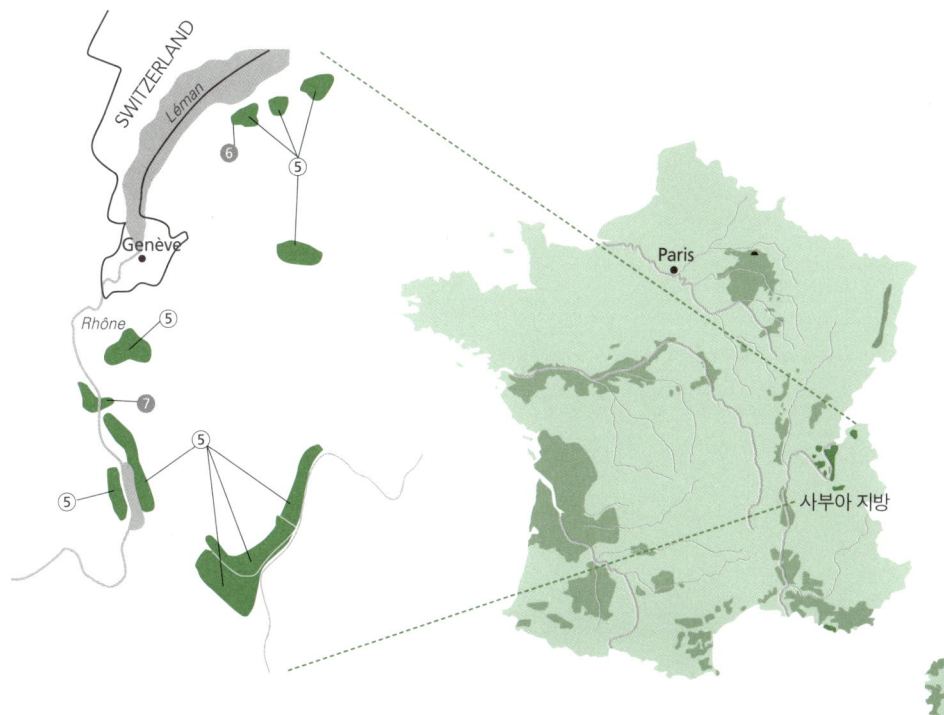

이트와인을 함께 매칭하죠. 치즈 퐁듀와 함께 마시는 와인은, (치즈니까 감칠맛이 진한 화이트와인이나 레드와인도 물론 어울리지만) 사실 차게 냉장한 가벼운 화이트와인이 더 어울린다고 생각해요. 퐁듀로 뜨끈뜨끈하게 여러 재료를 먹는데 와인이 지나치게 묵직하면 좀 물린다고 할까요. 그래서 가볍게 쭉쭉 마실 수 있는 화이트와인 쪽이 좋은 것 같아요. 비싼 와인이 아니라면 같은 와인으로 치즈를 녹이고, 그 와인을 함께 마시는 것이 최고겠죠. 그렇게 하면 음식과 와인의 마리아주가 무척 좋아져요.

〈사부아 지방의 주요 품종〉

청포도	샤슬라, 알테스, 자케르, 몰레트(Mollette)
적포도	몽되즈(Mondeuse)

※ 사부아 지방 특유의 포도 품종이 대부분이다.

〈사부아 지방의 A.O.C.〉

	레드	로제	화이트	
⑦ Seyssel 세셀			○ (드라이·세미 스위트)	
Seyssel Mousseux 세셀 무쇠			스파클링	
Seyssel Molette 세셀 몰레트			○ (드라이)	
⑤ Vin de Savoie 뱅 드 사부아	●	●	○	
Vin de Savoie+Cru(16)	●	●	○	A.C.Crépy 크레피 ⑥는 Vin de Savoie Crépy가 되었다
Vin de Savoie Mousseux 무쇠		스파클링	스파클링	
Vin de Savoie Pétillants 페티앙		스파클링	스파클링	
Roussette de Savoie 루세트 드 사부아			○	
Roussette de Savoie+Cru(4)			○	
Bugey 뷔제	●	● 스파클링	○ 스파클링	
Bugey Manicle 뷔제 마니클	●		○	
Bugey Montagnieu 뷔제 몽타뉴	●		스파클링	
Bugey Cerdon Méthode Ancestrale 뷔제 세르동 메토드 앙세스트랄		스파클링 (스위트)		
Roussette du Bugey 루세트 뒤 뷔제			○	

사실 원래 이 지방 자체가 화이트와인의 생산량이 많은 곳이에요. 예전에 알자스의 스트라스부르에서 맛있다고 소문난 퐁듀 가게에 갔을 때, 주변 사람들이 전부 화이트와인만 마시고 있더라고요. 알자스 지방 생산량의 90% 이상이 화이트와인이라는 이유도 있겠지만, 역시 앞서 말한 그런 궁합을 생각하며 먹는구나 하고 느꼈죠. 보통 우리는 치즈 퐁듀를 먹을 때 소시지나 닭고기, 브로콜리, 당근, 새우 등 여러 가지 재료를 넣어 먹곤 하잖아요. 하지만 이 지역 사람들은 오로지 감자와 빵만 먹어요. 메뉴에 아예 다른 재료가 없어요. 그런 점이 대단한 것 같아요. 치즈 퐁듀에 차가운 화이트와인을 함께하는 것과 비슷한 느낌으로, 저는 스키야키에는 (고기니까 레드와인이라기보다) 차가운 로제 샴페인이 어울린다고 생각해요. 스틸와인인 로제와인도 좋지만, 로제 샴페인쪽이 왠지 더 기분 좋게 어울리는 것 같아요.

프로방스 지방 🍇

다음은 남프랑스, 프로방스 지방입니다. 마르세유에서 니스까지가 프로방스 지방이에요. 프랑스 최대의 로제와인 산지인데 생산량은 뒤에서 다시 볼게요. 재미있는 점은 프랑스인 중에서도 남프랑스 출신인 사람이(다음에 알아볼 랑그독-루시용 지방도 그렇지만) 기본적으로 터프한 사람이 많다는 점이에요. 예를 들어 "나는 로제밖에 안 마셔."라는 사람이 많아요. 여름에 런던에서 프로방스 출신인 친구를 만난 적이 있는데요, 저는 샴페인을 마시고 싶었는데 "아냐. 여름은 샴페인보다 차디찬 프로방스 로제라니까!"라며 로제와인만 마시더라고요. 실제로 프로방스에 가보면 정말 놀랄 정도로 다들 대낮부터 카페에서 로제와인만 마시고

〈프로방스 지방 개요〉

재배 면적	약 3.9만ha(74%가 A.O.C.와인의 재배 면적)
연간 생산량	약 200만hl(레드·로제 95%, 화이트 5%)
기후	지중해성 기후

※ 프랑스 A.O.C.로제와인의 40%를 프로방스 지방이 생산.

있어요(웃음).

참고로 그리스에서는 레치나(Retsina)라고 불리는 화이트와인이 보편적이에요. 레치나는 화이트와인 안에 송진을 녹여서 색깔이 약간 노란 와인인데, 그리스 사람은 대낮부터 다들 레치나를 쭉쭉 들이키죠. 그와 비슷하게 프로방스 사람은 무조건 로제와인이에요. 게다가 각자 좋아하는 생산자가 있는데, 대개 출신 마을이나 바로 옆 마을의 생산자예요. 그만큼 고향에 대한 자부심과 애정이 강한 사람이 많아요. 여름뿐 아니라 겨울에도 로제…… 항상 로제라니까요(웃음).

로제와인을 엄청 사랑하는 사람들

앞서 이야기한 내용이 과장이라고 여겨질지도 모르지만 전혀 그렇지 않아요. 아래 표를 봐주세요. 프로방스 지방의 와인 생산량은 로제가 89%, 즉 레드와인이나 화이트와인을 마시는 문화가 거의 없어요. 프로방스는 프랑스에서도 와인 양조 역사가 가장 오래된 지방이에요. 포도

프로방스 지방에서 생산되는 와인

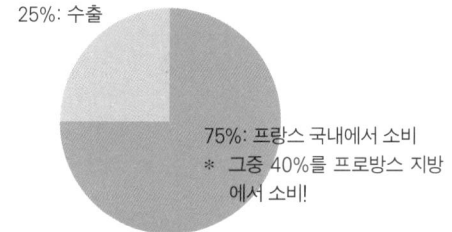

25%: 수출

75%: 프랑스 국내에서 소비
※ 그중 40%를 프로방스 지방에서 소비!

재배는 그리스에서 점점 북쪽으로 전해졌기 때문에, 프랑스에 와인 양조가 최초로 전해진 곳이 바로 이 프로방스예요. 원래 토양이 비옥하고 기후도 포도 재배에 적합해서 그냥 놔두어도 포도가 잘 자란다고 해요. 그래서 유기농법을 쓰는 비율도 프랑스에서 가장 높아요. 로제와인은 현재 프랑스 전역에서 양조되지만, 프로방스 지방에서만 프랑스 로제와인의 무려 40%를 생산해요. 대단한 수치죠. 그리고 전 세계 로제와인 소비량 중에서 약 6%가 프로방스. 전 세계적으로 보면 로제와인의 생산량 자체가 그리 크지 않은 것일 수도 있지만 '세계에서 가장 유명한 로제와인 산지=프로방스'라고 할 수 있죠.

게다가 그다음 수치도 흥미로운데, 프로방스 지방에서 생산되는 와인의 75%가 프랑스 국내에서 소비돼요. 즉 로제와인은 거의 수출되지 않으며 그중 40%를 프로방스 사람이 마셔요. 실제로 프로방스 사람이 로제와인을 얼마나 사랑하는지 숫자로도 잘 알 수 있죠. 런던에서 저에게 프로방스 로제를 권했던 친구처럼 파리나 세계 각지에 살고 있는 프로방스 사람들은 분명 여전히 프로방스 로제를 많이 마시고 있을 테니, 실제 프로방스 사람의 소비 비율은 더 높을 거예요.(웃음) 게다가 이들은 주변 사람들에게도 프로방스 로제를 자주 선물하곤 한답니다.

여름에 바비큐와 함께 차갑게 마시는 와인

프로방스 지방은 론 지방의 남서쪽에 펼쳐져 있어서 론 남부와 재배되는 포도 품종이 비슷해요(론 지방의 적포도는 북부에서 시라, 남부에서 그르나슈가 주로 재배되죠). 베르망티노(Vermentino)는 이탈리아에서도 재배되는 청포도 품종으로, 프로방스에서 부르는 별칭은 롤(Rolle). 코르스섬에서 부르는 이름은 말부아지 드 코르스(Malvoisie de Corse)라고 합니다. 같은 포도 품종도 재배되는 토양마다 이름이 달라요. 이탈리아에서는 베르멘티노라고 부릅니다.

프로방스의 A.O.C.는 '무슨무슨 프로방스'라는 이름의 A.O.C.가 많아서 알기 쉬워요. 해외에서 가장 볼 기회가 많은 것은 A.C.코트 드 프로방스(Côtes de Provence)③예요. 프로방스 지방의 광역 A.O.C.로 재배 면적이 가장 넓으며 생산량의 90%가 로제입니다. 따라서 '프로방스의 로제와인'이라면 코트 드 프로방스 로제라고 생각해도 거의 틀림이 없어요.

그리고 카시스(Cassis)❺라는 ('카시'라고 실제 프랑스 발음대로 읽는 경향이 늘고 있지만) 마르세유 근교에 있는 A.O.C.가 독특한데요, 화이트와인이 70%예요. 카시스는 프로방스 지방의 화이트와인 생산량의 약 20%를 차지하며, 남프랑스에서는 드물게 화이트와인이 유명한 산지예요. 와인은 감귤류의 상큼한 향이 나고 산미가 부드러우며 감칠맛 있는 타입으로 완성되기 때문에, 특히 갑각류 요리와 잘 맞아요. 참고로 A.C.카시스는 프로방스 지방에서 최초로 인정된 A.O.C.예요. 이와 함께 벨레(Bellet)❾라고 하는 니스 근교에 있는 A.O.C.도 유명합니다.

〈프로방스의 주요 품종〉

청포도	클레레트, 위니 블랑, 세미용, 롤 = 베르망티노 = 말부아지 드 코르스
적포도	그르나슈, 생소, 무르베드르, 카리냥, 시라, 티부랭(Tibouren 프로방스 지방의 토착 품종)

프로방스 로제는 기본적으로는 그르나슈나 무르베드르, 생소 등의 적포도를 주요 품종으로 양조돼요. 과일맛이 나고 타닌도 강하지 않아서 여름에 바비큐와 함께 차갑게 마실 때 가장 적합한 와인이에요. 가격도 그리 비싸지 않고요. 저는 중국요리에 로제와인을 자주 마셔요. 중국요리는 양념이 약한 것부터 진한 것까지 다양한데, 베이스인 닭육수의 감

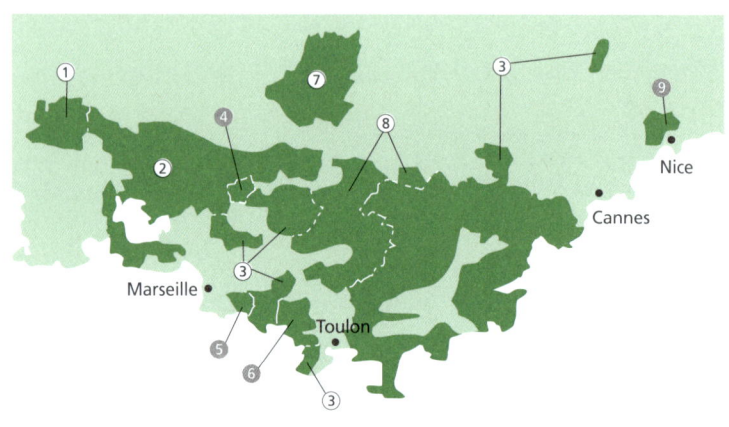

〈프로방스 지구의 A.O.C.〉	레드	로제	화이트
① Les Baux de Provence 레 보 드 프로방스	●	●	○
② Coteaux d'Aix-en-Provence 코토 댁상 프로방스	●	●	○
③ Côtes de Provence 코트 드 프로방스	●	●	○
Côtes de Provence Sainte-Victoire 코트 드 프로방스 샌트 빅투아르	●	●	
Côtes de Provence Fréjus 코트 드 프로방스 프레쥐	●	●	
Côtes de Provence La Londe 코트 드 프로방스 라 롱드	●	●	○
Côtes de Provence Pierrefeu 코트 드 프로방스 피에르포	●	●	
④ Palette 팔레트	●	●	○
⑦ Pierrevert 피에르베르	●	●	○
⑤ Cassis 카시스	●	●	○
⑧ Coteaux Varois en Provence 코토 바루아 앙 프로방스	●	●	○
⑥ Bandol 방돌	●	●	○
⑨ Bellet 벨레 (Vin de Bellet 뱅 드 벨레)	●	●	○

칠맛과 적포도에서 유래한 로제의 향기로움이 잘 어우러져요.

로제와인은 솔직히 맛이 천차만별이어서 잘 모르는 상표를 사면 실패할 때도 있어요. 하지만 그 중에서도 프로방스의 로제는 실패할 확률이 낮답니다. 따라서 맛있는 로제와인을 차갑게 마시고 싶다면 프로방스를 추천합니다!

로제와인과 어울리는 프로방스 지방의 요리

프로방스 요리 하면 뭐니 뭐니해도 부야베스(Bouillabaisse)예요. 지중해에서 잡은 해산물이 듬뿍 들어가 있어서 화이트와인을 함께해도 좋지만, 토마토가 베이스인데다 생선뿐 아니라 갑각류도 들어 있는 진한 맛이어서 로제와인을 함께 마시는 사람도 많아요. 라타투이(Ratatouille)도 프로방스가 발상지라고 하는데, 채소 요리이긴 하지만 토마토로 푹 조린 감칠맛 있는 요리여서 마찬가지로 로제와인이 잘 어울려요. 마지막으로 니스풍 샐러드가 있죠. 삶은 달걀과 참치, 올리브 등이 들어간 샐러드 니스와즈(Salade Niçoise)는 프로방스 지방의 어느 카페에 가

도 볼 수 있는 메뉴예요. 안초비도 듬뿍 들어있어서 여기에도 다들 로제 와인을 함께 마신답니다.

코르스섬은 거의 이탈리아?

다음은 코르스섬을 이야기해볼게요. 코르스가 원산지인 와인을 마실 기회는 해외에서는 아마 거의 없을 거예요. 코르스섬은 이탈리아 사르데냐(Sardegna)섬의 바로 위에 위치하고 있어요. 나폴레옹의 출생지로도 유명하며, 요즘은 프랑스 부자들의 별장지·피서지로도 유명하죠. 이곳은 레드·로제와인의 생산이 80%가 넘어요. 화이트와인은 20%가 안 되고요. 와인 생산량의 약 절반을 로제와인이 차지하며, 전체적으로는 캐주얼한 와인이 중심이에요. 맛은 화이트와 로제와인은 섬세하고 산뜻하여 마시기 쉬운 것이 많고, 레드와인은 바디감 있는 파워풀한 것이 많아요.

포도 재배의 역사도 오래된 곳이라 기원전부터 그리스인이 포도를 재배했다고 해요. 포도 품종은 청포도가 베르망티노(앞서 프로방스에서 나온 '롤'이라고 불리는 품종이죠), 적포도가 시아카렐로(Sciacarello)예요. 그리고 니엘루치오(Nielluccio)는 이탈리아에서는 산지오베제(Sangiovese)라고 하는데, 이탈리아가 원산지이며 이탈리아를 대표하는 포도 품종의 하나로 키안티(Chianti, 토스카나 지역에서 생산되는 이탈리아의 대표적인 와인)의 주요 품종이에요.

이처럼 코르스섬은 거의 이탈리아라고 생각해도 될 정도예요(웃음). 기후도 완전히 이탈리아 같아서 역시 그 기후에 맞는 포도 품종이 잘 자라죠.

〈코르스섬 개요〉

재배 면적	0.6만ha(47%가 A.O.C.의 재배 면적)
연간 생산량	38만hl(레드·로제 83%, 화이트 17%)
기후	지중해성 기후

〈코르스섬의 주요 품종〉

청포도	베르망티노 = 말부아지 드 코르스(Malvoisie de Corse) = 롤, 위니 블랑, 뮈스카
적포도	시아카렐로, 니엘루치오 = 산지오베제, 바르바로사(Barbarossa), 그르나슈 누아

〈코르스섬의 A.O.C.〉

	레드	로제	화이트
⑪ Patrimonio 파트리모니오	●	●	○
⑭ Ajaccio 아작시오	●	●	○
⑬ Vin de Corse 뱅 드 코르스	●	●	○
⑩ Vin de Corse Coteaux du Cap Corse 뱅 드 코르스 코토 뒤 카프 코르스	●	●	○
⑫ Vin de Corse Calvi 뱅 드 코르스 칼비	●	●	○
⑮ Vin de Corse Porto Vecchio 뱅 드 코르스 포르토 베키오	●	●	○
⑯ Vin de Corse Sartène 뱅 드 코르스 사르텐	●	●	○
⑰ Vin de Corse Figari 뱅 드 코르스 피가리	●	●	○
Muscat du Cap Corse 뮈스카 뒤 카프 코르스			○ (스위트)

코르스섬에는 의외로 A.O.C.가 많아요. 또 하나 재미있는 점은 내륙에는 포도가 재배되지 않고 포도밭이 전부 해안가에 있어요. 그 이유는 코르스섬이 '바닷속 산'으로도 불릴 정도로 산이 많기 때문이에요. 포도밭이 섬을 둘러싸고 있는 느낌이죠.

랑그독-루시용 지방

다음은 랑그독-루시용 지방이에요. 혹시 랑그독-루시용이라고 들어본 적이 있나요? 여러분은 무의식중에 랑그독-루시용의 와인을 자주 마시고 있었을지도 몰라요. 랑그독-루시용 지방은 프로방스 지방의 왼쪽, 프랑스의 중심에서 아래로 쭉 내려온 곳이에요. 그리고 이 지방이 바로 프랑스 와인의 최대 생산지예요. 프랑스 전체 와인 중 40%가 이 랑그독-루시용 지방에서 생산돼요.

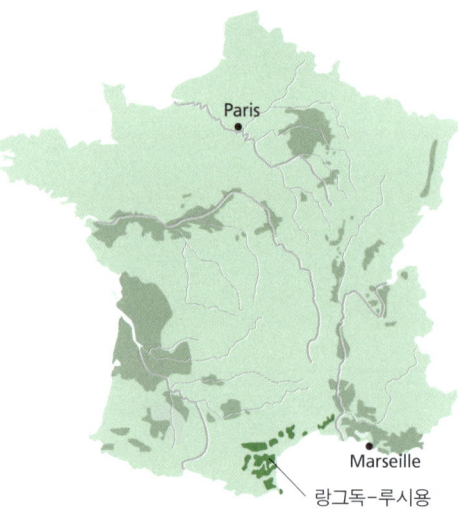

〈랑그독-루시용 지방 개요〉

재배 면적	17.만ha(30%가 A.O.C.와인의 재배 면적)
연간 생산량	1,120만hl(레드·로제 80%, 화이트 20%)
기후	지중해성 기후

그중에서도 I.G.P. 레벨의 와인 생산량이 이 지역 전체 생산량의 약 70%를 차지해요. 프랑스 전체로 보면 약 80%죠. 즉 프랑스의 캐주얼 와인은 랑그독-루시용 와인이 대부분을 차지하고 있어요. 슈퍼마켓이나 편의점에서 파는 저렴한 프랑스 와인의 산지를 보면 대개 랑그독-루시용 지방이에요. 따라서 여러분도 알게 모르게 랑그독-루시용의 와인을 마셔왔을 거예요.

그리고 주정강화와인이 있어요. 알코올 발효 전이나 발효 도중에 강한 포도증류주(즉 브랜디 등)를 더하여 알코올 발효를 멈추고 단맛으로 완성한 보존성 높은 와인이죠. 포르투갈의 포트 와인도 주정강화와인 중 하나인데, 남쪽 지방은 기온이 높아서 와인의 보존성이 좋지 않으므로 알코올 도수를 높인 주정강화와인이 많이 양조돼요. 주정강화와인도 랑그독-루시용 지방이 프랑스 최대의 산지예요.

랑그독에서는 온갖 포도가 재배된다!

앞서 살펴본 프로방스에서는 론 남부와 비슷한 품종이 재배된다고 했는데, 랑그독에서도 기후가 비슷해서인지 베르망티노나 그르나슈, 무르

〈랑그독 지방의 주요 품종〉

청포도	클레레트, 피크풀, 부르블랑, 베르망티노 = 롤, 그르나슈 블랑, 마카뵈(Maccabeu), 루산, 마르산, 모작(Mauzac)
적포도	그르나슈 누아, 시라, 무르베드르, 카리냥, 생소, 메를로, 카베르네 프랑

* 샤르도네와 카베르네 소비뇽은 이 리스트에 없지만, 이들 메이저 품종도 재배된다.

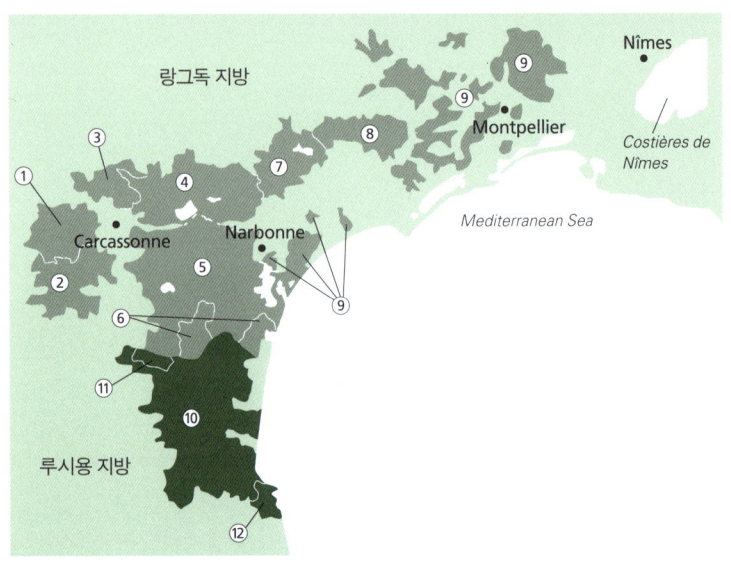

〈랑그독 지방의 A.O.C.〉	레드	로제	화이트
⑨ Languedoc	●	●	○
Clairette du Languedoc 클레레트 뒤 랑그독			○ (드라이·스위트)
⑧ Faugères 포제르	●	●	○
⑦ Saint-Chinian 생 시니앙	●	●	○
Saint-Chinian Berlou 생 시니앙 베를루	●		
Saint-Chinian Roquebrun 생 시니앙 로크브랭	●		
④ Minervois 미네르부아	●	●	○
④ Minervois-La Livinière 미네르부아 라 리비니에르	●		
③ Cabardès 카바르데스	●	●	
① Malepère 말르페르	●	●	
② Limoux 리무	●		○
Blanquette de Limoux 블랑케트 드 리무			스파클링
Limoux Méthode Ancestrale 리무 메토드 앙세스트랄			스파클링 (세미 스위트)
Crémant de Limoux 크레망 드 리무		스파클링	스파클링
⑤ Corbières 코르비에르	●	●	○
Corbières-Boutenac 코르비에르 부트낙	●		
⑥ Fitou 피투	●		

베드르 등의 비슷한 품종이 재배돼요. 그와 동시에 샤르도네나 카베르네 소비뇽, 카베르네 프랑, 메를로 등 프랑스 각 지방을 대표하는 품종도 재배되죠*. 랑그독에서는 온갖 포도 품종이 재배돼요. 그래도 남쪽이다 보니 같은 메를로라고 해도 보르도에 비해 맛이 진하고 포도가 잘 익어서 와인의 뉘앙스도 강해집니다.

 랑그독의 A.O.C.를 기억하기는 상당히 힘들 텐데, 여러분이 가장 볼 기회가 많은 것은 A.C.랑그독(Languedoc)⑨이에요. 랑그독-루시용 지방 전체에 펼쳐진 대규모 A.O.C여서 'A.C.랑그독'의 무슨무슨 포도라는 식으로 마실 때가 많을 거예요. 지도를 보면 알 수 있듯이 랑그독⑨이 여기저기 흩어져 있죠. 이 부분이 A.C.랑그독을 내걸 수 있는 지역이에요. 랑그독-루시용 지방이라 해도 루시용은 매우 작으며 대부분이 랑그독이에요.
 아울러 크레망도 있는데 이 지방의 크라망 드 리무(Crémant de Limoux)는 생산량이 많아서 아마도 마실 기회가 많을 거예요. 리무와 랑그독을 알아두면 나중에 와인을 마실 때 '아, 그 부근에서 양조된 와인이구나' 하고 알 수 있어요.

 이 지방 요리 중에 카술레(Cassoulet)라는 음식이 있어요. '고기와 흰 강낭콩을 넣은 뚝배기 조림'으로 프렌치 비스트로에서도 자주 나오는 메뉴인데, 원래는 랑그독의 향토 요리예요. 통통한 흰 강낭콩과 고기가 들어 있고 맛도 상당히 묵직해서, 랑그독에서는 좋은 레드와인과 함께 즐기죠. 랑그독의 와인은 전체적으로 알코올 도수가 높아요. 화이트와인은 맛도 진해서 크리미한 새우그라탕 등과 잘 어울려요. 랑그독에서는 그라탕 재료로 가리비나 어백도 사용하죠. 레드와인은 오크통의 뉘앙스가 진한 것이 많아서 스페어립 양념 구이와 잘 맞아요. 집에서 꼭 한번 드셔보세요.

스틸와인보다 뱅 두 나튀렐로 유명한 루시용 지방

루시용(Roussillon) 지방은 기본적으로 스틸와인의 A.O.C.는 적으며, 랑그독보다 더 남쪽에 있어서 주정강화와인이 주로 양조돼요. 루시용의 스틸와인 A.O.C.도 물론 있지만 볼 기회는 적을 거예요. 주정강화와인 중에서도 뱅 두 나튀렐(V.D.N.)의 생산량이 많으며 프랑스 최대의 산지예요. 스페인 문화가 짙게 반영된 점이 루시용 지방의 특징이에요.

〈루시용 지방의 A.O.C.〉	레드	로제	화이트
Côtes du Roussillon 코트 뒤 루시용	●	●	○
Côtes du Roussillon Les Aspres 코트 뒤 루시용 레 자스프레	●		
Côtes du Roussillon Villages	●		
Côtes du Roussillon Villages+Commune(4)	●		
⑫ Collioure 콜리우르 (Banyuls 바뉠스)	●	●	○
⑪ Maury 모리	● (드라이·스위트)		

※ Roussillon 지방에는 V.D.N.의 A.O.C.가 다수 있으므로, 그 A.O.C.는 p.236을 참조.

남서 지방

마지막으로 남서 지방(쉬드 웨스트)으로 가볼게요. 보르도 바로 옆부터 스페인과의 국경 부근까지 펼쳐진 일대로, 포도밭이 여기저기 흩어져 있어요. 크게 4개 지구로 나뉘어 있고 각각 재배되는 포도 품종이 달라요. 보르도에 가까운 지구에서는 보르도와 비슷한 품종이, 그 외의 지구에서는 토착 품종 등 개성 있는 와인이 양조되죠.

가장 대표적인 것이 말벡. 남서 지방에서는 코(Cot)라고 불리는데, 이 말벡을 70% 이상 사용하여 만든 '카오르(Cahors)'라는 A.O.C.가 유명해요. 색이 매우 짙고 거무스름해서 별명이 '블랙와인'이에요. 앞서 랑그독-루시용 지방은 레드·로제와인의 생산량이 약 80%, 론 남부에서는 약 90%로 남쪽의 생산 지역은 기본적으로 레드·로제와인의 비율이 높지만, 남

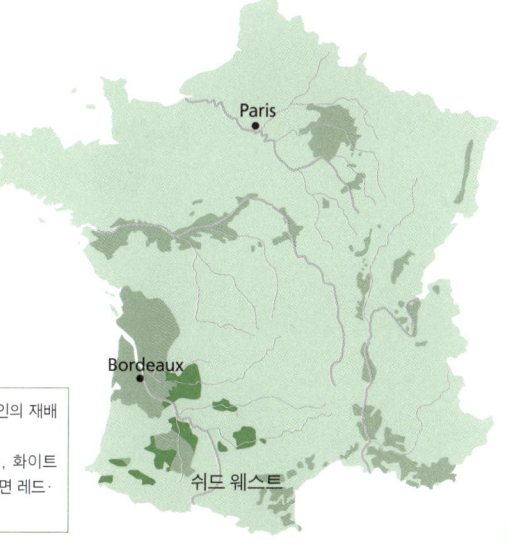

⟨남서 지방 개요⟩

재배 면적	5.3만ha (51%가 A.O.C.와인의 재배 면적)
연간 생산량	374만hl (레드·로제 35%, 화이트 65%, 다만 A.O.C.와인만 보면 레드·로제와인이 73%)

서 지역은 화이트와인의 생산 비율이 높은 것이 특징이에요. 그럼 구체적으로 각 지구를 살펴보죠.

보르도에서 피레네 산맥까지의 4개 지구

먼저 보르도 바로 오른쪽 옆이 베르주락(Bergerac) 지구예요. 재배되는 청포도는 소비뇽 블랑, 세미용, 뮈스카델로 보르도와 똑같아요. 적포도도 메를로, 카베르네 프랑, 카베르네 소비뇽으로 역시 보르도와 거의 비슷하죠. 그 아래에 가론강을 따라 상류로 올라간 부근이 가론(Garonne) 지구인데, 여기도 보르도 품종이 많아서 청포도는 뮈스카델, 소비뇽 블랑, 소비뇽 그리, 세미용. 적포도는 카베르네 프랑, 카베르네 소비뇽, 메를로와 함께 말벡도 재배됩니다.

그리고 로트(Lot)강이라는 가론강의 지류가 있는데, 이 로트강을 중심으로 펼쳐진 곳이 툴루즈 아베로네(Toulouse-Aveyronnais) 지구. 로트강의 양안에 걸쳐 있어서 꽤 크죠. 적포도는 말벡을 재배하며, 앞서 이야기한 카오르도 여기에 있어요. 청포도는 별로 들어본 적이 없는 랑 드 래(Len de l'El), 모작 그리고 뮈스카델을 재배합니다[※].

마지막으로 피레네(Pyrénées) 지구. 스페인과의 국경인 피레네산맥에서 아르마냑 지방까지 흩어져 있는데, 타나(Tannat)라고 불리는 적포도가 꽤

⟨남서 지방의 A.O.C.⟩

지구 이름	A.O.C.	레드	로제	화이트
Bergerac 베르주락	① Bergerac	●	●	○
	Côtes de Bergerac 코트 드 베르주락	●		○ (세미 스위트)
	⑥ Monbazillac 몽바지약			○ (세미 스위트·스위트)
	⑤ Saussignac 소시냑			○ (스위트)
	③ Rosette 로제트			○ (세미 스위트·스위트)
	④ Pécharmant 페샤르망	●		
	② Montravel 몽라벨	●		○
	Côtes de Montravel 코트 드 몽라벨			○ (세미 스위트·스위트)
	Haut-Montravel 오 몽라벨			○ (세미 스위트·스위트)
Garonne 가론	⑨ Buzet 뷔제	●	●	○
	⑧ Côtes du Marmandais 코트 뒤 마르망데	●	●	○
	⑦ Côtes de Duras 코트 드 뒤라	●	●	○ (드라이·세미 스위트)
	⑫ Fronton 프롱통	●	●	
	⑩ Brulhois 브륄루아	●	●	
	⑪ Saint-Sardos 생 사르도	●	●	

※ 아마도 랑 드 래는 마실 기회가 거의 없을지 모른다. 참고로 뮈스카데, 뮈스카 달자스, 뮈스카델은 전부 다른 품종이다.

유명합니다. 그럼 이제 이곳의 A.O.C.를 살펴보죠.

남서 지방의 A.O.C.: 블랙와인 카오르

먼저 베르주락 지구를 볼게요. 이곳에는 보르도와 동일한 품종으로 양조되는 귀부와인(스위트 화이트와인) A.O.C.가 있어요. 몽바지약(Monbazillac)⑥인데요, 꼭 알아두세요. 꽤 좋은 귀부와인이 양조되는 곳이에요. 그리고 근교에 구석기 시대에 그려진 라스코 벽화가 있는 ①의 A.C.베르주락(Bergerac 지구 이름 A.O.C.). 가론 지구에서는 코트 드 뒤라스(Côtes de Duras)⑦나 프론톤(Fronton)⑫을 와인 리스트에서 가끔 볼 수 있겠지만 실제로 마실 기회는 적을 거예요. 툴루즈 아베로네 지구의 가이약(Gaillac)⑮에서는 레드·로제·화이트와인을 양조하는데, 레드와 로제는 페르 세르바두(Fer Servadou), 뒤라스(Duras)라는 토착 포도 품종으로 만들어요.

그리고 뭐니 뭐니해도 이 지방에서는 카오르(Cahors) ⑬가 가장 유명하죠. 레드와인만의 A.O.C.로 말벡이 70% 이상 들어가야 해요. 와인 애호가 중에 보통은 부르고뉴를 마시지만 묵직한 고기 스튜 요리에는 진한 카오르를 함께 곁들이는 사람이 많아요. 참고로 소믈리에 나이프와 미슐랭 3스타 레스토랑 '미셸 브라(Michel Bras)'로 유명한 라기올(Laguiole) 마을이 이 지구의 동부

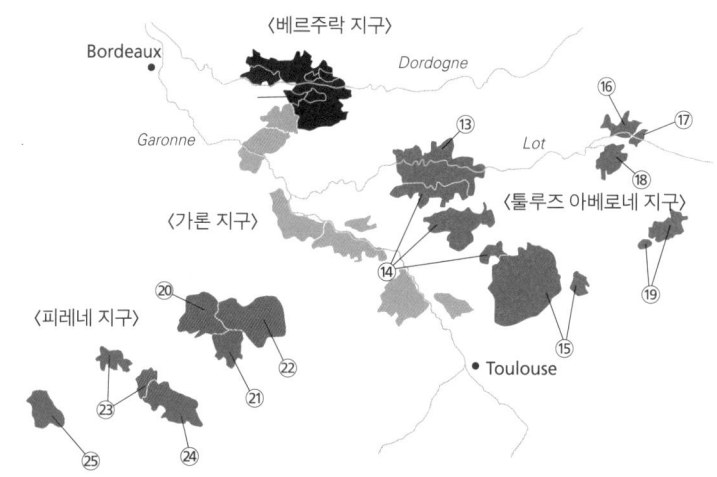

〈남서 지방의 A.O.C.〉

지구 이름	A.O.C.	레드	로제	화이트
Toulouse-Aveyronnais 툴루즈 아베로네	⑮ Gaillac 가이약	●	●	○
	Gaillac Premières Côtes 가이약 프르미에르 코트			○
	Gaillac Doux 가이약 두			○ (스위트)
	Gaillac Mousseux 가이약 무쇠			스파클링
	⑭ Coteaux du Quercy 코토 뒤 케르시	●	●	
	⑬ Cahors 카오르	●		
	⑱ Marcillac 마르시약	●	●	
	⑯ Entraygues-Le Fel 앙트렉그 르 펠	●	●	○
	⑰ Estaing 에스탱	●	●	○
	⑲ Côtes de Millau 코트 드 밀로	●	●	○
Pyrénées 피레네	㉑ Madiran 마디랑	●		
	Pacherenc du Vic Bilh 파슈렝크 뒤 비크 빌			○ (스위트)
	Pacherenc du Vic Bilh Sec 파슈렝크 뒤 비크 빌 섹			○
	㉔ Jurançon 쥐랑송			○ (스위트)
	Jurançon Sec 쥐랑송 섹			○
	㉓ Béarn 베아른	●	●	○
	㉕ Irouléguy 이룰레기	●	●	○
	⑳ Tursan 튀르상	●	●	○
	㉒ Saint-Mont 생 몽	●	●	○

에 있어요.

피레네 지구에서는 마디랑(Madiran)㉑이 있어요. 타나라고 불리는 품종은 과일맛도 있지만 타닌이 꽉 찬 적포도로, 카오르에 버금가게 맛이 묵직한 레드와인으로 유명해요. 카오르와 마디랑은 이 지방의 대표 선수라고 할 수 있죠. 그리고 파슈렝크 뒤 비크 빌(Pacherenc du Vic Bilh)㉑, 쥐랑송(Jurançon)㉔이라는 A.O.C.가 있는데, 스위트 귀부와인으로 유명해서 간혹 와인 리스트에서 발견할 때가 있어요.

쉬드 웨스트에서는 랑그독과 마찬가지로 A.O.C.가 아닌 캐주얼 와인도 많이 양조되므로, 캐주얼한 와인을 마실 때가 많을 거예요. 그 중에서도 좋은 A.O.C. 와인을 선택해 마신다면 카오르와 마디랑이 대표적이겠죠.

참고로 말벡은 아르헨티나에서 가장 많이 재배되는 포도 품종으로 유명한데, 아르헨티나 하면 말벡라는 느낌일 정도로 상당히 양조 수준이 높아요. 아르헨티나와 프랑스에서 재배되는 말벡의 차이는 프랑스의 말벡이 보다 산미의 뉘앙스가 꽉 차 있어서 뭉그러지지 않고 우아하게 양조된다는 거예요. 아르헨티나의 말벡은 과일맛이 한층 강해서 좀 더 진하고 묵직한 느낌이고요. 즉 산미가 맛의 포인트예요. 산이 적으면 와인의 맛이 느슨해지거든요. 차갑게 마시면 산미가 적어도 와인을 맛있게 마실 수는 있지만, 온도가 올라가면 긴장감 없이 뭉그러지는 느낌이 나요.

이 지역의 향토 요리로는 시베 드 마르카생(Civet de Marcassin), 즉 새끼

멧돼지 스튜가 있어요. 그리고 비둘기 살미 소스(살미 드 파롱브, Salmis de Palombe)가 있죠. 살미 소스는 내장이나 피를 사용한 레드와인 소스인데, 여기에 마디랑이나 카오르 와인을 함께해요. 강한 레드와인은 기본적으로 맛이 묵직한 스튜 요리-흰 고기(돼지나 닭)가 아니라 붉은 고기(소나 오리)-와 어울려요. 와인(말벡이나 타나)에도 철과 비슷한 뉘앙스가 들어 있기 때문에, 고기도 피의 느낌이 꽉 찬 편이 잘 어울리죠. 이상이 쉬드 웨스트 와인입니다.

오늘은 알자스에서 쉬드 웨스트까지 이곳저곳을 살펴봤어요. 모두 프랑스 국경을 따라 있어서 각각 독일, 스위스, 이탈리아, 스페인과의 연관성을 의식하면 보다 알기 쉽고 흥미로울 거예요. 이들 지역은 보르도나 부르고뉴에 비해 아직 마이너한 산지이지만, 가성비가 좋은 와인이 많고 각 산지의 특징도 확실해서 이런 와인 중에서 취향에 맞는 와인을 찾는 것도 즐거운 선택일 것 같네요.

지금까지 총 6강에 걸쳐 와인의 제조법부터 시작하여 프랑스 와인의 생산지 10곳을 공부했어요. 여러분 어떠셨나요? 라벨을 이해하면 와인 고르기가 즐거워집니다. 앞으로 레스토랑이나 와인 바, 마트의 와인 코너에 가면 늘 보이던 풍경이 달라 보일 거예요. 와인은 실제로 마셔봐야 더 잘 이해할 수 있으니 부디 다양한 와인을 즐겁게 경험해보세요.

맺음말

 《프랑스 와인 수업》을 끝까지 읽어주셔서 감사합니다. 이 책은 본격적으로 와인을 배우고 싶다는 분들을 대상으로 한 와인 수업 내용을 정리한 것이에요. 그래서 여러분이 마치 수업에 참석하는 기분으로 즐겁게 '들어'주셨으면 했는데 어떠셨나요?

 프랑스 와인은 세계 와인의 '맛의 기초'입니다. 지금까지 이 기초가 되는 체계를 열심히 전해드렸는데, 한 가지만은 도저히 전달할 수 없는 부분이 있어요. 바로 실제 와인의 맛입니다. 향과 색을 포함한 와인 그 자체를 경험하는 것은 책만으로는 도무지 할 수 없는 일이지요. 와인을 진짜 이해하기 위해서는 실제로 마셔보는 것이 중요해요.
 그러므로 이 책을 읽으신 여러분이 앞으로 여기에서 배운 와인을 실제로 꼭 마셔보았으면 합니다. 뭐든지 그렇지만 지식은 실천해야 비로소 내 것이 됩니다. 실천하는(마시는) 와중에 실패와 성공을 거듭하면서 진정한 지식으로 쌓이죠.

당연하지만 와인을 마시는 데는 돈이 듭니다. 특히 이 책에서 설명한 프랑스 와인의 가격은 천차만별이어서 가격의 폭도 정말 넓을 거예요. 유명 와인이나 희귀한 와인은 아무래도 한정된 밭에서 한정된 양만 생산하기 때문에 필연적으로 가격이 비싸집니다. 하지만 지금까지 이야기했듯이 여러 포도 품종이나 지방·마을의 특징에 따라 다양한 가격대의 와인이 많이 있으니, 여러 가격대 중에서 적정한 와인을 골라 맛을 예상하며 하나씩 경험해보세요.

마지막으로 앞으로 여러분이 와인을 마실 때 와인을 잘 고르는 법, 즐기는 요령을 말씀드릴게요. 우선 와인숍에 가서 프랑스 와인 진열대를 둘러보세요. 아마 이제는 라벨을 꽤 '읽을 수 있게' 되었을 거예요. 그렇게 해서 마음에 드는 와인을 사고, 이 책에서 이야기한 포도 품종과 산지를 의식하며 마셔보세요.

참고로 와인을 한번 따면 그날 안에 다 마셔야 한다고 생각하는 사람도 많은 듯하지만 꼭 그렇지는 않아요. 스파클링와인은 전용 뚜껑을 사용하면 다음 날까지, 스틸와인은 사나흘은 냉장고에서 보관할 수 있고, 그동안 바뀌는 맛의 변화도 즐길 수 있어요. 스위트와인이나 주정강화와인은 2~3주 정도는 괜찮아요. 그러니 와인 2병을 동시에 따서 비교하며 마셔보고 며칠에 걸쳐 즐기는 것도 분명 재미있는 경험일 거예요. 비교하며 마셔보면 와인 각각의 특징이 더 명확해지고 기억에도 확실히 남죠.

와인을 집에서 즐기는 방법 외에도 글라스와인을 여러 종류 갖춰놓은 가게에 가서 다양하게 한 번 드셔보세요. 일행과 함께 같은 품종으로 다른 산지의 와인을 주문하여 비교하며 마셔본다든가, 소믈리에에게 그 와인의 여러 특징이나 에피소드 등을 물어보며 마시는 것도 공부가 되고 재미있답니다!

아마 애주가이신 분은 지금까지 맥주나 청주, 소주 등을 각각의 요리에 맞게 즐겨왔으리라 생각해요. 예를 들어 만두에는 맥주가 좋다든가, 생선 초밥에는 청주라든가 각자의 기호는 있겠지만, 요리와 술이 더불어 맛있어지는 조합을 자연스레 즐겨왔을 테죠. 마찬가지로 와인도 고기에는 레드와인, 생선에는 화이트와인 등 이제껏 어렴풋이 맞춰온 지점에서 한 걸음 더 나아가, 포도 품종이나 산지를 의식하며 그날의 요리와 기분에 따라 매칭해볼 수 있다면 매일의 식사가 더 즐거워질 거예요.

게다가 와인과 식사의 궁합이 맞는지 안 맞는지를 늘 의식하다 보면, 와인 외의 다른 술과 요리의 맛과 궁합에도 민감해진답니다. 이과 출신인 저는 밤낮으로 와인과 요리의 마리아주 연구에 매진하고 있습니다만(웃음), 편안하게 그날의 마리아주를 즐기며 와인과 함께하시길 바랍니다.

모임의 식탁이 화려해지는 것도 와인이 주는 매력이죠. 왠지 분위기나 기분도 더 특별해지고요. 축하 자리에서 특별한 와인이나 샴페인을 따는 날은 아마도 더 각별한 기억이 남을 거예요. 이 책을 읽은 여러분이라면 이미 마음에 드는 와인이나 마시고 싶은 와인이 몇 개 있으리라 생각합니다. 부디 축하 자리나 기념일에 그 '특별한 와인'을 함께 즐겨주세요.

여러분과 와인의 만남이 더 풍성해질 수 있다면, 저자로서 그 이상의 기쁨은 없을 것 같네요.

2015년 초봄에 스기야마 아스카

WINE NO JUGYO: FRANCE-HEN by Asuka Sugiyama
Copyright © Asuka Sugiyama, 2015
All rights reserved.
Original Japanese edition published by EAST PRESS CO., LTD.
This Korean edition is published by arrangement with EAST PRESS CO., LTD., Tokyo
in care of Tuttle-Mori Agency, Inc., Tokyo through Botong Agency, Seoul.

이 책의 한국어판 저작권은 Botong Agency를 통한 저작권자와의 독점 계약으로 한스미디어가 소유합니다.
저작권법에 의하여 한국 내에서 보호를 받는 저작물이므로 무단전재와 무단복제를 금합니다.

프랑스 와인 수업

1판 1쇄 발행 2021년 5월 27일
1판 2쇄 발행 2022년 2월 22일

지은이 스기야마 아스카
옮긴이 강수연
감   수 박수진
펴낸이 김기옥

실용본부장 박재성
편집 실용2팀 이나리, 장윤선
영업 김선주
커뮤니케이션 플래너 서지운
지원 고광현, 김형식, 임민진

한국어판 디자인 제이알컴
인쇄 · 제본 민언프린텍

펴낸곳 한스미디어(한즈미디어(주))
주소 121-839 서울시 마포구 양화로 11길 13(서교동, 강원빌딩 5층)
전화 02-707-0337 | 팩스 02-707-0198 | 홈페이지 www.hansmedia.com
출판신고번호 제 313-2003-227호 | 신고일자 2003년 6월 25일

ISBN 979-11-6007-606-6 13590

책값은 뒤표지에 있습니다.
잘못 만들어진 책은 구입하신 서점에서 교환해드립니다.